CAUSE RELATED MARKETING

# 善因营销

## 推动企业和公益事业共赢

〔英〕苏·阿德金斯（Sue Adkins）著
逸文 译

中国财政经济出版社

**图书在版编目（CIP）数据**

善因营销：推动企业和公益事业共赢/（英）阿德金斯著；逸文译．—北京：中国财政经济出版社，2006.7

ISBN 7－5005－9226－4

Ⅰ.善…　Ⅱ.①阿…②逸…　Ⅲ.企业管理－市场－营销学　Ⅳ.F274

中国版本图书馆CIP数据核字（2006）第076746号

**书名原文：Cause Related Marketing**

著作权合同登记号：图字01－2005－3144



中国财政经济出版社出版

**URL**：http：//www.cfeph.cn

E－mail：cfeph@cfeph.cn



社址：北京市海淀区阜成路甲28号　邮政编码：100036

发行处电话：88190406　财经书店电话：64033436

北京财经印刷厂印刷　各地新华书店经销

787×1092毫米　16开　20.25印张　277 000字

2006年10月第1版　2006年10月北京第1次印刷

定价：46.00元

ISBN 7－5005－9226－4/F·8012

（图书出现印装问题，本社负责调换）

# 序

1995年，在吉百利史威士公司（Cadbury Schweppes）的资助和苏·阿德金斯（Sue Adkins）的领导下，社区商业组织（Business in the Community）发起了善因营销（Cause Related Marketing）运动。这项运动得到了许多知名企业的大力支持，其中包括英国电讯公司（BT）、吉百利公司（Cadbury）、波特诺韦利公司（Porter Novelli）、利华兄弟公司（Lever Brothers）、西敏银行（Nat West）、国际调查公司英国分公司（Research International UK Ltd）、特易购公司（TESCO）和营销协会等，且每家公司或机构都特别指派了高级行政管理人员负责组织参与此项活动。之后，波特诺韦利公司和西敏银行将它们在善因营销运动中的行为进一步升华为企业的常规经营活动，而巴克莱公司（Barclays）、森特理克公司（Centrica）、帝亚吉欧公司（DIAGEO）、GWR集团公司（GWR Group）和斯密斯克林比凯姆公司（Smith Kline Beecham）则陆续加入到这项运动中。

社区商业组织发起善因营销运动的目的是增进人们对善因营销活动的认识和理解，提倡企业广泛服务社会、追求卓越的精神。它清楚地反映了社区商业组织更为广泛的宗旨，那就是“激励企业对造福社会和振兴经济作出更大的贡献，使它们将社会责任作为企业卓越表现的一个基本部分。”

在前四年里，善因营销运动的工作重点在于给善因营销进行定义和划定范围。增进社会对善因营销的认识和理解，使善因营销正式成为市场营销、公司事务、社区事务和公司融资活动的一个组成部分，这也是这一阶段善因营销运动的重要任务之一。

已进行的案例分析和调查研究活动都表明，善因营销是一个提高公司形象、突出企业的产品和服务、提高产品销量和提升客户忠诚度的有效途径。

我们所指的善因营销事实上是一种既令人愉快，又能使企业从中受益的行为。企业在致力于公益事业或为公益事业集资和宣传造势的同时，也同样可以达到提升客户忠诚度和促使消费者购买其产品的目的。所有服务消费者的企业都在为赢得消费者的注意而展开激烈竞争。由于媒体的过分渲染和客户不断细分的趋势，以及商业环境的剧变和持续增多的不良商业行为和混乱对消费者的冲击，使商业竞争变得更加激烈和昂贵。

我坚信，善因营销能够让企业在为社区做贡献的同时，也达到推销产品的目的。此外，我感到它正日益成为一个营销计划和营销活动的固定组成部分，因为企业作为一个整体，已经认识到其自己必须成为一个积极的公司市民（Corporate Citizen）。但是，对那些参与善因营销活动的公司而言，重要的是它们能够衡量相应的营销活动所带来的具体利益，因为如果不能衡量出营销活动给公司和公益事业带来的利益，那么一切活动都将显得毫无意义。

善因营销是一个可以实现企业和公益事业双方各自目标的经营策略，但它在实践中的应用并不充分。恰到好处地运用善因营销策略，则会使介入的相关各方都会获益。毫无疑问，机会就在眼前，困难的是如何设法让所有各方人士共同获益。

善因营销应该成为一个成功企业经营活动的一个有机组成部分，因为它是一个强化企业形象、突出公司产品、提升消费者忠诚度和提高销量的有效手段。困难之处在于，企业、慈善团体和公益事业要善于发现和建立合适的合作伙伴关系，然后妥善地进行计划、实施和宣传。善因营销活动具有让相关各方同时获益的潜能。

四年前，当我们推出善因营销运动时，还很少有人知道这个概念。当时的善因营销还没有明确的定义，人们对它的理解也十分肤浅，对其潜力的研究和证据仍然十分贫乏。在社区商业组织和参与善因营销运动的企业支持下，苏·阿德金斯一直兢兢业业地致力于此项问题的研究。她给善因营销所下的定义在英国得到了广泛的认可，也为善因营销能够给企业和社区带来共赢的局面创造了许多实实在在的例证。事实上，正是在她和一批学者及企业的努力下，善因营销才得以正式成为一系列市场营销活动中的一个组成部分。在此，我要向读者们推荐此书，并力劝大家能够认真考虑善因营销活动给企业和社区带来的巨大利益。

**吉百利史威士公司　主席**

**多米尼克·吉百利爵士（Sir Dominic Cadbury）**

# 前　言

善因营销是一个非常有效的营销工具。在帮助解决社会问题、满足慈善团体和公益事业需求方面，它的作用也变得日益重要。善因营销指的是企业将核心业务或相关的经营活动与一个特定的慈善机构或公益事业紧密联系在一起，通过宣传活动赞助公益事业，推广企业形象或产品及服务的行为。事实上，如果运用得当的话，善因营销可使慈善团体或公益事业获益，使消费者和其他相关各方获益，也同时使企业获益。

善因营销符合企业的商业利益。它可以使公司所花费的每一分钱，比起任何其他性质的开支，产生更大的利益，而且在更大范围内为企业创造经营效益、市场营销效益、融资效益和社会效益。其中包括：提高企业的声誉和形象；培养和建立良好的客户关系和客户忠诚度；增加企业经营的附加值；展现企业的价值观；为现有的项目提供支持和资源。善因营销还具有增加销售收入、交易量和经营利润的潜力。除此之外，它还能使企业的形象或产品显得与众不同，并且在情感上加强企业与客户、企业员工以及其他相关各方的关系。但是，若想从善因营销活动中取得最大回报，企业需要将其视为公司整体营销组合的一个部分，进行统一的设计和规划。

从企业经营的角度来看，企业需要明确善因营销活动的目标和找到一个合适的公益事业进行合作。利益的均衡、信息的宣传和项目的运作机制都需要仔细思量。为取得最大的效果，企业还需要考虑善因营销活动在经济上的可持续性。只有建立在长期发展策略和坚定贯彻实施相应政策基础上的善因营销活动才是最有效的，也才能发挥更大的潜力。若非如此，那么企业对公益事业的支持将很有可能随着企业业绩而波动。无疑，这样将使企业和公益事业的合作出现不稳定的局面，从而使双方都无法从合作中收取最大利益的回报。

在一次社区商业组织召开的善因营销会议上，我们向大家介绍了家乐氏（Kellogg）公司赞助澳大利亚儿童服务热线的成功案例。这条儿童服务热线的资金曾一度严重不足，以至于它无法满足人们在电话里提出的大部分请求。该慈善机构因此向家乐氏公司提出了赞助申请，并成功地获得了家乐氏的赞助。但同样重要的是，家乐氏公司的行为不仅使儿童服务热线提高了它的服务质量，同时也提高了该组织的知名度，使它们有机会赢得更多企业的赞助与支持。不论是对公益事业还是对企业而言，这一合作关系的影响都不容低估。通过善因营销，家乐氏公司成功地将公司与公益事业联系到一起，实现了拓展品牌影响力的目标。

另一个非常成功的善因营销的案例是特易购连锁超市推出的“特易购计算机学校项目”，即凡是在特易购购物的消费者，都可以把购物发票积攒下来邮寄给自己希望支持的学校，然后再由学校凭借累计发票的数量，向特易购公司订购自己需要的计算机及相关设备。这个项目对特易购公司的销售量和企业形象都产生了积极而重要的影响。由于效果显著，该项目连续执行了8年之久，并促使特易购公司下决心参与到包括“教师信息技术培训计划”和“特易购学校网络2000计划”在内的、多项以赞助教育为主的公益活动中。公司和慈善团体目标的高度一致，说明善因营销活动对参与其中的各方都是可行和利益丰厚的。

在特易购公司开始推出“特易购计算机学校项目”之前，英国还没有哪家超市零售商做过类似的事情。活动推出后，包括学校老师、政府、消费者到企业雇员在内的所有相关人士都对这一营销理念表示了高度的赞成与支持。该计划对提升公司的形象产生了显著的成效，巩固了公司“勿以善小而不为”的经营口号。从长远来看，在人们的心目中这项活动将特易购公司塑造为一个特别关注和爱护教育的公司形象。

特易购公司所提倡的“勿以善小而不为”的口号，是公司为消费者创造附加价值的经营理念的具体表现。“特易购计算机学校项目”正是公司贯彻执行这一口号的有力佐证。通过在实际工作中努力实现这一经营理念，特易购公司为消费者们营造了一个更加令人愉悦和高效的购物环境，同时也通过学校为当地社区创造了额外的价值。在一个要求对目标客户群进行准确定位的高度竞争的市场环境中，通过善因营销活动来保持客户的忠诚度是十分重要的。

企业在市场营销方面的投入必须能够反映公司经营策略的轻重缓急，同时因为投入的金额数目可能十分庞大而需要进行严格的控制。像大多数市场营销活动或广告促销活动一样，善因营销的效果很难进行具体的衡量和评估，但却并非完全无法掌握。善因营销是一种有待正确使用的，企业进行商业投资、市场营销投资和社区投资的工具。但是，它不是公司捐资慈善事业或以其他方式从事公益活动的替代品。它要求企业额外作出经营预算，因此也有义务为企业取得额外的回报。它在建立客户忠诚度，提高企业品牌和创造附加价值等方面所发挥的重要作用，使越来越多的企业将其视为日常市场营销活动的一个核心组成部分。

善因营销的好处是多方面的。对外，它可以起到提升公司和品牌形象、提高公司整体盈利水平的作用。对内，它可以提高员工们的工作热情，促进团队建设和丰富企业的经营技巧。从企业经营的角度来看，支持一个慈善团体或公益事业可以使企业有机会与相关各方建立和发展不同的关系，并在这种合作伙伴关系中实现学习、提高的目的。例如，在“特易购计算机学校项目”中强化了家长、学生、学校和商家之间的联系。相关各方之间类似这种非常健康的关系，对于特易购公司这类零售商在经营中取得成功的重要性是不言而喻的。

善因营销的未来是辉煌的，它既是企业市场营销活动中的一个重要组成部分，也是企业投资社会、回报社会的一个重要手段。它有助于树立公司或品牌的形象，使企业的价值观焕发新的生命力。此外，也能起到鼓舞员工工作热情和促进企业团队建设的作用。在帮助企业实现上述经营目标的同时，善因营销活动还能给社区和整个社会创造巨大的利益。当今，善因营销所面临的挑战在于，如何鼓励更多的商业企业开始参与这项活动，并确保它们在这个领域里的健康成长，且在道德上给予企业强有力的支持。在精心筹划的基础上，包括商业企业、慈善团体、公益事业和所有相关个人在内的组织和个人，都能在社区商业组织所整理的《善因营销指南》的指引下，从善因营销活动中获益匪浅。

苏·阿德金斯是善因营销研究领域一位颇负盛名的专家。我要借此机会毫不犹豫地向你推荐她的这本著作。她对这一课题的研究热情是富有感染力的。在社区商业组织的大力协作下，她在定义善因营销和揭示善因营销的巨大潜力方面所做的工作，明显超过其他任何我所知道的专家和学者。

善因营销是一个能够帮助你实现既定营销目标非常有力的工具。作为负责企业市场营销的工作人员，你必须尽可能地准确把握它与赞助、广告和其他促销活动之间的关系，以便能够在适当时机将它的概念付诸实施。

特易购公司董事<br>蒂姆·梅森（Tim Mason）

# 鸣　　谢

在这里，我要对许多朋友在本书写作过程中给予我的大力支持表示感谢。没有他们，这本书将不可能得以面世。

●感谢多米尼克·吉百利爵士。感谢他的远见、支持和真知灼见，感谢他给予我的信任和美味可口的巧克力。

●感谢茱莉娅·克利夫顿。感谢她对我的鼓励，给予我的动力和对本书写作的积极参与。

●感谢蒂姆·梅森。感谢他给予我的动力，感谢他的热情支持和英明领导。

感谢巴克莱银行的莎莉·夏尔；英国电讯公司的伊丽莎白·帕尔默尔；吉百利公司的尼尔·马金、阿兰·帕尔默尔、琳恩·托德和马克·史密斯；森特理克公司的西蒙亨德森和西蒙·沃尔；英国啤酒公司的加里·海恩；GWR 集团公司的西蒙·库帕；利华兄弟公司的约翰·巴灵顿和海伦·范维克；市场营销协会的斯蒂芬·伍德沃德；国际调查公司英国分公司的彼得·海耶斯、鲁斯·麦克内尔和维奇·马尔芬；斯密斯克林比凯姆公司的格拉罕姆·尼尔；特易购公司的费欧娜·阿瑟和利华公司的杰瑞·赖特。感谢他们的大力支持。

还要感谢理查德·斯塔克尔和卡罗·科恩。作为这个领域的专家，他们从一开始就给了我极大的鼓励和支持。

特别感谢大卫·格雷森、大卫·罗根、阿兰·米切尔、MORI 国际市场调查公司、简·纳尔逊、明日公司。感谢他们如此慷慨地与我分享他们的案例分析和宝贵的经验。

感谢凯瑟琳·瑟曼，她不知疲倦的支持，难以置信的投入，见证着我们一起度过的难忘的日日夜夜。

感谢 Nina Kowalska 高超的幽默感、无私的友谊和参与。她的鼓励鞭策我不断前进。

感谢 Elaine，感谢她为校对这本书而花费了大量时间。

感谢 Rugg、Oliver、Byrne 和 Richard。感谢他们自始至终的支持。

感谢我的丈夫大卫，他对我的生活、我的工作和这本书贡献良多。

# 目　　录

# 第一章
# 善因营销概述

## 第一节
## 介　绍

> 21世纪的公司将同之前任何一个时期的企业有所不同。为数众多的英国知名企业已经对其公司地位的传统观念进行了新的定义。他们认识到每一个顾客都是社区的一个组成部分，而且公司的社会责任也不再像以前那样，只是一个可有可无的附加项。
>
> 英国首相　托尼·布莱尔
>
> 1998年2月24日

特易购公司、吉百利史威士公司 、巴克莱公司、英国电讯公司、森特理克公司、帝亚吉欧公司、利华兄弟公司这些分属不同行业的知名企业，彼此间是否存在着什么共同之处呢？答案是，它们都已认识到善因营销所带来的诸多好处，并且参与到相关项目的执行之中。这些项目使它们收获了切实的利益，同时也在更广泛的社区中产生了重要而积极的影响。这些企业已经亲身证明了善因营销所带来的三赢局面，并且从中获益匪浅。

我在这里希望阐述的主张是：如果企业的经营目标是提升股东价值和社会价值，或者说是提高利益相关者的价值，那么就必须拥有一个良好的企业声誉，而这也是企业构成的一部分。一个良好的公司声誉可以影响股票的价格和买卖，促进产品和服务的销售，从而使得企业更加繁荣兴旺。

创建一个公司的声誉，就如同创建一个商业品牌，必须在保持公司品质和服务质量的基础上，经历一个相当漫长的过程。但这里所指的“品质”，其内涵则更广泛地延伸到包括企业的价值观和核心意识。

企业的声誉建立在企业基本利益的基础之上。企业的产品或服务、亲和力以及相关方对企业的看法等，都是企业声誉的一个组成部分。同样重要的是，公司声誉也是建立在权益人对企业所拥有的价值和主张的认同上。而这种价值和主张很大一部分建立和体现于公司在其运营所在的所有市场行为上或公司的责任感上。

在加强了解和宣传社会责任方面，善因营销发挥着重要的作用。善因营销是一个极为有效的途径，它帮助企业创建品牌，巩固、展示公司价值，增强其活力，并使公司的社会责任和社区投资有目共睹。但是，有谁会关注这个问题呢？

这本书里我将通过实际的案例，对善因营销在提升企业声誉方面的作用加以说明。此外，我们还将讨论哪些人会关心企业的声誉，以及其背后的原因所在。通过理论与实际案例相结合的方式，我将会阐明企业应该怎样将善因营销融入企业的经营管理、市场营销、社区事务以及其他种种经营活动之中。在书中，我也将阐述善因营销究竟是怎样令商业企业获得成功的。

1995 年 6 月，当多米尼克·吉百利里爵士和我（作为董事）发起社区商业组织的善因营销运动时，我就有一个大胆的想法。那就是要定义善因营销，创建商业上的成功案例，让它在英国得以成型。我对此产生兴趣主要是基于这样的理念：善因营销可以在发展商业的同时，间接地为社区社会和社区经济添砖加瓦。特易购公司推出的“特易购计算机学校项目”，就属于企业参与慈善团体和公益事业活动的著名案例。这个案例鼓励消费者去特易购公司设在各地的超市购买产品，消费者每花费 25 英镑就会收到一个购物券，他们可以把购物券捐赠给参与该项活动的学校，而学校可以凭借搜集到的购物券从特易购公司兑换到教学电脑及相关设备。这项活动在促进销售、增加客流、提升品牌及客户忠诚度等方面取得了显著成效，与此同时，也为众多参与活动的学校提供了它们所需的大量教学资源。

吉百利史威士公司“拯救儿童（Save the Children）”项目，是企业和品牌与公益项目之间利用合伙关系汇聚能量的另一个经典案例。在这个案例中，该项活动每年鼓动平均18000到20000名消费者在某一天共同采取行动，参加一个经赞助的伦敦漫步活动，为拯救儿童慈善组织筹集资金。这项活动不仅使吉百利公司和吉百利史威士公司的价值得以提升，更重要的在于创造出颇具影响力的公共关系形象和激动人心场面，展示了成千上万件公司的产品，而且每年所举行的活动都能为“拯救儿童”和名为“一小步（One Small Step）”的漫步活动筹集到超过40万英镑的资金。

问题的关键在于了解哪些善因营销活动正在发生，为什么会出现这样的现象，在善因营销活动中相关各方所关注的利益是什么，善因营销是否真的具有使企业、慈善团体或公益项目同时受益的潜力。如果是的话，那么我们面临的机遇和挑战就是要定义和划定它的范围，突出重点，提高对它的认识和理解，创造一个知识、意见和信息的中心，提高这些善因营销项目的质量和深度。真正的挑战是将善因营销在英国树立为一个正常的市场营销手段、公司经营手段、社区投资手段和融资手段。这一探索非常适合社区商业组织的整体使命，那就是鼓励企业将社会责任感作为其企业卓越化的一个基本组成部分，从而提高他们促进社会和经济再造的质量和深度。当然，企业可以通过很多途径为社会和经济再造作贡献，其一就是全面调动企业自身的所有资源，在宣传企业自身的同时，也为企业所在社区的利益进行宣传。

社区商业组织发起善因营销活动的4年来，在一支发挥着重要作用的领导团队的带领下和国际调查公司英国分公司的诚挚支持下，社区商业组织在英国开展了有关这一主题的调查研究。我们着重于收集商业案例，并鼓励其他企业作出经营决策时，也能将善因营销作为各类营销组合的一个组成部分。善因营销占据了美国约76亿美元赞助商市场的8%，由此可见，它为英国企业和更广泛社区的成长所带来的利益也是巨大的。但要透彻理解、领悟和完善善因营销，最根本的要求是要秉承善因营销所要求的正直、透明、真诚和互利互惠的原则，并维持相互尊重的合作伙伴关系。

为了确保善因营销概念的完整性，同时探索和改进善因营销的具体方法，我在社区商业组织善因营销活动的支持下，对善因营销的使用进行了首次系统的总结和论述。在此之前，我与消费者、慈善机构、企业人员，以及公益事业的代理和代表机构进行了充分的讨论和咨询。我所归纳总结出的成果和社区商业组织对善因营销进行的调查研究对此书的成稿帮助很多。

善因营销活动并不局限于某一特定的行业，或局限于某个特定的市场、公益事业、国家与地区，以及某一特定的文化。善因营销在企业促进自身发展和造福相关社区的过程中所发挥的重要作用，已经通过企业与某个慈善团体或公益事业的密切协作得到了证实。

在详细剖析什么是善因营销，它在实践中如何发挥作用，为何发挥作用，什么是它所面临的机遇与挑战，以及善因营销未来的发展前景之前，对善因营销首先进行文字上的定义是十分重要的。

善因营销不是救治百病的灵丹妙药，也不是掩饰某个产品、品牌、服务或组织团体缺失的隐身草，它不能包治百病。有些人认为善因营销是对传统慈善形式的一种威胁，对此我并不认同。我们认为，善因营销完全是一个顺应时代发展的产物。善因营销为企业进行市场营销活动、处理公司和社区事务以及慈善事业筹集资金提供了一个新的工具，它能够使企业和慈善机构通过结成伙伴关系，达到各自所希望实现的目标。

在过去的几年中，随着先驱企业在实践中发展建立了越来越趋于成熟的善因营销手法，公众对企业是否具有社会责任感的兴趣和关注程度也在不断增长。与此同时，随着市场营销技巧的发展和概念的更新，商业企业投资社区建设和善因营销的形式也在不断地发展演变。由于在强化企业价值观、提升企业声誉等众多方面确实体现出其所拥有的巨大能量，善因营销的概念已经被越来越多的企业主管、企业事务部门、市场营销部门和慈善机构所接受。

在市场营销和慈善事业集资筹款的世界里，新的、能够更为有效地吸引目标客户和利益相关者的营销手法一直都备受青睐。消费者越来越成熟，同时也变得更加挑剔，对企业的期望也在不断提高。他们期待商业企业能够遵循守法、诚实、有道德的经营法则。

> 英国民众相信烘豆制造商的程度远甚于相信警察局，信任玉米薄片生产商的程度远胜于教堂，对街面上零售商的信心则远远超过国会。

消费者希望从他们购买商品和服务的企业，以及他们为之奉献时间、金钱和精力的机构那里，获得更多个性化的信息。这就使得关系营销与利益相关者建立长期相互信赖的关系得到更多的关注。媒体的高额费用和赢得目标客户的难度不断增加的现象，使“一对一营销”的方式为越来越多的企业和慈善机构所采用。这种营销方式所推崇的是与目标客户建立全面的联系，而不再只是简单地把他们视为企业产品或服务的“消费者”。也正是因为如此，围绕目标客户的生活方式开展营销活动和了解人们的众多兴趣爱好，开始变得越来越重要。

随着上述发展趋势越来越明显，人们对企业的期望值越来越高，以及随着目标营销和筹款融资技巧的不断丰富，善因营销项目在英国、美国和其他地区的重要性和影响范围也正在不断深入。

伴随着全球范围内的社会、政治、经济环境的演变，政府对全民福利的投入正在普遍萎缩，这一形势使得社会公众对企业的社会责任感，以及灵活、迅速而富有创造性地参与社会建设的期望不断上升。这也是消费者对企业的总体期望值不断提升的产物。另外，越来越多的消费者开始期待获得更多个性化的信息和希望企业更加了解他们的个人需求，也使企业所要担负的责任越来越大。

通过本书，我希望可以阐明为什么我相信善因营销的时代已经来临，以及它又是如何适应我们当前经济全球化，同时经历着大量裁员和重组的商业世界的。在这个消费者就是上帝的商业世界里，越来越多的消费者开始更多地看重产品和服务在价格和质量以外的特征。价格、使用价值和质量因素越来越被人们视为产品和服务所必需具备的基本特征，而日益增长的趋势却是：越来越多的消费者开始希望了解企业品牌和产品背后的价值。

在今天这个绝大多数消费者轻轻按一下键盘就可以接触到许多信息的情形下，采取行动抵制消费者认为正在以不当的手法从事经营的企业或社会机构，已越来越被人们所接受。而乐于站出来表达自己观点的人群也不再只是18~35岁之间的年轻人，而是包括60以上的老年人在内的各年龄层的社会大众。我希望阐明的是，在这样的大环境下，为什么经过精心策划以及妥善地加以落实和宣传的善因营销活动，能够适应这样的发展趋势。

借助社区商业组织委托国际调查公司英国分公司进行的善因营销的调查研究报告和其他有关证据，我将从企业、慈善团体和公益事业以及消费者的不同角度，探讨开展善因营销活动的重要性。同时，我也将结合大量案例，重点讨论在善因营销的实施过程中所涉及的项目开发、平衡预算、实践操作、广告宣传，以及效果评估等多方面的要素。

最后，我将结合代表世界上许多不同权益人团体的当事人和评论员的观点，提出我对善因营销的未来，对企业、慈善团体和公益项目的未来，以及对范围更广的社会问题未来的展望。

由于篇幅所限，本书未能着墨于善因营销在全球范围的普遍应用。不过，如果说贝尔法斯特公司（Nambarrie）这个位于北爱尔兰的只有35人的茶叶公司，都可以对社区建设产生如此大的影响，那么运用简单的乘数原则，我们将不难看出，资产上十亿英镑的跨国公司将完全有能力改变世界。

我们可以想象，在所有欧洲出售的消费品包装上印上宣传标语，旨在为防止某项人类灾难（例如，降低某些发展中国家新生婴儿死亡率）的慈善机构进行宣传，将会产生多么巨大的社会效应和经济效应。如果没有社区商业组织首席执行官朱利亚·克莱弗顿爵士和吉百利史威士主席多米尼克·卡德伯里爵士的远见卓识，以及特易购公司、英国电讯公司、巴克莱银行、吉百利公司、森特理克公司、帝亚吉欧公司、利华兄弟公司、国际调查公司英国分公司、市场营销协会、斯密斯克林比凯姆公司和GWR集团公司等这些企业和机构在发起的善因营销运动中发挥带头作用，善因营销在英国不会拥有如此出色的表现。

如果没有这些个人、企业和其他各方人士与我们分享他们的见解和经验，给予我们工作以大力的支持，我们将无法近距离地研究和体验善因营销的巨大魅力，也不可能达到目前对善因营销的深入认识水平。如果没有社区商业组织的努力和它所发起的善因营销运动，各类咨询顾问和研究机构将会因为缺少信息而达不到目前的研究水平，也不会有信心确立善因营销的重点。如果不是这些人士的努力，慈善团体、公益项目和范围更广的相关各方也不可能与商业企业建立如此密切的合作伙伴关系。因此，我们都应该感谢他们的远见卓识和为了推广善因营销概念所作出的承诺和辛勤工作。

在书中，我将反复提及和论述善因营销所应遵循的主导思想和基本原则。每当提到善因营销时，我们应该立刻想到正直、透明、真诚和互利互惠的基本原则，以及相关各方间相互尊重的合作伙伴关系。在因为开展善因营销活动而与相关各方建立合作关系时，如果能够时刻遵循这些基本原则，这种合作关系就将会发展成为更为深入的合作伙伴关系。

正如威尔士王子殿下为社区商业组织推出的《善因营销指南》一书所撰写的前言中所写到的那样：

> 与慈善团体和公益项目建立合作伙伴关系的商业企业将会在社区再造中发挥重要的作用。善因营销是一个令人兴奋的概念，它使企业和公益事业都能够从中获利。善因营销能够吸引新的资金、资源和其他支持方式对社区建设的投入。我确信，善因营销将来会成为企业市场营销行为的一个重要的发展方向……如果你们还没有行动起来的话，我十分希望你们能够认真考虑一下善因营销在帮助你们实现总体市场营销和筹款融资规划方面所能发挥的作用。
>
> **威尔士王子殿下**
>
> 1998 年 7 月

## 第二节
## 善因营销的定义

企业与一个慈善团体或某项公益事业联手，在为自身谋利的同时，还能够有针对性地解决某个特定的社会问题，这已经不是什么新的概念了。

比如，在19世纪90年代，威廉赫斯基思利华（William Hesketh Lever）公司从美国引进了赠品方案。公司在首次推出这项活动时，对活动方案的内容进行了修改，使其不再是一个简单的促销活动。活动的设定奖金为2000英镑，但这次得奖的对象不再是参与该活动的消费者。活动要求参与者将日光肥皂公司（Sunlight Soap）包装盒上的标识作为选票寄往自己偏爱的某个慈善机构。最终，这笔奖金将根据消费者的投票比例在慈善机构中进行分配。如此这般，不仅慈善机构能够得到额外的资金，组织活动的商业企业可以提高知名度，连消费者们也会以参加这个有价值活动为荣，并可以从中央获得一笔小额的奖金或奖品。

从1889年10月19日《伦敦图片新闻》上的一篇文章中，我们可以了解到日光肥皂公司在早期参与公益事业的活动。这篇报道记述了“日光一号”救生艇在一次海难事故中奋勇救人的事迹，而这艘救生艇正是日光肥皂公司在1887年的日光肥皂竞赛中，赠送给皇家国家救生艇协会的礼物。

尽管在当时这些活动还没有被称之为善因营销，但这些早期的例子展示了慈善机构和商业企业之间互惠互利的商业联系。同时，这些案例也显示了行之有效的善因营销计划所产生的良好效果，那就是企业、慈善团体和消费者的三赢局面。

善因营销在过去和现在都有着多个不同的叫法，其中包括社会营销、慈善营销、公司策略性慈善事业、社会投资、社会行销、责任式营销、吸引力营销、公共目的营销、激情营销、激情品牌创立、事业制品牌创立、赞助、促销、公共关系，或者简单地被统称为“营销”。

事实上，善因营销的定义就是这么简单。一切与慈善和公益事业相关的广告、促销、公共关系、直销和赞助活动，都可以被称之为“善因营销”。善因营销的合作对象包括各种公益事业、各类慈善团体和其他非营利性组织。它所覆盖的领域非常广阔，其中包括健康问题、无家可归的游民问题、多元文化问题、环境问题，以及福利、艺术、教育问题和所有介乎其间的有意义的公益事业。公益事业和慈善团体的范围是庞大的，营销范围内所采用的策略、技巧和举办的活动可以说是变化无穷的。因此，善因营销的类型和手法也同样丰富多彩。

一些人对善因营销的理解仅仅局限于企业对非营利性机构的捐赠交易上，认为它只是一个将消费者购买价格的一个百分点捐赠给某个公益事业或慈善团体的促销行为。我认为，这类解释太过狭隘。它只强调了善因营销的一个方面，相当于把营销错误地理解为促销。赞助、广告、直接邮寄广告和营销组合中的所有其他手法都可以是善因营销活动的一种形式或一个组成部分，但上述的任何一种促销手段，都无法全面地解释善因营销的全部含义。不过，无论关于善因营销的定义有多少个，有一条主线是共通的，那就是：每个定义应该能够描述一个企业和一个慈善团体或公益事业之间的商业关系，同时反映出合作的双方都能够明确地从这种关系中获取利益。如果说上面提到的各种善因营销的定义有什么不同的话，这种不同主要体现在相关的活动对企业的赢利状况产生的影响。以促销为主要目的善因营销属于一种战术手段，其效益比起采用善因营销策略来战略性地创建商品品牌要来得快得多。但归根结底，两种方法都同属于营销的范畴，最终都会对企业赢利状况造成影响。当与投资公益事业相关联时，以短期为目标和看重企业长远利益的营销行为又都属于善因营销的范畴。

## 第三节
## 善因营销的发展历程

1995年，在社区商业组织刚刚开始推出善因营销运动时，我将善因营销定义为：“企业为了推广某个产品、某项服务或在市场上树立某种形象，而在互惠互利的基础上，参与一个或多个公益事业的一种商业活动。”如今，这一定义已经在英国和海外得到认可和广泛地引用。

理解善因营销的难点之一就是需要认识到，善因营销既不是企业，也不是慈善团体或公益事业所独有的工具或财产。善因营销是双方都同样可利用的工具，它可以由其中任何一方所发起，并且通过双方的合作达到互利互惠的最终目的。在更多地强调相互关系和机会共有的基础上，我们已改进了原来在社区商业组织在推出善因营销运动时对这一概念所下的定义。我们现在对善因营销的定义是：“一种企业和慈善团体或公益事业共同参与的商业活动，各方在活动期间彼此结成合作伙伴关系，最终在互利互惠的基础上使各方的形象得到提升，使企业的产品或服务为消费者所广泛接受。”

在这个定义中最重要的词汇是商业活动、合作伙伴关系、互利互惠。无论善因营销的具体内容是什么，它肯定不是慈善事业，也不是利他主义。当事人（它们可以是企业、慈善团体或公益事业单位）为了实现各自的目标和得到投资回报才结成的相互关系（见图1-1）。这里所说的投资可以是现金、时间、其他资源，或者这三项的结合。

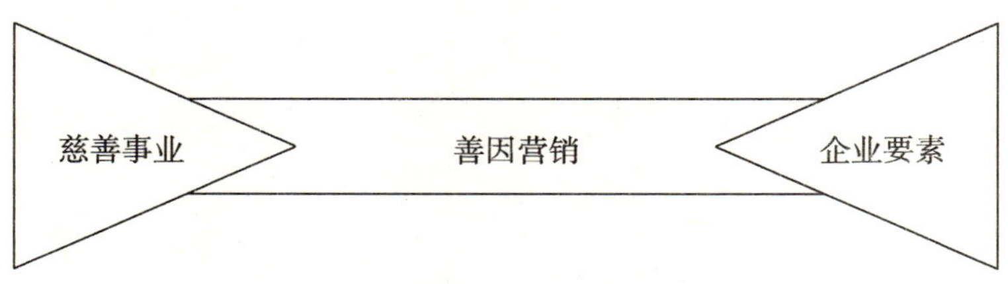


图1-1　善因营销：闭联集

善因营销为所有相关的企业、慈善团体和公益事业创造了同样的商业机会，它是各合作方从最初就走到一起的关键原因。不论他们关注的是提升品牌或公司或本机构的公共形象，还是扩大客户流量或改善公共关系，或是希望通过这类活动增加收入和资源；总之，所有的参与方都有各自想要完成的目标。其中的每一个目标当然也都同样地与一个慈善团体、公益事业或企业相关联。善因营销创造出一个共赢的局面，慈善团体、公益事业、企业都能从中获益，而且实际上这些利益又都延伸惠及到消费者和其他相关各方。

善因营销计划的背后是一种建立在合作基础上的关系，这是一种随着时日的推移而不断维持平衡发展的关系，每一方都欣赏对方的奉献和长处。没有哪一方在这个均衡关系中占据更多的分量、价值或显示出更多的重要性。正直、真诚、透明、互敬的合伙关系和互利互惠构成了合作的基础。

互利互惠是合作关系的根本所在，也是善因营销关系最终的目标和终点。所有参与各方都努力实现各方协议的目标，任何一方都不会以对方为代价来换取自身的利益。

不论善因营销是什么，它肯定不是慈善事业或者利他主义。对慈善团体和企业而言，它都是个好买卖。正如前边已提到的，各方是为了达到他们的目标和取得投资回报而参与这种营销的。这个目的可能不会直接关系到销售和企业的短期赢利水平，但它最终必将会对企业的长期赢利状况产生影响。

毫无疑问，善因营销关系的最终达成是因为双方都能从活动中各有所得。所得可以体现为多种形式，包括使企业或慈善机构的品牌，或企业销售的产品或服务更为知名，使企业或慈善机构获得更加健康的发展，等等。某些质疑的声音认为，在一开始就为善因营销活动定出清楚明确的目标，是否会令各项公益活动显得过于功利，或有被商业企业在背后刻意炒作之嫌，从而令消费者产生反感呢？但针对消费者进行的调查研究清楚地表明，事情并不会如此。社区商业组织于1977年发布的“游戏计划（Game Plan）”调查研究结果，就能够很好地说明这一点。

国际调查公司英国分公司接受社区商业组织委托进行的名为“游戏计划”的调查显示，消费者仍然将善因营销视为一种积极的行销手段，它为企业和消费者资助慈善团体或公益事业提供了另一种途径。但调查也同时提出警告：

> 尽管消费者们能够认同善因营销符合商业企业和慈善团体的共同利益，但他们对两者在合作过程中出现的任何问题都是十分敏感的。

善因营销的形式可以是多种多样的。如前面曾经提到的，它经常作为一种促销手段，体现为将产品销售的一部分所得用于捐赠慈善团体或公益事业。但这只是善因营销众多形式中的一种，其他各种善因营销活动还包括：企业为慈善团体或公益事业提供宣传广告和资金援助，协助它们开展公关活动和接着帮助慈善机构进行宣传等。营销是一个习惯上的商业用语，只有当企业参与慈善活动的目的是为了树立企业的形象和推销企业的产品，而同时又使慈善团体或公益事业受益时，相关的商业活动才属于“善因营销”。

> 善因营销的未来不在于利用赞助公益事业去推销更多的产品，而是在于树立企业的社会形象——利用营销的力量去直接解决某些社会问题。
>
> **社区事务简报编辑　麦克**

定义和理解善因营销的重点，在于理解这个活动或项目的目的和推广手段。善因营销活动最初究竟是由市场营销部门、社区事务或公司事务部门、技术服务部门还是某个慈善机构发起都并不重要，重要的是营销活动和合作的双方最终想要达到什么目的。

这听起来似乎有点老生常谈，但却恰恰描述了善因营销的真正含义。某项活动是否属于善因营销并不在于它是由哪个部门或哪些人来组织策划，而是在于它最终的目的何在。更直白地说，人们怎样定义善因营销并不重要，关键的是这类活动的最终结果能够使企业、慈善团体或公益事业各方同时享受到相应的利益，并且对范围更广的各类人群产生积极的社会影响。

## 善因营销的历史

从前文利华公司的案例中我们可以看到，善因营销的概念已经存在了几十年，甚至几个世纪。舆论普遍认为，人们近来对善因营销产生极大兴趣的原因与美国运通公司于 1993 年成功地引入善因营销活动有关。

在 1981 年试行了各种促销方案之后，美国运通公司在旧金山艺术节期间推出了一项给各类非营利性组织捐赠资金的计划。每当人们在该地区使用一次美国运通卡，就会有两分钱的捐款划入各类慈善机构的账户；每当有一个新的客户申请该卡时，一笔更大的捐款也将划拨给参与活动的慈善机构。

此项营销活动的结果大大超出了美国运通公司最初的目标。据报道，运通卡的使用率得到极大地提高，美国运通公司和商户们之间的关系也因此得到了极大的强化。从慈善募捐的角度来看，尽管这项活动的时间不长，但却筹集到 10.8 万美元，这笔钱对他们的工作产生了极大的帮助。

负责策划这项营销活动的是那时任公司高级副总裁的杰瑞·韦尔奇（Jerry Welsh）。据说，他在解释该项活动的目的时说，当初设计推出这项活动的目的不仅是为了应付参加艺术节的商家和消费者的一时之需，而更多地是为了鼓励人们在日常生活中更多地使用运通卡。“在为人们提供一个参与当地公益事业的机会的同时，我们希望鼓励会员在本地采购中更多地使用运通卡。我们的确捐赠出部分收入，但与此同时，我们的业务也得到了积极地拓展。”

美国运通公司认识到了这种营销方式的潜力。它既实现了商业目标，又使社区内的非营利性组织和其他合作伙伴获益匪浅，于是决定在经营过程中继续使用这种营销手法。在 1981 年到 1984 年间，美国运通公司一共支持了超过 45 项公益事业。在这一相对谨慎却十分积极的开端基础上，公司终于在1983年将善因营销的概念在全国范围内进行了广泛地推广，并把因此而产生的收入投入到自由女神雕像的修复工程之中。美国运通公司的这一重大举措通常被视为各家商业企业对善因营销重新产生浓厚兴趣的开始。

> 在美国运通，我们正寻求贡献社会的新方法。特别是在私人和公共资助减少的情形下，将市场营销资金投入有价值的公益事业，同时使企业自身的业务得到发展，将使非营利组织获得它们需要的资金援助。
>
> **美国运通公司主席　詹姆斯·D. 罗宾逊三世**

> 当两年前公司第一次尝试善因营销的概念时，我们还不太确信它究竟是一个确实能够对公司有所帮助的营销工具，还是一个有趣的散财公式。实际上它两者都是。在成功地推广了30多个有价值的公益事业后，我们现在知道我们可以在做善事的同时，也使公司的自身业务同时得到长足的发展。
>
> **美国运通旅行相关服务部主席　路易斯·V. 戈斯特纳**

同运通公司以往参与的项目一样，公司1983年推出的善因营销活动与自由女神像的修复工程有着简单而直接的联系。公司投资了400万美元来制作宣传品和广播、电视广告，以宣传推广这项计划。计划的具体内容是，公司现有的客户每使用一次运通卡，就会有1分钱被捐赠给自由女神雕像修复基金；而每一个新用户申请美国运通卡并且参与该活动，就会给该基金带来1美元的捐款。美国运通卡的持有者在购买美国运通旅行支票和旅行套餐时，也会有相应的款项被捐赠给自由女神像修复基金。

在1983年9月到12月这三个月的促销期中，美国运通公司总共为“自由女神雕像修复基金”筹集到超过170万美元的资金。与前一年相比，仅在该促销活动的第一个月，美国运通卡的使用率便上升了28个百分点，新卡申请率则增加了45个百分点。

自那时起，美国运通公司在17个不同的国家组织了超过90个慈善公益项目，其中最近的一个项目是所谓的“挑战饥饿计划（Charge Against Hunger)”。在该项计划中，美国运通公司的合作伙伴是一直关注解决美国饥饿问题的Share Our Strength组织（简称SOS)。双方的合作关系开始于1988年SOS主办的全国食品品尝活动——美国最大的食品和葡萄酒品尝活动。那次活动中所产生的收入全部被捐赠给SOS组织，而该项活动也见证了之后的“挑战饥饿计划”的诞生。通过包括鼓励使用或申请美国运通卡在内的各种的手法，美国运通公司与它的客户和商家在1993年到1996年期间，共为公益事业募集了超过2100万资金。

这笔捐款为SOS组织提供了巨大的财务援助，而有力的广告和促销活动以及运通公司员工们对活动的大力支持，使SOS的知名度和组织宗旨得到了社会更广泛的认知。正如SOS的创始人比尔·肖尔（Bill Shore）在《心的革命》一书中所写到的那样：

> 美国运通公司和“挑战饥饿计划”改造了SOS……他们在商业世界中的联系继续帮助我们在新的方向上发展壮大。运通公司对我们的帮助从最初赞助某项公益活动，一直发展到积极地全国范围开展大型的公益事业。正是在运通公司的帮助下，SOS后来才有可能不断赢得包括环球影城、西北航空公司和凯玛特在内的各家大型企业的赞助。

对美国运通而言，从活动中得到的好处同样也是多层面的。

美国运通公司不仅在旧卡使用率和新卡申请率上得到了实惠，也借此与代表市场链上重要环节的厨师和餐厅业建立了良好的关系。与此同时，员工们的工作热情也得到了极大地提升。这段合作关系也因而见证了一个企业、员工、慈善团体和公益事业、客户和餐厅业多方共赢的局面，而相关的所有机构和个人也都在活动中扮演了各自的角色。

## 第四节 善因营销与企业的社会责任

> 随着政府福利的日趋减少……企业的品牌创建活动开始向从前一直属于政府职责范围的公共事业领域发展。商业企业的作用也随之在我们的日常生活中显得越来越重要，这是因为，像政府部门一样，如今的大型商业企业掌握着能够决定我们共同的命运的权力、资源或生产技术。
>
> **自由撰稿人　阿兰·米切尔**

人们给企业的社会责任所下的定义是，公司对一系列利益相关的团体所负有的责任，这些团体包括客户、员工、供应商、股东、政界人士、企业所在社区以外范围更广的社会团体和个人，以及周围的环境等。企业的社会责任又可称为企业的公民身份。作为企业公民，商业企业不仅要积极参与社区活动和各项慈善事业，同时还需要通过利益相关的各方人士，譬如员工、投资者和合作伙伴等，对国内外的社会造成更广泛的影响。

自苏联解体以来，解除管制、贸易自由化和市场国际化的过程变得十分迅速。而随着全球范围内政府资金的退出，社会需求与政府或国家资助之间的缺口正在不断扩大。在这样的环境下，公司在社会中日益成长为一个强大的力量。伴随着全球兼并的浪潮，商业企业的经济实力也得到了空前的壮大。一些公司的收入甚至远远超过了许多国家的 GDP 总值。如查尔斯·汉迪（Charles Handy）在 1997 年的一篇文章中写到：

> 如果列出一张1997年世界最大经济实体的清单，你会发现，在前100名的排名中，有50个席位将属于各类商业企业。通用汽车的销售收入大致等于坦桑尼亚、埃塞俄比亚、尼泊尔、尼日利亚、肯尼亚和巴基斯坦等国家全年GDP的总和。在另一张统计全球由中央管理机构对商业活动实施统一管理的经济实体的名单上，古巴列于第73位，而在其排位之前可以找到71家商业企业的名字。

正如David Logan所说，跨国公司跨越了全球，他们的力量和影响力在经济和文化全球化的时代得到了所未有地增长。同时，国家政府的力量则遭到相对的削弱。

拥有巨大经济力量的商业企业对于全世界个人和社区的生活有着深刻的影响。渐渐地，这种影响力演变为相应的社会责任。对商业企业的影响力和社会责任进行深入理解并融会贯通两者之间的关系，将使整个社会因此而受益。两者之间完全可以形成一种良性循环的关系。

正如利华公司的高级战略分析师杰瑞·赖特所说：

> 大公司在全球经济中占据着日益重要的地位，因此对于全球经济也越来越有影响力（见图1-2）。人们在消费者和公民的双重身份下会期望公司明智地运用他们的力量和影响，并且更加有效地满足他们的需求。
>
> 善因营销是公司可以利用或回应人们这一要求的重要手段之一，它使得公司能够在运营的同时对社会的发展有所贡献，也能为公司的品牌创建工作带来长远的利益。

企业和社会是相互依存的。一方的优点和缺点最终会对另一方产生影响。简单说就是，“一室不扫，何以扫天下”的道理，即企业和社会的命运是紧密联系在一起的。这是社区商业组织的理论核心，也是得到众人广泛支持和宣传的原因。这一概念也来源于皇家鼓励工商业艺术协会（Royal Society for the Encouragement of Arts Manufacturers and Commerce，RSA）委托明日公司进行了为期两年的调查之后整理而成，这是正式发布于1995年的调查报告的主要支架。该份报告进一步发

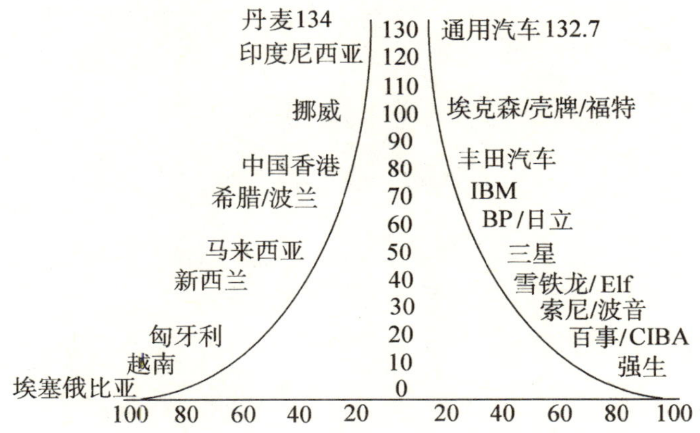


图 1－2　全球公司的力量对比

资料来源：David Logan,《公司的公民身份》。国家按 GDP（十亿美元）排列，公司按收入（十亿美元）排列。GDP 数字：《经济学家杂志》“数字世界”1995 年数据；公司收入：《财富杂志》1996 年 7 月 26 日。

展了企业应该采取“包容性”经营手法的主张，认为只要让相关各方得到相应比例的利益，股东的持续价值就能够得到保证。

> 随着公司和社会之间相互依存的程度不断增加，企业竞争的性质也发生了变化。为了具备国际竞争力，商业企业需要营造一个良好的运营环境。企业、政府、经营流程中的其他合伙人需要共同努力，在同一个理念指导下，采取统一的行动去承担相应的社会责任。不这么做的话，企业的竞争力将会受到严重的影响。

关于企业的经营目标满足了股东的利益，就无法满足其他相关各方的利益的论调，是完全错误的。其实这两者之间是相互关联、密不可分的。因此，企业在制定公司的制度和经营策略时，应该综合考虑客户、供应商、员工、投资者和社会的利益，而不是将他们排除在外。正如在 RSA 的调查报告所总结的那样，只专门地强调任何一方的利益都不会产生长时间的竞争优势。

> 能够在长时间的竞争中取得成功的企业，是那些较少专门强调股东利益和仅从财务数据判断企业经营业绩好坏的企业。它们在评估企业的经营业绩时，会相对全面地考虑相关各方的利益，同时搜集更广泛的资料来评价企业取得的成绩。

《明日公司调查报告》小组的主管长马克·格莱德（Mark Goyder），通过宝丽来公司的故事很好地阐述了上面提出的概念。宝丽来公司系统地采取了一系列措施，在监管当局规定的时限之前，解决了公司的噪声污染问题。不料，少数投资人却对公司管理层擅自使用公司的资金去完成一些超出政府规定的工作感到吃惊。于是，这一事件引发了一场关于公司的社会责任和股东利益孰轻孰重的辩论。有趣的是，美国凯撒公司（ICF Kaiser）两年后进行的一项调查显示，宝丽来公司位于得分最高的公司之一。这项调查活动的对象是327家美国最大的上市公司，调查得出的结论是，采用环保措施，以及加强对投资社区的宣传，能够使公司的股票价格上下波动的情况大幅减少，并为股东带来最多高达5个百分点的额外收益。

在上面的这个案例中，企业和社会间相互依赖的关系，企业的社会责任感对企业经营业绩的积极影响得到了很好的反映。这一发展趋势和人们对商业企业的期望是具有国际性的。参议员比尔·布莱德利（Bill Bradley）在一场公开演讲中很好地阐述了这一思想。他说道：

> 仅仅依靠政府和市场的力量尚不足以推动人类文明和进步。社会的发展离不开健康稳定的商业企业的支持，商业企业也有能力创造一个繁荣发展的局面。政府和市场就如同一个三脚凳的其中两支腿。没有民间资源这第三条腿，这个凳子不会稳固，也无法为社会的繁荣提供必要的支持。

一项由经济和管理系学生国际联合会（The International Association of Students in Economics and Management，AIESEC）和威尔士王子企业领袖论坛（The Prince of Wales Business Leaders Forum）进行的调查研究

显示，企业的社会责任感对提升员工的责任心和士气具有十分重要的影响。该报告的重点包括：

- 50%的受访者认为，企业对消费者负有最大的责任。
- 24%的受访者认为，员工是企业经营活动中最为重要的因素。
- 只有13%的受访者认为，股东利益对企业最为重要。

企业越来越认识到它们所肩负的社会责任。在与吉尼斯公司合并成帝亚吉欧公司之前，大都市集团首席执行官乔治·布尔曾说道：

> 越来越多的商人正在认识到他们企业的兴盛是和整个社区的繁荣紧密联系在一起的。社区是他们赢得消费者、雇员、供应商，以及投资者和股东的重要来源。

政府的预算在缩减，而社会需求却丝毫没有减少的迹象。企业如果想继续在其所在的市场中取得成功，必须对其所在的社区有所贡献，因为它需要从社区中获得所需的各种资源，而且它还需要在社区中销售它的产品。很简单，如果企业没有拥有必要技术的员工和资源来从事生产，如果这些构成要件没有达到标准，如果企业所希望销售产品的市场不购买或使用那种产品或服务，那么，这个商业市场最终将会消亡，而企业也将随之消亡。在世界范围内追逐新市场、在现有的市场中进一步发掘潜力等经营活动也最终都会放缓或停止下来，因而无法实现企业持续发展的目的。企业和社会的利益是休戚相关的，不论是一方对另一方进行投资，还是双方确定合作伙伴关系，又或是两者之间互相投资，都是符合双方商业利益的。

企业的地位、目的和影响力是不断变化的。认为企业的存在仅仅是为了创造股东价值的理论正处于消退和发展变化中。詹姆斯·柯林斯（James Collins）和杰瑞·波拉斯（Jerry Porras）在他们著作中指出，富有远见的商业企业具有许多共同的特点。他们在书中写道：

> 与人们在商学院中所学到的理论相反的是，大多数富有远见的商业企业，都不会把“股东财富最大化”或“利润最大化”作为主要的经营目标和动力。

他们所得出的结论是，对于这些富有远见的企业来说，企业的盈利能力是企业存在的一个必要条件和取得更大成绩的一种手段，但是它绝不是企业经营的最终目的。利润如同氧气、食物、水和血液对人的身体一样重要，它们不是生命存在的意义，但是没有它们，就没有了生命。

柯林斯和波拉斯进行的调查证明，富有远见且能够长时间取得成功的商业企业通常都有一套核心的意识形态，其中包括企业的核心价值和核心目标。

有趣的是，这些富有远见的企业比单纯追求利益的公司赚进了更多的钞票。

对许多富有远见的公司而言，企业的社会责任是一个核心价值。

这一理念得到了《明日公司调查报告》的进一步支持。该报告指出，未来的成功企业将是那些致力于企业的无形资产，而不是单纯依赖技术创新和价格竞争的公司。

如果问我从以往的经验中所得到的最大的教训是什么，我以为那就是，同时注重发展“软性”竞争优势和“硬性”竞争优势的企业，才有可能取得最大的成功。

**克莱斯勒公司总裁　鲍勃·鲁兹**

公司的社会责任是这个报告的一部分。它能够帮助企业提高股东和市民的忠诚度。与政府、其他机构和有关人士建立和发展坚固的全球合作伙伴关系，使企业更容易地进入新的市场；创造更积极的公众形象；积极地扮演市场领导者的角色；同时累积企业的商誉，以备不时之需。确实，如果运用得当的话，企业的社会责任感对相关各方都会产生积极正面的影响。相反，缺少社会责任感则会对企业的声誉带来严重的损害。

> 为社区做贡献，并将贡献社区的事迹进行有效地宣传（这一点十分重要），能够为企业赢得特别的竞争优势。之所以要加强宣传，是因为公众一般都不太了解商业企业的所作所为（只有1/3的人会想到某个公司为社区作出了某种贡献）；而说到具体的事例时，能够明确指出哪些商业企业曾经为社会作出过哪些贡献的人数，还不到总人数的12%。当我们向人们展示他们身边的商业企业已经为贡献社会采取了的哪些行动时，他们中的大多人都会十分吃惊，并对这一信息留下深刻的印象。
>
> **MORI国际调查公司董事　斯图尔特·刘易斯**

善因营销所指的就是，以一种非常高调和积极的手法，向公众展示和宣传企业从事慈善和公益事业的相关信息。

## 通过宣传提高企业声誉——英国电讯公司案例分析

英国电讯公司在肩负社会责任方面，堪称业界的表率。自从私有化以来，公司在提高经营效率、重视技术投资和提高客户服务上取得了巨大的进步。与此同时，它还通过一个每年1500万英镑的社区合作项目，从事着投资社会公益事业的活动。然而，和许多大型企业一样，英国电讯没有表现出更多的主动意愿。但是，在1996年3月公司进行了一项调查研究之后，事情开始发生了变化。其时正是业界处于清除竞争，建立联合、适应变化的消费趋势，以及电信企业在英国严格的管制框架内争取操作空间等各种压力与日俱增的时期。在这种环境当中，“声誉”日益被视为区别英国电讯与其竞争对手的关键因素。英国电讯在调查中发现，尽管英国电讯是英国最大的公司捐赠人，但却很少有人知道这点。这也引出了消费者对其他商业企业参与公益事业同样缺乏认识的有趣问题。

调查表明，虽然有的消费者自认为他们了解英国电讯的经营活动，但这种认识实际上也是不全面或不正确的。当消费者们得知公司投资公益事业的一些事实时，他们都感到十分惊讶。十分明显，消费者对公司的看法会因为获知了这些事实而发生积极的转变。这一发现促使英国电讯出台了新的营销策略，即公司开始以各式各样的方式，展示英国电讯造福社会、造福各阶层人群的事实。宣传的内容包括传播公司在全球各地取得的成功和赞助慈善和公益事业的具体项目。这项宣传活动的最终目的是，提高和发展公司在主要相关各方心目中的声誉。

在这类宣传中，注意保持客观和平和的语调是十分重要的。企业需要在展示自身对社会所做的巨大贡献和保持谦虚谨慎的态度之间要找到一个完美的平衡点。在为响应这次调查活动而展开的广告宣传攻势中，英国电讯发现，尽管公司制定的广告宣传策略是完备的，但宣传中所保有的心态和持有的语调仍然是宣传活动能否成功的关键。这也证实了很多调查研究活动（包括社区商业组织自身组织的调查活动）的发现，即消费者十分渴望了解企业投资慈善和公益事业的真实信息。

英国电讯公司的目标是，使英国消费者对其作出正面的重新评价，在人们心目中定位为其具有宝贵社会财富，表现良好的企业公民。1996年，随着“永在我心中（Always on my Mind）”计划的面世，英国电讯的创造性善因营销活动达到了顶点。这是一个以猫王埃尔维斯·普雷斯利（Elvis Presley）的经典歌曲为标志的电视和电影广告，以一种感性的和迷人的方式告诉公众，英国电讯为社会和慈善事业付出了什么以及背后的原因。除此之外，公司还同时推出了另一项具有新闻价值的活动，为消费者提供了另一个重新评价英国电讯公司社会形象的理由。在一系列活动中有一项名为“Winston’s Wish”计划，这是一项重点在于帮助成人用孩子所理解的方式与失亲孩子进行沟通的公益活动。作为一家通信公司，沟通自然是公司通过这项活动所要传递的主要信息。英国电讯的调查研究清楚地表明，从消费者的观点来看，公益事业和商业品牌之间真正的亲和力是至关重要的。强调沟通的核心思想贯穿于英国电讯与外界的各种联系，加强了公司与其合伙人之间的自然联系；同时也反映在英国电讯投资社会的各种活动之中。此外，公司还通过给现实生活中的真人真事提供各种看得见的帮助，使善因营销的实际效果变得更加有效。

宣传公司的社会责任感有助于提高英国电讯公司的企业形象，同时也进一步提高了他们所投资的公益事业和项目的社会知名度。调查显示，此项活动对于人们重新评价英国电讯有着重要的影响。

全国范围内，有1/4的客户表示因为观看这些广告而对英国电讯公司产生好感。社会公众的大量回应也是创记录的。公司在企业声誉的主要构成因素，如技术创新、投资社会、资助慈善团体和其他公益事业等各方面的表现都取得了长足的进步，这也使得英国电讯过去一直以来相对静态的公司形象得到大幅度改善。英国电讯非常清楚地认识到，在宣传公司社会责任感方面进行持续不断地投资正在取得相应的回报。

如果社区繁荣了，反过来又会促进和支持企业的发展与成功，那么企业投资于社区就符合商业原则。宣传公司的社会责任感，令公司在公众的眼中被视为一个积极地参与慈善和公益活动的、有责任感的企业公民，同样有助于提升公司的声誉，也有利于提高相关各方对公司的看法。而相关各方对企业的态度和看法将会影响企业的行为和反应。显然，宣传企业的社会责任感能够使企业从中获利，而与此同时，支持和促进社区的兴旺发展对所有各方都有好处。善因营销无疑是展示企业社会责任感的最有效方法之一，它能够赋予企业的价值观和信仰以及活力，并且能吸引社会各界对企业的注意。正如吉百利史威士公司主席和社区商业组织的善因营销运动的发起人多米尼克·吉百利爵士所说：

> 善因营销使企业在为社区做贡献的同时，也能够借机推销自己的产品。我感到它正越来越成为营销计划和营销活动中一个正式的组成部分。因为当一个公司真正认识到这一点时，它就将成为一个积极的企业公民。

显然，问题的关键是确保相关各方了解企业的价值观和社会责任感。如果运用得当，就会有越来越多的实际案例向我们证明，成为一个有社会责任感的企业是有其商业意义的。

> 企业的社会责任不是一项可有可无的活动。大都会公司的所有员工都相信，判断一个企业的成功与否，不能仅仅依靠它的收益情况、发展势头和资产负债表中所显示的数据。一个真正成功的企业，将会在经营决策的过程中，全面考虑到包括投资者、员工、消费者、贸易伙伴，以及业务所在国家和社区在内的各方的利益。
>
> **大都会公司首席执行官，现任帝亚吉欧公司集团首席执行官　麦格拉兹**
> **大都会公司主席，现任帝亚吉欧公司非执行董事　乔治·布尔**

## 第五节
## 善因营销与企业声誉

在未来的日子里，产品价格和技术创新优势在商业活动中的地位将日趋衰微。由于价格和技术将来将更迅速地被竞争对手们所效仿或仿制，它们将不再是决定产品竞争优势的决定性因素。而诸如企业的经营行为、企业形象、诚实的商业作风、职业操守以及企业在社区中的地位等因素，将很有可能成为将来公司在未来所关心的核心问题；而相应地，企业的竞争优势也将因而集中于公司的声誉和消费者对公司的信任程度。

各种信息在全球的多样化传输方式和速度与10年前的情形大不相同。

现在，在一天的时间里能做些什么？

据估计，以下是今天的世界在一天里时间里就可以取得的成就：

- 实现1830年全年的美国经济增长量。
- 完成1949年全年的世界贸易总额。
- 完成1960年全年所开展的科学研究工作。
- 完成1979年全年的外汇交易。

- 收取 1983 年全年的电话话费总额。
- 实现 1989 年全年的电子邮件收发量。

根据 IBM 的统计数据，1997 年全球的上网人数为 4000 万人，1998 年的上网人数为 6000 万人，预测到 2000 年，这个数字将会增加 10 倍。1998 年 4 月，美国商业部报道，互联网的使用率每 100 天就会翻一番。来自于英国 DTI Future Unit 的一份报告显示，在收音机、电视机和互联网的普及方面，同样是赢得 5000 万使用者，收音机花费了 38 年的时间，电视机花费了 13 年的时间，而互联网则只花费了 4 年的时间。

每 5 年的信息供应量增长情况：

- 周日版的《时代周刊（The Times)》杂志所包含的信息量，比 17 世纪普通人一辈子所接触到的信息还要多。
- 一个普通的播放圣诞音乐的贺卡所具有的信息处理能力，比 1950 年前全世界所有仪器设备处理电子信息的能力还要强大。
- 一台 Sega Saturn 游戏机，比 1976 年面市的超级计算机 Cray 拥有更加强大的处理器。

信息传输技术（ICT）的革命不仅意味着信息传输速度和获取速度的大幅增长，而且信息的成本和高效的经营管理实务也得以以更快捷的速度被广泛地分享，这使得在全球范围内实现标杆管理（Benchmarking）成为可能。企业将必须全盘管理公司的所有部门，并确保公司各部门和它们的供应渠道在世界上任何角落都能满足母公司的标准和价值观。这就意味着企业今后必须以特别的方式使自身变得与众不同。在过去，企业突现自身特色的方式往往是寻求技术上的创新，现在更多的则是通过巩固和突显自己的价值观和对未来的洞察力，以及与相关各方建立长期的合作伙伴关系，来提高企业的声誉。这是如今的商业企业的最新追求，而善因营销活动可以在此过程中发挥极为重要的作用。

在这个日新月异的新环境中，每个人都不得不提高他们的博弈策略。先进的技术意味着在市场和市场之间产品的进步和创新，会被竞争对手以更快的速度所模仿。福特汽车公司的前主席特罗特曼曾就此解释道："新的技术，比如先进的电子设备、超轻材质、计算机辅助设计，以及控制其他部件的主机等，都可能在将来的10到20年里，以超过以往100年的速度改变未来汽车的发展趋势。"例如，奔驰汽车是最先研发出汽车内的安全气囊技术的，但有意思的是，如今生产的所有新款汽车里都备有标准的安全气囊装置。在昨天曾被视为超值的特殊装置，在今天已经变成一种人们早已习惯的标准配置。

正如管理咨询顾问普里切特所说的那样：

> 当你自以为对一切状况都了如指掌的时候，很有可能恰恰忘记了，世界上的任何事情都是在不断地发生变化的。

企业的声誉是由许多元素构成的，包括它们的企业公民身份、社会责任感和创新意识。这里所说的创新意识，不是指企业自身的技术创新和管理方法创新，而是指它们对社会进行投资和创新改造的行为。

> 这个世界充满选择，人们面前有大量的产品和服务可供挑选，令人眼花缭乱。而企业的声誉正成为人们判别是否购买那些货品和服务的重要依据……建立声誉不只是摆放在接待室和公司事务部门的咖啡桌上任其过时的一些漂亮的宣传资料。建立企业的声誉需要系统地将价值观运用到企业的日常经营活动中。

RSA的调查问卷明确指出，世界正在变化，市场的相关因素也在随着相关各方的人数、需要和期望发生着日新月异的变化。

良好的声誉是企业取得成功的一个至关重要的因素。它的建立需要历时数10年，但它却可在瞬间毁于一旦。价格、质量、服务和业绩都是有助于建立声誉的重要组成部分。与相关各方积极互动，展现职业操守也将正面地提升企业的声誉。反之，认识不到这一点将会阻碍企业的发展。

## 内部和外部矛盾

在过去的几年，壳牌公司像许多其他的跨国企业一样，面临着一些非常复杂的问题，使得它处于进退两难的窘境。我们竭尽所能地主动采取措施来应付这些问题，但现在回头来看，有一些决定是错误的……

我们可能过多地强调了处理内部事物，而没有完全理解给公众提供信息的需要……

我们被视为反应迟钝，所以在某种程度上，一度成为人们批评的靶子……

我们曾经很仔细地倾听客户们的声音，也很认真地倾听政府和员工的意见。毕竟，他们是我们需要永远与之打交道的对象。

当然，我们也与环境团体、消费者团体以及诸如此类的团体打交道，但我们倾向于让公共事务部门来处理相关的事宜。我们能够意识到这些团体的重要性，但在我们的心目中，它们显然不如政府和相关的行业组织等来得重要。

事实上，我们在对这些团体日趋重要的影响力上的认识有些迟钝。

我们低估了这些变化的影响力——我们没有能够与这些新兴的团体建立良好的沟通渠道……

到现在我们不得不承认我们在这个问题上摔了跟头——我们犯了错误，我们不得不很好地处理这些新的挑战，一如我们本来应该做到的那样……

我想说的是，我们对经营环境进行了一系列有瑕疵的评估和错误的解读，这使我们作出了糟糕的经营决策。

为什么会出现这些问题呢？

我想，问题的关键在于我们未能全面地认识到社会和科技的发展变化……

简单说就是，当科技的发展重新定义了个人和企业之间的关系时，全球范围内的社会关系也随之发生了变化……

**壳牌公司资深集团董事　赫克斯特罗特**

在上述认识的影响下，壳牌公司于1999年春天，根据公司在1998年完成的题为《利润和原则：我们是否有所选择?》的报告，在全球范围内开展了一场以公益事业为主轴的宣传活动。活动的主题包括“剥削还是开发利用”，“保护濒危物种还是让我们自己也变成濒危物种”以及“追求商业利益还是社会利益?”等等。

品牌是产品质量和售后服务持续稳定的一个保证。它不仅仅代表商品的属性，而且越来越寓示着一种消费经历。品牌更多地在一种理性的、感性的层面上吸引人们的注意力。事实上，一些世界上最知名的品牌也可以被定义为某种特殊购物经历的提供者。

> 品牌像任何其他资产一样，如果没有得到妥善管理，它的价值就会降低。相反，一个得到有效管理的品牌将成为企业非常有力的一个竞争优势。
>
> **巴克莱银行品牌管理部主管　莎莉·夏尔**

培育、开发、提高和广泛传播企业的声誉是企业中每一个成员的责任。显然，市场营销在企业声誉和品牌的对外宣传活动中占有领导地位，因此，所有合理和有效的营销手段都应该列在企业营销活动的考虑和探索范围之内，并在适当的时候被加以应用。这些手段不仅限于制定一个清楚明确的企业社会责任，而且进行社会投资和出台相应的善因营销策略也应该是企业营销的一个组成部分。

随着经济全球化和通信速度的日益增长，某些经营策略的出台理论上能够在瞬息之间发生作用并且广为人知。例如，一个人在英国的所作所为只需瞬间就可为澳大利亚的人们所知晓。世界最遥远的角落上所发生的活动也有可能对公司的声誉产生正面或负面的影响。因此，企业面临的挑战在于，确保企业能够在清晰的宣传策略的指导下，言行一致地采取相应的措施，从而保证企业所创造的价值和积极的影响力能够在企业所在或计划进入的市场中，为相关各方的人士所理解和接受。

正如英国餐饮行业巨头惠特比公司的策略性事务主管西蒙·沃德，在1998年6月社区商业组织召开的社区投资颁奖大会上说的那样：

> 从欢迎新客户惠顾我们的饭店、到获取新的供应合同和许可授权，我们在人们心目中身为一个负责任的企业的良好声誉，为我们的经营活动带来了实实在在、可以计量的利益。

## 消费者对企业的期望

人们可以借鉴一些主要的心理学理论来了解消费者感兴趣的企业道德行为的起源。马斯洛的需求阶梯理论认为，人们的行为不仅仅是由机械的力量或本能所控制，同时也受到人类渴望达到他们力所能及的最高层次的愿望所影响。人们渴望探求创造力的极限，想要达到知觉和智慧的最高水平。马斯洛将人们最基本的需求放在阶梯的最下端，而将那些人们最高层次的需求置于阶梯的最上端。由此而形成的金字塔的每一层都与其下一层有着密切的联系，因此人们只有当第一层的需求得到满足之后才会产生第二层次的需求（见图 1－3）。

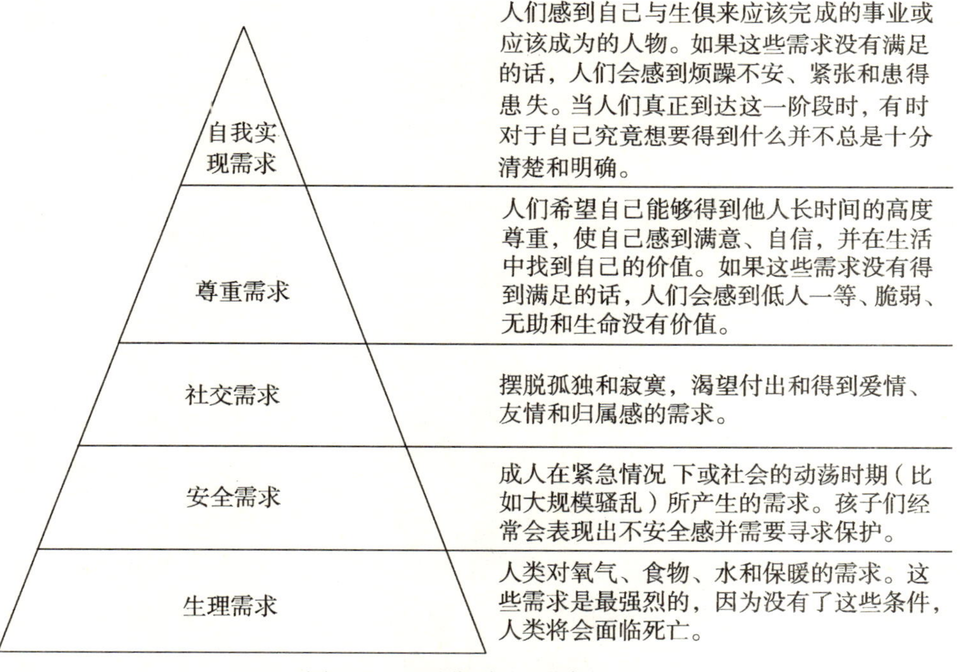


图 1－3　马斯洛的需求阶梯

资料来源：《当代心理学与有效行为》。

用马斯洛理论来分析消费者的行为，我们可以得出这样的结论，当消费者的基本需求得到满足时，他们会进而在企业所提供的产品或服务中寻求归属感、亲情、自尊和自我价值的实现。换言之，他们会寻求超过功能属性之外的产品和品牌的感性价值。

此外，柯尔伯格（Kohlberg）的道德发展水平理论中所阐述的第五阶段（社会契约阶段）和第六阶段（原则与良心阶段），也是促使发展到这一阶段的企业担负起社会责任和开展善因营销活动的主要动因（见图1－4）。

| 企业方法 | | 个人消费者方法 |
| --- | --- | --- |
| 根据良知进行判断 | 第6阶段<br>良心原则 | 我付税不是因为它是法律要求，而因为这是正确的事 |
| 个人进行道德判断的标准是自己的行为是否能够赢得社会的普遍尊重，是否遵守了社会秩序和相关的法律 | 第5阶段<br>社会契约 | 我付税是因为这是法律所要求的 |
| 道德判断的标准是自己的行为不会被权威人物所指责 | 第4阶段<br>法律和秩序 | 在消防训练中我不说话是因为这是规定之一 |
| 道德判断的标准是避免引起他人的反感、不满或反对 | 第3阶段<br>好男孩或好女孩 | 我在课堂上不吃东西是因为老师不喜欢 |
| 作出某项道德判断的目的是为了满足自身的某种愿望 | 第2阶段<br>个性化、实用主义和交换 | 为了得到饼干，我会捡起我的玩具 |
| 作出某项道德判断的目的是为了避免惩罚 | 第1阶段<br>服从和惩罚 | 我不说脏字是因为我这么做的话，妈妈会生我的气 |

图1－4　柯尔伯格的道德发展水平理论

资料来源：《柯尔伯格论道德发展理论》。

将这些心理学理论与实践相结合，我们会发现，如今的消费者对品牌的认知和对社会的责任意识越来越强，而对产品或服务自身特色的关注在不断减弱。他们开始更加关心生产产品的人员、用来制造产品的再生资源、产品的利润及收益的使用情况。这一切都促使企业受到强有力的约束而担负起相应的社会和道德责任。

消费者关心企业的社会责任，他们对公司声誉的印象，将直接影响他们的购买决定和购买行为。MORI公司在1998年7月到8月间进行的一项调查显示，77%的受访者表示，了解企业的社会活动对他们来说非常或相当地重要；而同样有77%的受访者表示，企业是否积极地参与社会活动会影响他们的购买决定。因此，对企业来说，至关重要的是确保公司的社会公民身份和公司的社会责任感能够得到恰到好处地宣传。

## 为企业创造附加价值

善因营销能够为企业的产品和服务创造附加价值。它是展示企业社会责任感，吸引消费者和其他利益相关者注意的方法之一。

企业的行政管理人员和其他员工应该花费更多的宝贵时间来设计和完善企业的价值观和经营宗旨，力求用更加精确的语言来阐述和表达企业精神的精髓。在这里使用的语言可以文雅得像美国独立宣言，也可以简单得像沃特迪斯尼乐园提出的核心口号“让人们快乐”。

不管经营宗旨表述的形式如何，重要的是让文辞和描绘出的前景要富有生气，并通过行动来证明企业的价值观。要“言出必行”和确保所有的内部的听众和合伙人能接受和理解企业价值观所描绘的远景，进而相信它和信奉它。只有到那时，企业才能对外向所有利益相关者进行宣传。

最近，为了准备一篇演讲稿，我特地打电话给那些将要参加演讲活动的企业，询问我需向谁了解关于企业经营宗旨的信息。我所获得的反馈十分有趣，某些企业的员工告诉我说：“抱歉，这不归我们部门管，你应该去问市场营销部门”；而有些企业的员工则能够立刻告诉我一个十分清楚的解释，且言辞上几乎完美无缺。由此可见，关键在于企业必须就经营宗旨的问题，为企业内部和外部的利益相关者提供一个明确一致的答案。如果取信于那些一贯严格挑剔的利益相关群体，企业必须用实际行动证明自身的价值。

英国新龙国际实业有限公司针对饮料、食品和家居用品行业的50家顶尖品牌进行了一项有趣的调查，调查的目的是测试企业计划传递的信息和随后的追踪调查之间的关系。新龙国际实业有限公司将有关的调查信件寄往各家企业。某些信件的内容是询问该企业的投诉程序是如何设置的，某些信件则是询问该公司的最终所有者是谁，还有的信件则是询问公司的定价政策和广告宣传策略，也有部分信件的内容是询问公司的环境政策、社区投资项目和赞助当地学校等其他公益项目。这些信件基本上代表了任何公司在其营业期间可能会从相关各方那里收到的同类函件。每一封信都是一个能够令消费者深入了解公司的价值观和关键信息的大好机会。新龙国际实业有限公司根据收到回复的时间，回复中所使用的语气，回复的质量、准确性和答复与问卷间的相关性，以及答复超出问题范围的程度，对发出的信件和收到的回复进行了统计和评分。

这项调查基本上显示了接受调查的企业事实上是否最大程度地利用了与相关各方进行积极互动并借此提高公司声誉的机会。如前所述，分别有 50 家代表不同品牌的企业被选为各项内容不同的调查的对象，而每个公司所能得到的最高分数为 25 分。表 1-1 显示的是通过发出调查信函对企业是否参与社会投资活动进行调查的结果。

**表 1-1　对企业是否参与社会投资活动进行调查的结果**

| 结　果 | 该类中的公司数目 |
|---|---|
| 没有回复 | 21 |
| 15 分或更低 | 13 |
| 高于 15 分 | 16 |

很显然，许多可以帮助企业加强品牌建设的机会都被错过了。

重要的是，企业的价值观和希望传递的信息是怎样被宣传和如何被消费者吸收，这是企业加强公司品牌建设的一部分。正如这些年 MORI 公司进行的多项调查所反复说明的，对许多拥有健全的社会投资项目的企业来说，关键问题就是要设法使企业的利益相关者能够了解企业的价值观，以及具体的政策和投资行为。MORI 公司在 1998 年 9 月进行的一项调查显示，尽管公众对商业企业的期望日益增长，但企业在向人们表现自身价值方面所做的工作却不尽如人意。

将近 4/5 的消费者表示，企业的社会责任感对形成他们对该企业的看法将产生十分重要的影响。更有 1/3 的消费者表示，了解企业的社会责任感对他们的判断会产生决定性的作用。但尽管如此，仍然有 2/3 的英国民众认为，英国的工商业企业对它们所应承担的社会责任关注不足。

善因营销只是一种十分公开地宣扬企业价值观的方式，因此它能够给企业原有的价值观增加附加价值。正如利华兄弟公司的企业和消费者事务主管约翰所总结的那样：

> 毫无疑问，善因营销能够让人们对某件产品或某个企业产生“良好的感觉”，从而在整体上达到强化企业品牌的目的。

## 成为社区内的好邻居

企业的社会责任、企业公民身份、价值观、远见力以及是否赞同某项公益事业等因素，都越来越成为其区别于其他企业的重要标识。在不同品牌的产品间价格和质量越来越趋于一致，而消费者对企业的要求和期望不断增长的环境下，企业的全盘管理显得格外重要。

正如企业的生存与发展与整个社会的稳定与发展休戚相关一样，如果在企业的经营活动中未能通盘考虑社会投资的影响力，企业将会错失巨大的商机或面临重大的威胁。人们在传统上认为，在企业和社会两者之间，企业具有更大的影响力。随着消费者的势力的增强，这一假设将不再成立。未来的企业为了发展它与消费者和社区的“业务”关系，会努力展示它的社会责任感。能够获得“经营的许可权”在将来的市场和社会中显得越来越重要，因为人们已经开始普遍认为，成功企业的未来取决于健康发展的社会、高素质的民众、熟练的员工和理性的购买市场。

违反人类的整体利益、生存环境或社会利益的坏名声将不再为人们所忽略。在今天，如果一个企业被认为是反社会的，各个社区绝对有力量来阻止这家企业进入他们的市场，并阻碍该公司今后在市场上的发展。相反的，如果企业拥有良好的声誉，将能够促使企业所在的社区在必要的时候，站出来维护企业的利益。例如，在 1992 年洛杉矶暴乱中因为社区的保护而免受破坏的麦当劳公司，就是与所在社区称为“好邻居”的经典范例。

因此，对企业各个方面的经营活动进行统一管理，从而确保企业是一个循规蹈矩的好邻居，就变得极为重要。在未来成功兴旺的社区里，企业需要努力成为受欢迎的“好邻居”。最先提出这一概念的，是波士顿学院企业社会关系研究中心前主任艾德·伯克。

如同企业需要贯彻“好邻居”的经营理念一样，社区也需要提出和改进“好社区”的策略。社区需要具备吸引未来成功企业所需具备的各项素质。正如企业需要展示自身的社会责任感并确实进行社会投资一样，各个社区在维护社区稳定的同时，也需要积极促进社区的经济发展。

企业需要努力展示其社会责任感不仅仅是因为已经讨论过的那些显而易见的商业利益，也是因为它们想要成为最成功的社区在促进地区经济建设时的首要之选。换句话说，企业希望能够在各个目标市场中得到热烈欢迎，迅速成为社区所乐于接受的企业。

在全球市场上，企业间相互竞争的战场在于一个个单一的社区，并不完全是整体的经济大环境。企业必须全面地考虑经济、社会和环境等各项指标，才能了解自身在某个社区的竞争力。

## 实务范例：将社区对抗转化为支持

我们相信，通过赞助和参与社区活动与周边的社区建立关系，对于企业的发展是十分必要的。但是，建立长期的关系和开放的对话机制甚至更为重要，尤其当双方的关系可能出现紧张状况的时候。欧洲先进物流配置公司 Unipart 为我们提供了这样一个例子。由于遭到另一个社区的反对，Unipart公司被迫放弃了原定的建厂计划。在总结了前面的失败原因之后，Unipart公司最近提出了在位于高利公司总部边建立新厂的申请。

一开始，公司便设法使当地的居民对新厂的建设计划有较深入的了解。它的做法是，与所在社区的居民开展一场公开对话，以讨论当地居民关心的问题。公司将有关发展计划的书面材料逐一递交到当地每一家居民的手中。为了征询居民们的意见，Unipart公司在宣传材料中附上了特别设计的回复卡片，而居民们在填写回复卡之外，还附上了各自的亲笔回信。负责项目申请的工作小组还与所在社区的教会和其他团体的代表人物召开了一系列的工作会议。四次会议期间，Unipart公司对新厂的建设计划进行了全面的修改，从而满足了广大居民的需要。公司推出这一系列举措的结果是，新厂计划的审批通过得到了当地居民和商业社区的普遍欢迎。

当地主要报纸《牛津邮报》对此发表评论时总结道："Unipart公司和Horspath教会证明了理智的讨论可以使每个人都成为赢家。当地的村庄得到了保护，Unipart公司有了新的厂房，而该地区则增加了200个新的工作职位。这个结果不坏吧？"

## 第六节
## 善因营销与企业投资社区建设的行为

> 你们参与经营所在社区的建设不仅仅是一项慈善行为。参与社区建设可以为现代企业的经营目标和实务作出更好的定义。
>
> 英国首相　托尼·布莱尔

企业投资社区建设的行为是一项可持续进行的、将企业的经营目标与所在社区对社会、环境和经济发展的需求相结合的总体经营战略，其目的是开发企业的长远利益和提高企业的声誉。

企业对其经营所在社区进行投资的方式有很多种，社区商业组织将之归纳为7种，简称为7P（见表1-2）。

**表1-2　　企业投资社区建设的7种方式**

| 7种重要资源 | 如何发挥作用 | 实　例 |
| --- | --- | --- |
| 能量 | 企业或品牌的名声和网络能够鼓励他人参与慈善团体的各项活动 | 每个慈善团体都知道FTSE100公司的名号和形象所代表的巨大能量和影响力所带来的好处。除此以外，对消费者来说，犹如“一呼即应”的品牌能量不能低估 |
| 人力 | 利用潜在的员工志愿者大军和专家力量 | 西敏银行的员工志愿为工作所在地的学校提供各项帮助——包括监督学校的管理、担任中小学校校长的顾问，特别是通过银行推出的互动项目使人们对各种财务知识有所了解 |
| 推广 | 通过市场促销活动和调整企业的营销策略实现企业对社区的支持，包括筹集资金和资源，促使各方人士参与社区建设 | 特易购公司推出的为各地学校赞助计算机的项目为英格兰、苏格兰、威尔士的每一所学校提供了相当于一台计算机的捐款 |
| 购买 | 利用企业的购买和供应渠道 | 1999年，作为慈善组织Comic Relief义卖活动的赞助商之一，Sainsbury公司利用他们的购买和供应渠道开展善因营销活动，帮助Comic Relief组织赢得了众多制造商的支持 |
| 利润 | 提供现金资助 | 英国电讯公司在社区建设方面捐赠了超过1500万英镑的现金 |
| 产品 | 实物赠品 | 惠特比地产集团在15个展示大厅布置了200个卧室（为年轻人提供住处、就业服务） |
| 场地 | 捐赠设备和场地 | 英国石油公司位于达美高炼油厂已经被改造成一个商业孵化器 |

为了严格规范社区投资的管理和报告，社区商业组织制定了企业的社区投资原则。根据这个框架，企业可以对社区投资项目进行有效的管理。按照欧洲基金会的公司卓越质量管理模型，企业进行有效的社会投资需要遵从9项原则（见表1－3）。

**表1－3 社区商业组织所总结的企业投资社区建设时应当遵循的原则**

| 原则 | 解释 |
|---|---|
| 领导能力 | 领导者应该促进、扩大和利用企业进行社区投资的成果，使企业投资社区建设的行为成为企业经营活动不可分割的一部分 |
| 政策和策略 | 企业应该以利害相关各方的利益为重，明确制定社区投资的策略，并且通过出台相关的政策和制定相应的目标和行动方案，将策略加以落实 |
| 人力 | 企业应该利用社区投资为工具，积极开发员工在个人作业、团队作业和企业整体经营活动中的知识面和全部潜能 |
| 合伙关系和资源 | 企业应该有效地计划和管理与社区投资活动中相关合作伙伴的关系及其他内部资源 |
| 方法 | 企业应该对投资社区建设的方法进行不断地设计和改进，从而使相关各方感到满意并为他们创造价值 |
| 明确与社区合伙人合作所要取得的成果 | 企业应该明确它与合作伙伴进行合作想要取得的成果 |
| 明确想要从员工身上取得的成果 | 企业应该明确自身想要从员工身上取得的成果 |
| 明确想要从社会上取得的成果 | 企业应该明确想要从所在社区取得的成果 |
| 主要业绩成果 | 企业应该明确想要从投资社区活动中取得的成果 |

在介绍社区商业组织所总结的企业投资社区建设的原则时，保诚公司（Prudential Corporation）的集团首席执行官及社区商业组织主席戴维斯先生说道："公司投资于其经营所在的社区，对社会的健康发展和企业的竞争力都是至关重要的。"

企业投资社区建设实际上是企业承担社会责任的一种表现。为了担负起社会责任，企业必须对其经营所在的社区投资，这个责任无疑贯穿了从环境、员工的行为准则到产品等企业行为的各个方面。

很显然，企业对其经营所在社区进行投资的动机既可以是无私的，也可以是带有一定商业目的的，关键是哪一个才是企业的主要动机。在我和社区商业组织中的其他人士的观点看来，它应该是两者兼顾的，这既符合商业原则，也明确了企业为社区所创造的利益。

### 两家公司之间的恶意收购竞标案

在MORI公司有关善因营销的记录中，最早的案例发生在1991年。当时，分别有两家企业围绕着收购同一家公司爆发了激烈的争斗。我们对当时下议院议员们进行的调查显示，A公司在承担社会责任方面有着突出的贡献与声望，而B公司在这方面的表现则十分糟糕。尽管这不是影响最终结果的惟一因素，但公司的声誉在迫使B公司（Hanson）放弃与A公司（ICI）竞价收购的事件中发挥了重要的作用。

**MORI公司董事　Stewart Lewis**

如David Logan在《企业公民身份国际化》一文中所指出的那样，“参与社区活动对企业来说是一件‘天经地义’的事情，因为企业是具有法人身份的公民，像其他公民一样，肩负着部分由法律、部分由习俗所定义的社会责任。”

某些人所发明的所谓“人道资本主义”（Caring Capitalism）概念，长期以来一直为本·杰里（Ben and Jeery's）和许多公司所推崇，并逐渐成为一个主流的商业策略，使所有相关各方都能够从中获取相应的利益。善因营销无疑是一项能够提供双重利益的商业活动，即同时有利于企业和社区的利益。伦敦标杆管理集团是一个由18家英国顶尖企业组成的团体，其宗旨是利用基准比较法来更好地定义企业参与各种类型的社区活动的效率和效力。该组织已经就企业参与社区活动开发出一系列分析模型，而在众多模型中，善因营销被划在商业类别中，这也从侧面说明了善因营销的商业价值和它对社区的积极影响（见图1－5）。

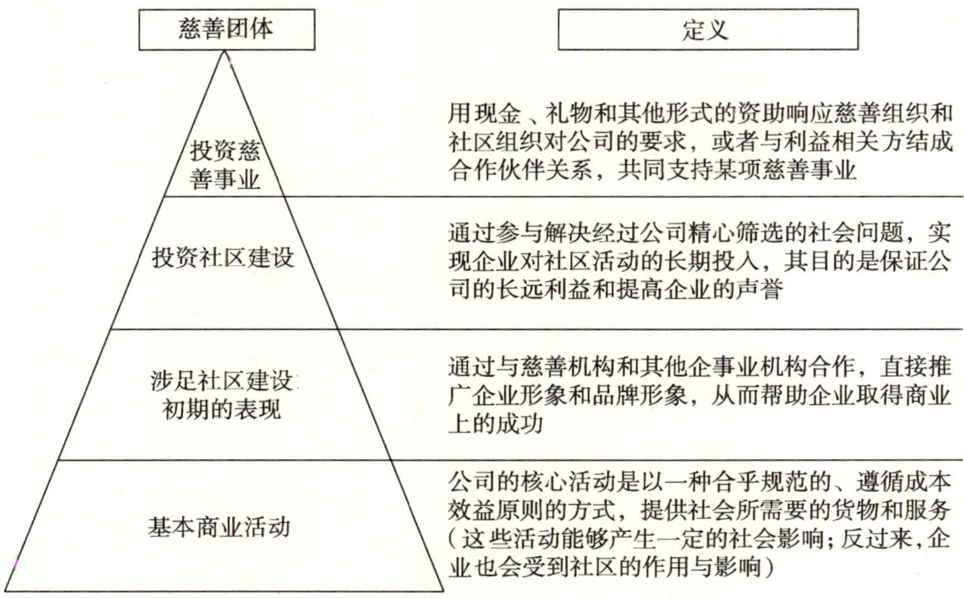


图 1－5 企业在从事社会活动中的具体表现

资料来源：伦敦标杆管理集团。

到目前为止，至少在英国，似乎很少有企业能够与利害相关的各方就公司的社会责任感和企业投资社区建设的问题进行有效的沟通。MORI 公司的调查发现，虽然消费者和民意代表们对企业的期望值不断增长，但人们对哪些企业参与了哪些社区活动的认识在过去的 4 年里并没有发生太大的改变，只有 1/3 的公众表示知道某项公益活动或社区建设计划背后的发起人是哪些企业。

正如罗莎贝斯·莫斯·坎特在她的《世界级公司，在全球经济中茁壮成长》一书中所写到的那样：

> 全球经济将社区和企业领导权拓展到一个更广泛的概念。企业在认识到全球化需要的同时，应该更多地参与本地的社区事务。这里所说的参与不仅仅是用金钱，也同时包括用实际的参与活动来提高人们的生活质量。

她接着写到“在全球经济中，社区服务已成为战略军械库中的又一种武器，它与企业的使命和功能联系得更加紧密，有时其所涵盖的范围甚至不只局限于当地。”

在企业参与社会活动和对自身的这一行为进行宣传之间，存在着十分密切的联系。承担相应的社会责任和投资社区建设的策略，能够使企业的各个部门和相关的社区取得实际的利益。在这里，设法令企业的员工认识和理解企业当前的政策、策略和态度，不断改进完善相关的经营策略是十分重要的。也就是说，宣传工作发挥着至关重要的作用。这些投资社区建设的政策和活动必须自内而外、有效地被推广和为人们所理解，从而提高企业的声誉，以证明企业的价值，并在相关团体中树立正面的企业形象，提高人们对企业的忠诚度和改善消费者与企业的关系，最终实现增加销售额的目的。换言之，企业需要用营销和宣传手段来推广企业的社会责任感和投资社区建设的信息，也就是通过善因营销活动来提升企业参与公益事业的效果。不这么做的话，企业将会错过使投资产生正当回报的机会。

当然，企业投资社区建设的原因和方式是企业履行其企业公民身份和体现公司社会责任感的手段。这是所有的社区投资项目的基础，也是企业营销策略和其他经营策略建立的原则。善因营销在企业投资社区建设过程中的优点在于，它能够通过引起公众的注意对企业的社会活动产生帮助，也能够吸引额外的资源和技术装备来推动社区投资计划的实施。

正如帝亚吉欧集团的社区关系主管乔弗瑞·布什所说：

> 善因营销通常由营销部门所领导，有着清楚的商业目的，但也具有一定的社会价值。假定公司从一开始在其动机上是开放而明确的，而且社区中的其他合作伙伴在合伙关系中占有同等的地位，那么这一商业化的经营手法与企业良好的社会公民身份之间并不会出现不协调的矛盾冲突。一个精心策划的善因营销项目，比如添加利毡酒公司组织的“全美对抗艾滋病环游活动”，能够为企业吸引到一批全新的客户。该公司的营销人员见多识广、思维活跃、充满活力，并且能够很好地认识到企业与社会之间有着相互依存的密切关系。

但随着时间的推移，许多投资社区建设的好方法也相继问世。策略性投资慈善事业、企业的社区投资项目和善因营销活动是企业使用最多的手法。它们往往建立在，事实上也应该建立在，企业对自身的深入了解，以及对企业和品牌价值的深刻理解之上。

## 第七节
## 善因营销与市场营销

善因营销可以成为企业实现市场营销目标的一个极为有力的工具。因此，商家要尽可能地理解善因营销，并在有关赞助、广告、促销、公共关系和营销组合的其他方面尽可能地将其加以应用。消费者对企业的要求越来越高，同等价格和质量的替代物越来越多，这些都使针对消费者注意力展开的竞争达到新的水平。随着市场营销的目标开始向赢得消费者忠诚度的方向发展，将企业与相关各方的关系提升到新的水平将显得越来越重要。善因营销活动为企业提供了一个感性和理性并重且能够有效吸引相关各方注意力的工具，因此，它将是构成企业未来市场营销策略的关键。

> 善因营销作为一种市场营销工具，其重要性会继续增长。因为它有助于企业赢得消费者的信任，为丰富人们的生活作出贡献，同时也为品牌的维护增添了额外的附加价值。
>
> **吉百利公司市场营销主管　马克·史密斯**

传统上认为，只要自始至终地提供表里如一、货真价实的产品或服务就会提升消费者对企业的信任，企业品牌也会因此深入人心。消费者只有当产品或服务名不副实时才会醒悟过来。

过去的情形可能的确如此，但在今天，当不同品牌的产品在价格和质量上日趋接近，物有所值成为每个产品都必须具备的基本条件的情况下，消费者开始越来越关注产品或服务背后的品牌和品牌背后的企业。

正如阿兰·米切尔所指出的：

> 新的品牌创建模式有意或无意地深入到消费者的生活当中，以多种方式谋求更大的空间，这是传统品牌所没有涉及的领域。

当然，消费者的偏好和愿望会受到许许多多不同因素的影响。这些因素由于产品的类别和品种不同，影响力也有所不同。但是，在所有类别的产品中，一个至关重要且具有普遍性的因素就是消费者对产品的信任水平，以及这种信任度对消费者购买决策影响力。最近在美国进行了一项调查研究发现，2/3 的美国人声称他们对关心社会事务的企业抱有更多的信任。

信任本质上与企业言行一致、遵守道德的行为以及合法经营的活动有着密切的联系，这也是企业得以生存的游戏规则。信任的基础是相关各方间坚守公认的道德标准，保持正直、透明、诚挚、互敬和互利互惠的相互关系。在消费者对企业诚实经商的期望值不断提升与符合职业道德的企业行为之间，有着直接而紧密的联系。

> 在这个充满无穷选择的世界里，消费者对品牌的信任是无法用具体的价值来衡量的，但是这种信任的形成必须经过连续不断地努力才有可能得到。
>
> **迪斯尼公司主席　迈克尔·艾斯纳**

消费者对公司的信任和信心正在面临严峻的考验。MORI 市场调查公司在 1999 年对一组成年英国人进行的抽样调查清楚地显示，消费者已经不再相信那些对企业有好处的事也会给消费者带来好处的说法（见表 1－4）。

**表 1－4　你同意英国大公司的利润会帮助每个购买它们产品和服务的人过上更好的生活吗?**

| 年　　份 | 回　　复 | 百　分　比 |
|---|---|---|
| 1970 | 会 | 53 |
| | 不会 | 25 |
| | 不确定 | 22 |
| 1999 | 会 | 25 |
| | 不会 | 52 |
| | 不确定 | 23 |

资料来源：MORI 市场调查公司 1999 年针对成年人进行的抽样调查。

下院议员们同样对企业是否具有社会责任感持有怀疑的态度（见图 1－6）。企业因此需要首先宣传的是它现在正在承担着那些社会责任，除此之外还会为社会做些什么。正如我们在前文中所提到的，善因营销是发扬、表现、促进企业社会责任感的一种极为有效的方式。

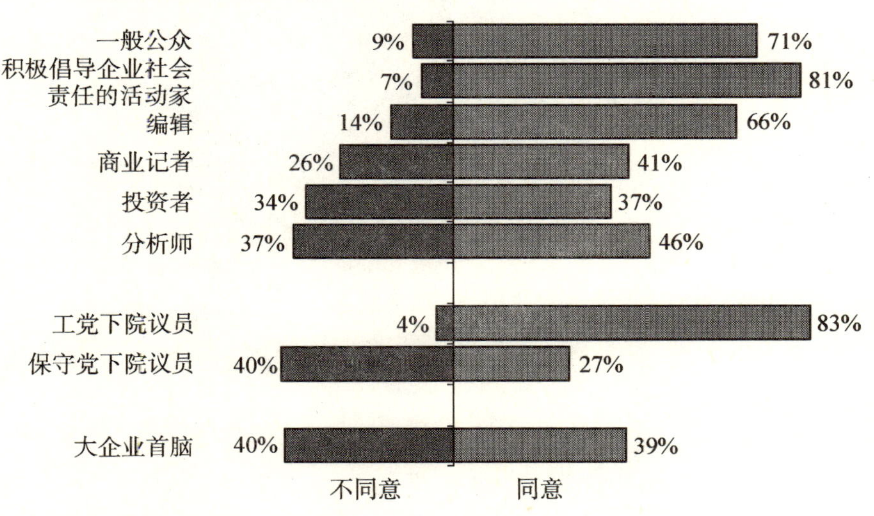


图 1－6　社会责任的重要性

资料来源：MORI 市场调查公司，1998 年。

在类似的产品具有同等的价格和质量，物有所值和产品宣传表里如一的情况下，我希望就消费者（利害相关的各方）和企业（品牌、产品、服务）之间的相互关系提出一种假设。这项假设很简单，那就是：

> 一个企业（包括企业的品牌、产品或服务）对我们的生活越有影响力，消费者（利益相关方）对企业是否能够诚实、道德和遵纪守法的期望值就越高，对企业的要求就越苛刻。简单地说就是，企业的影响力越大，消费者的期望值越高，要求也就越严格。

现在，我们已经探讨了善因营销和企业的社会责任和投资社区建设之间的关系，问题在于应该如何将善因营销应用到市场营销的实践中去，又应该从哪里入手？

市场营销被科特勒定义为："一种对人与人之间进行沟通与交流进行有效管理的方法；通过这种方法，个人或团体能够将他们所创造或拥有的产品或产品的价值与他人进行交换，从而达到各取所需的目的。"在如今的商业环境中，市场营销活动的内容包括促销、直销、赞助和公共关系；使用的具体方式包括卫星广告、电视广告、印刷广告、电台广告，以及包括互联网、企业内部互联网、内部时事通讯等其他通讯媒介。正如韦伯斯特在《营销杂志》中撰文所说，营销有三种用处：评定市场的吸引力、推动客户导向和完善企业整体价值。

在过去的10年里，市场营销的范畴、发展方向以及营销手段的构成都有所发展。总而言之，市场营销越来越依赖于商家与相关各方的关系和消费者重复购买的行为，因而已经超越了仅围绕单一业务发展客户关系的范畴。韦伯斯特1992年刊登在《营销杂志》上的文章还提到，尽管大多数业务的发生"都离不开商家和消费者之间较长时间的联络和往来，但在企业的经营实践中，市场营销的实务和理论重点仍然多半集中于放在实现销售这个惟一的业务环节上。"如果是这样，与消费者及其他相关各方建立长期良好的关系将是没有必要的。但是，现在事情已经发生了变化，关系营销现在正视为市场营销活动的关键表现形式。如果企业想确保消费者重复购买其产品或服务，就需要与相关各方建立良好的关系，树立一个与众不同的品牌形象和企业价值取向。培养和建立一段良好的关系自然需要花费时日，而且需要准确理解品牌的内在价值。善因营销恰好可以在建立和宣传企业的整体价值主张上发挥关键作用。

企业在经营过程中，可能会与企业内部和外部的不同人士或组织发生各种不同的关系。为了说明这一点，摩根（R.M. Morgan）与亨特（S.D. Hunt）特别设计了一个模型来描述在关系营销中，各方之间相互关系的交流。为了深化与各方之间的关系，企业需要认真考虑和仔细培育与每一方的相应关系。

## 关系营销中各方之间的关系与交流

1. 制造商和供应商之间的关系，例如“适时管理法”和“全面质量管理”中所表现的两者之间的关系。

2. 服务提供商之间的关系，例如广告公司或市场调查公司和他们各自的客户。

3. 公司与他们竞争对手的战略性联盟，如体现在技术联盟、共同营销联盟和全球战略性联盟上。

4. 公司和非营利组织之间的联盟，如表现为公益事业进行的合作或善因营销。

5. 合作研制开发的关系，如企业与地方、州或国家政府之间的合作。

6. 企业与最终客户之间的长期交流，在服务营销领域特别明显。

7. 工作伙伴间的交流，如在销售渠道中各方之间的交流与沟通。

8. 各部门之间的交流与沟通。

9. 企业与员工之间的交流，如体现在内部营销中的互动与沟通。

10. 企业各分支机构或职能部门，如分公司、各部门以及战略部门间的交流与互动。

成功的关系营销要求相关各方的关系建立在重承诺和相互信任的基础之上。战略性的善因营销在完善企业的价值主张，建立和维护内部和外部的企业对企业、企业对消费者等多种关系上发挥着重要的作用。

战略性结盟是一种基于“各部分之和大于整体”概念上的发展战

略。当企业进入到新的千年时，其所发挥的作用尤其显得重要。企业内部部门与部门间的战略性结盟，以及企业外部供应商与合伙人之间的战略结盟，都可以为相关各方带来更多的利益。将这个概念引申到营销和善因营销关系上，其正面效果显而易见。

不存在竞争关系的企业之间的战略性结盟日益普遍，建立和发展这类关系的优势也正为人们所认识。交叉促销、数据分享、样品促销和电视广告共享等，都只是战略结盟的诸多好处中的一部分。当传统上存在的品牌划分界线正消退时，这种形式的企业与企业间的关系就显得日趋重要。正如《市场营销杂志》上的一篇文章所指出的那样：

> 你的客户可能在一家银行超级市场存款，从一家足球俱乐部领取养老金，享受着一家汽车公司提供的度假服务。如果商家能够掌握客户的住址、他们的姓名以及他们的收入等信息，对它们的营销活动无疑是十分有帮助的。但是，如果你能够和一家没有竞争关系的公司达成协议，从它们那里了解到客户的其他资料，比如他们有三个孩子、驾驶的是标致汽车、平日里阅读的是《每日电讯报》等等，那么，你的市场营销活动将会发展到一个新的水平。

战略性结盟并非只是侧重与外部的供应商和销售网络或者非竞争性公司之间建立联系，它们认为在内部建立同样的联系也是十分重要的。

企业存在利益关系的各方与企业的相互关系和对企业的充分理解最终能够得以形成，需要经过它们与企业多方面的互动和接触。相关的互动方式包括广告、店内或包装上的促销信息，以及直接邮寄广告和各种客户服务项目。市场营销的角色就是对这些互动方式实施有效的管理，以确保企业希望传达的信息能够以一种协调统一的口径传达给相关的企业或客户群体，并且为它们所接受，从而有效地协调企业的各类资源，同时为企业创造各种商机。

毫无疑问，企业赞助慈善事业、承担相应的社会责任和投资社区建设的行为不仅为企业与相关各方建立良好的关系创造了机会，同时也切实地对提高企业的声誉、提升品牌形象和促进市场营销起到了较为积极的作用。每一个投资公益事业的行为都为企业的整体营销活动增添价值，并对其产生潜在的影响。因此，在制定企业赞助慈善机构或投资公益事业的策略、设计宣传口号和组织具体活动活动的过程中，营销需要发挥明确而且重要的作用。在这些能够影响企业或品牌的形象、价值、声誉、客户忠诚度以及与相关各方关系的活动中，企业的市场营销策略和活动应该扮演起领导人的作用。毕竟，所有这些活动都会直接影响企业的声誉和品牌的价值。也正是因为善因营销有可能对公司声誉产生直接影响，在企业内挑选合适的人选来充分利用相关活动所产生的机会并对相关问题进行有效的管理，就显得尤其重要。因为善因营销能够提高企业和品牌的声誉、展示其价值、提升客户的忠诚度、建立良好的客户关系和社会关系、突出产品的特色并促进销售，它理所应当地属于市场营销的范畴。但是，善因营销活动的策略与实施，绝不应该仅由市场营销一个部门来完成。

将这些经营策略和经营目标与某个慈善事业或相关的问题结合起来，就是善因营销发挥用武之地的方向。一些人会认为，如巴特斯在1968年所说，“营销活动本身就是一个能够有力有效地解决社会需求的方法”。我认为，时至今日，将可用于市场营销、公司事务和投资社区建设的人力资源和企业资源整合在一起，才是解决社会问题的最佳方案。

企业向外传递的信息和价值观需要保持协调一致。它影响着企业的声誉，同时也是需要市场营销部门、公司和社区事务部门及首席执行官们共同承担的职责。企业需要从消费者和与企业存在利害关系的相关各方的角度，来理解自身的价值观和价值观的传递方式。表面上看，善因营销虽然明显属于市场营销的范畴，但企业内负责社区事务和社区投资建设的价值也不应被低估。如果不能充分认识到和运用好这些员工所具备的专业知识和技术，将会造成社会投资行为的浪费。了解社区的发展趋势和切实需要，并将这一认识与市场营销部门已有的营销手段相结合，才会使善因营销活动发挥最大的效用。

善因营销与企业的社会责任、公司事务、投资社区建设的行为，以及市场营销活动有着本质的联系。图1-7展示了它们之间的关系。

善因营销与市场营销活动、慈善公益事业、公司事务，和企业投

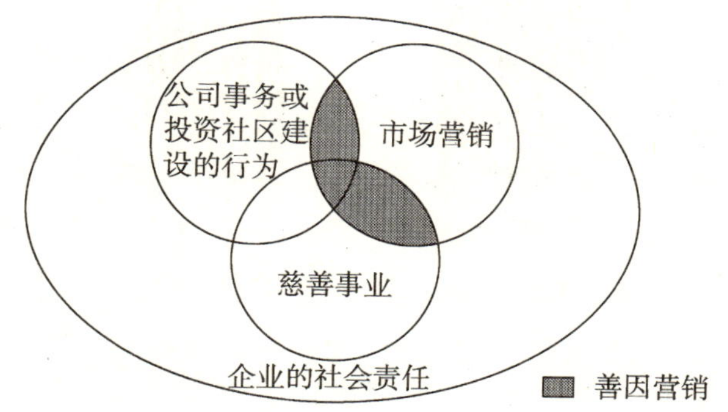


图 1－7 善因营销、市场营销、投资社区建设、慈善事业和企业的社会责任之间的关系

资社区建设的行为相互交叉，一起形成了企业社会责任的一个组成部分，而企业的社会责任又是企业全部经营策略的一个组成部分。

如图所示，所有的圆环相交的部分是能够令善因营销活动最大限度的发挥作用的部分。如果各部门之间的运作相互协调，那么各类资源的利用率将会得到极大地提高。通过沟通、协调、合作以及用高瞻远瞩的眼光看待企业的发展，每个部门、慈善团体或从事公益事业的合伙人乃至更广泛的社区都会从企业的善因营销活动中获益。也正因为如此，善因营销对企业而言意味着一个挑战，因为它的顺利实施需要企业整体、各职能部门和决策部门三方的共同努力。

就企业营销而言，善因营销当然具有其特殊的价值，而且根据特定项目的性质和目标，在任何营销学理论中都能找到可以用于善因营销的元素。因此，我认为，类似某项活动究竟是属于赞助慈善事业还是属于善因营销的争论可谓毫无意义。人们可以将赞助慈善事业作为一种工具或诸多工具之一，结合广告宣传、直接邮寄广告和公共关系策划等方法，来实现发起、落实、宣传或展示善因营销活动的目的。同样，企业的善因营销活动也可以用来发起、落实、宣传和演示企业参与的慈善公益项目或其他市场营销和经营活动。事实上，像企业的各类促销活动、公共活动、直接营销活动或任何其他的营销活动一样，赞助慈善公益事业也是企业市场营销组合中的一部分，同时也只是众多善因营销手段中的一种。如果某项活动的最终目的是为了向某个特定的客户群体推销企业的产品、形象或服务，那么，只要活动与公益事业或慈善团体有关，这类营销活动就可以称之为善因营销。当企业和公益事业为着共同利益走到一起，他们之间的各种合作关系也都可以称之为善因营销。因此，我认为，善因营销完全可以很好地融入所谓的营销组合中，与其他各类营销工具搭配在一起，发挥重要的作用。善因营销与营销组合的关系可参见图1-8。

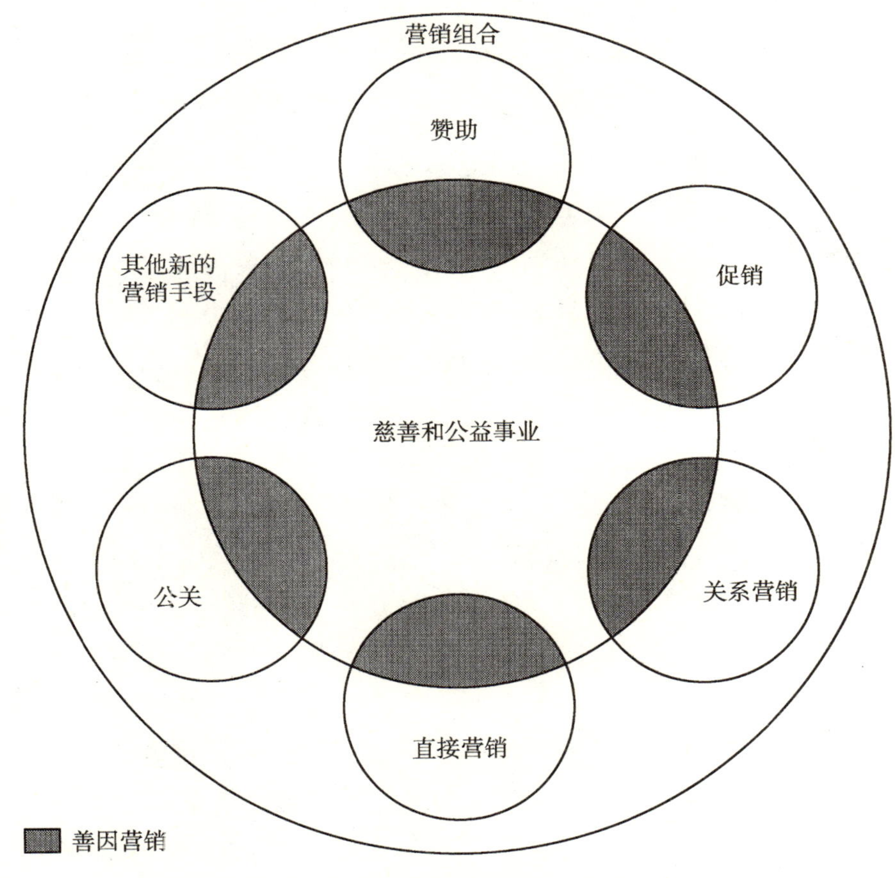


图1-8 善因营销与营销组合的关系

像投资社区建设和承担社会责任一样，某项市场营销活动的性质不是由企业的企划部门和活动最初发起的部门所决定，而是需要根据活动的最终目标、活动的内容和结果来确定。认识某项活动是否属于善因营销，也需要以此为基础作出判断。

确认某项活动是否属于善因营销的关键在于，企业与慈善团体或公益事业之间存在某种关系，这种关系以营销为目的，并建立在合伙关系和互利互惠的基础之上。不论在过程中使用的是某项特别的营销工具还是多种营销工具的组合，这类活动都可称为善因营销。

善因营销是一种为企业提供额外的营销机会和为慈善团体或公益事业提供额外的筹资工具的手段。它可以实现每个合伙人的目标，而与此同时对更广泛的社区带来重大的积极影响。这就是为什么将善因营销描述为："企业和慈善团体或公益事业结成合作伙伴关系，为着共同的利益而推广某项产品或服务的一种商业活动。"

## 第八节
## 社会影响

这里引用一下约翰·多恩（John Donne）的话，"没有企业是孤岛一座，自成一体；每一个企业都是大陆的一片，主体的一部分。"

> 英国电讯能够在长时间里取得成功，依赖于员工们提供的技术和资源，依赖于客户们的忠诚和我们身处其中的社区的健康和繁荣。成功的公司离不开成功社区的支持。
>
> 正因为如此，英国电讯一直在为成为一个良好的企业公民而不懈努力。我们在维护社区关系和参与社会活动时所付出的精力，丝毫不少于我们在管理企业时的付出；我们所在的社区完全有权利分享企业的成功。
>
> **英国电讯公司主席艾恩·瓦兰斯爵士，首席执行官彼得·邦菲尔德爵士**

正如我们在前文中所反复讨论的，企业不是在真空中经营。它对社会有着重要影响，而企业需要对这种影响进行了解、量化和实施有效的管理。企业和企业以外的更广泛的社区之间，是一种相互依赖的关系。没有一个健康的社区为企业提供所需的有技能的员工和有购买力的消费者，企业最终会走向失败。当然，企业在短期内可以在世界的其他地方寻找市场；但最终需要的是，企业进行贸易和经营的社区必须能够实现相当程度的繁荣。这种概念正普遍地为全世界顶尖的企业所接受。以英国为例，社区商业组织就是一个建立在这些原则基础之上的组织。它的宗旨是："鼓励企业将公司的社会责任作为企业卓越化的基本组成部分，以此来增加对社会和经济再做贡献的质量和程度。"

安格利安水务公司的莫顿最近在一次主题为"明日的公司"的活动上说道："过去认为提高生产力的最大潜能在于公司内部。如今的情况已经不再是这样了。真正未能完全开发的资源如今存在于企业和其他组织机构之间的某个地方。"

罗莎贝丝·摩斯·坎特（Rosabeth Moss Kanter）在她的著作《世界级》中引用了一位著名银行家的谈话，他说道："除非社区兴旺否则我们没有客户"。同样在这本书里，迈阿密的霹雳游侠公司（Knight Rider）前首席执行官恰普曼（Alvah Chapman Jr.），也将企业投资社区建设的行为与繁荣的经济联系在一起。他说道："你不可能在一个生机萎缩的社区中发行一份成功的报纸。如果你想要一个与社区活动有关的企业取得成功（报纸当然与社区有关），那么你就必须对那个社区的成功有所贡献。"

每个企业可以独善其身的想法在今天的我们所处的环境中显然是一个错误的理论。无论某个行业的竞争有多么激烈，都必须遵守普遍的互利原则和基本的职业道德。竞争需要建立在这些"规则"的基础之上。竞争不是游击战争，事实上，企业的生命基本上是互助的，而这种合作的趋势正日显重要。商业协作的范围已超出企业、供应商和分销商的界限，而联系并依赖于包括消费者、员工和社区在内的其他相关各方。企业与相关各方的关系可以说是一荣俱荣，一损俱损。

企业与更广泛的社区之间是一种相互依赖、生死与共的关系。企业、股东、利益相关各方及社区之间的利益相互依赖、相互影响。企业对社会的影响可以是积极的，也可以是消极的，从而会增加或减少社会价值。所以，我们的目标应该要营造一个能够促进企业全面管理的良性循环，以便最大限度地增加股东价值和社会价值。

企业能够在财务、自然环境、人文、社会和政治等多方面对社会施加影响。受影响的各方包括客户、员工、社区、股东和政府。同样地，社会对企业的经营活动也会产生许多影响。简·纳尔逊（Jane Nelson）绘制的图表能够很好地反映相关各方之间的这种相互依赖和相互影响的关系（见图1-9）。

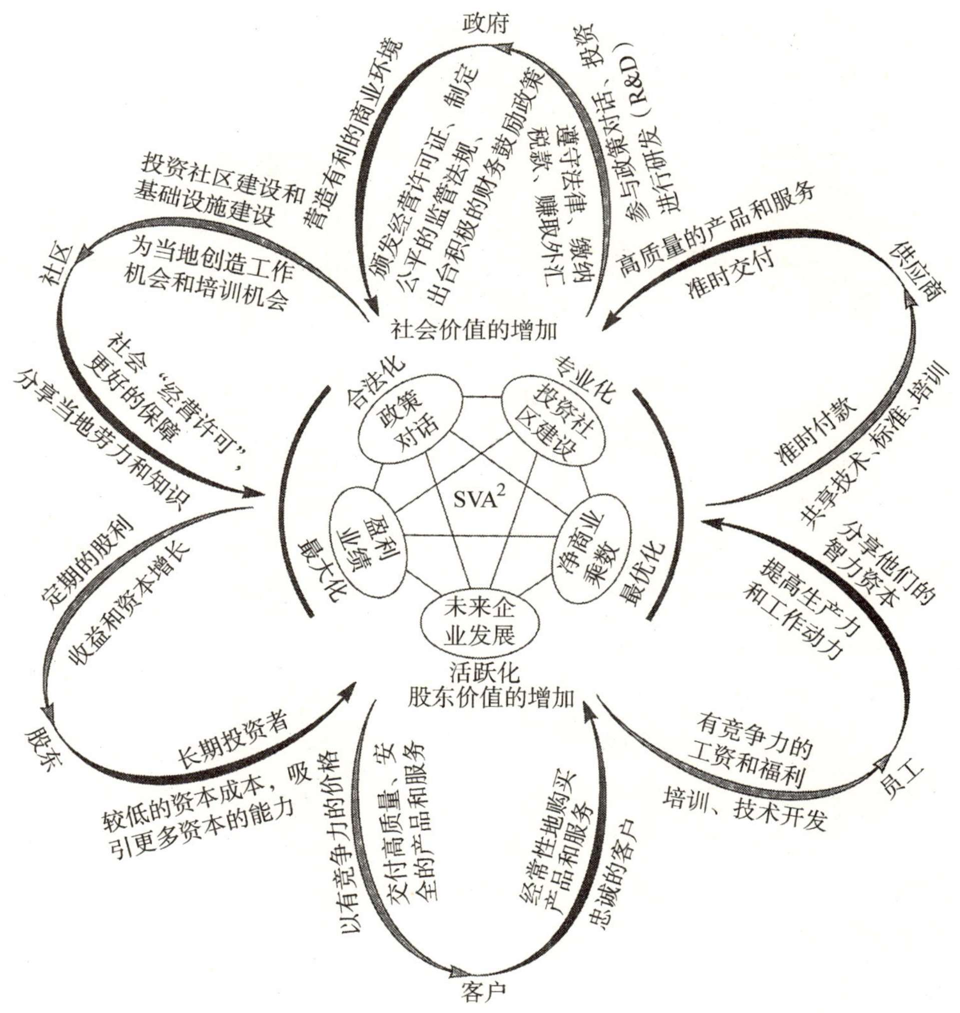


图1-9　创造股东价值和社会价值的良性循环

资料来源：简·纳尔逊：《建立竞争和社区》，1998。

加深对这种共生关系的理解和认知是提高公司社会责任、投资社区建设和开展善因营销的另一个原因。企业需要知道它能够给社会带来什么样的影响，以及背后的原因是什么，企业经营活动在哪些方面会对社会造成怎样的影响等。企业还需要了解自身的经营活动会对谁，也就是说对哪些利益相关的方面产生影响。当然，除了经济上的影响，还有环境意义上和社会意义上的影响。严格来说，企业还需要了解它们对社会的影响与长远的企业经营业绩之间的关系。

正如利华兄弟公司的企业和消费者事务部主管巴灵顿（John Ballington）在1998年11月社区商业组织召开的善因营销会议上所说：

> 在如今这个所谓的“权益人社会”（Stakeholder Society），企业不仅要在产品的质量上，而且还需要在财务、社会、道德和自然环境等各方面经受相关各方的审查。如果这些经营活动中的任何一方面有所欠缺，就可能对企业的声誉和它的品牌造成严重的后果。

理解这些影响的性质、规模和领域，能够使企业更加有效地管理和提高它们在这些方面的经营表现，把这些理解和认识融入到策略决策的过程当中，从而有助于发展、完善和维持一个繁荣的经营环境和社区环境，而这反过来也将有利于企业的繁荣。更好地理解企业经营所在的环境，并对经营环境的变化作出及时有效反应，可以使企业的经营管理更有效力。

在PIRC市场调查公司（Pensions Investment Research Consultant Ltd.）针对英国顶尖的350家企业进行的一项调查活动中，93家公司在他们提交的调查报告中提到了社区问题；32家公司提交了有关社会或社区事务的特别报告；79家公司提出了针对环境问题的规章制度说明或特别报告；31家公司提供了有关道德操守或行为准则的公司制度文本。而在这些公司中，超过半数都属于排名在前一百位的顶级上市企业 。

这些接受调查的公司包括英国电讯、联合银行、帝亚吉欧公司、The Body Shop、英国石油、壳牌和RTZ等赫赫有名的大企业，它们已经开始接受对社会负责的经营管理模式，并推出了环境审计和社会审计两项审计报告。种种迹象表明，这一做法已经成为一种商业趋势。与20年前相比，消费者对企业的期望值要大得多。某些企业（如以前的The Body Shop和Ben and Jerry公司等）只知刻意吸引一小部分目标客户群体注意力的时代，已经一去不复返了。社会和环境审计现在已经成为企业经营管理活动的主流，全世界各地发生的实际事例都在不断地为这一趋势提供新的实践依据。

20年前，大公司自然而然地得到信任。人们对于这类企业充满敬意，只要它合法经营，企业可以为所欲为。爱提问题的人反被视为是滋事生非、无理取闹的好事之人。

企业向公众展现自己对社会的影响，周全地照顾其所在社区的利益，通过投资社区建设和开展善因营销活动造福于社会，这些做法反过来会在社区中培养公众对企业的良好印象，从而树立和巩固企业的声誉。

麦当劳在1992年洛杉矶暴乱中的经历就是一个绝好的例子。在这场暴乱中，几乎整个商业街区都被烧为平地或掠夺一空，但是，因为麦当劳在社区服务项目上一直享有良好声誉，附近的居民在关键的时刻站出来保护了当地的麦当劳餐厅。

不仅只有大公司可以使用善因营销策略和从中获利。罗莎贝丝·摩斯·坎特在她的《世界级》一书中，引用了Lau Technologies公司首席执行官的一段话来说明投资社区建设对小公司的益处。那位首席执行官说道："如果邻居们能够在事先对企业有所了解；当你们对他们有所需要时，你们就不是初次相识了。"

我们可以想象同样的评论也适用于那些可能正在寻求新的规划许可的企业。如果它们被认为是一个富有社会责任感的好邻居，或所谓的"最佳邻居"，将对它们的申请有百利而无一害。

英国电讯的集团常务董事比尔·柯本在他所主持的社区商业组织社会影响特别工作小组成立会上，将企业声誉的不稳定性，以及理解和衡量企业对社会影响的重要性，与蛇和梯子的游戏进行了比较。

> 我感觉这有点像蛇和梯子的游戏。你沿着木板一路爬到顶端，结果一个不小心，那个盘在第 99 个格子上的凶猛的大蛇就会一下就把你摔到第二级。你又得开始一个漫长而艰苦的向上爬的过程。我想，这种事情也可能发生在任何一家企业身上。一定要小心，不一定什么事情就可能使你的名声像铅球坠地一样直线下落。

企业需要解决的问题是，要设法将企业所承担的社会责任向公众进行展示，使企业投资社区建设的行为被人们所理解和广为知晓。而善因营销是将这些信息带给公众和利害相关各方的方法之一。善因营销通过吸引公众的视线，将企业参与慈善与公益事业的信息传递给大众。善因营销活动可以借助各种其他方式的营销工具，例如公关活动、赞助相关的活动，或是将慈善捐款计划与某项产品或服务的销售相结合，从而达到为投资社区建设筹措资金的目的等。

# 第二章 谁会关注善因营销

## 第一节 介 绍

关注企业善因营销行为的各方包括：社区、慈善团体、公益事业、消费者、新闻媒体、市政府和商业企业本身。它们之所以关注善因营销行为，其原因在于善因营销能够给各方都带来积极的影响。

社区商业组织在1998年进行的一项调查中显示，75%的社区事务主管、72%的营销主管和67%的企业首席执行官预测，在今后的两到三年中，善因营销在帮助企业实现经营目标方面将发挥越来越重要的作用。

1996年在美国进行的一项抽样调查显示，接受调查的企业行政主管中有90%的人认为他们所在的公司会继续履行他们在善因营销方面承诺的事项；超过半数的人认为，他们今后在善因营销上的投入将继续保持在相同水平上。

根据IEG在北美地区所作的调查，在预计总值为76亿美元的各项赞助款项中，来自于企业善因营销行为的资金占据了8%的份额。虽然在英国还没有类似的评估数据，但这项来自美国的评估结果显示，善因营销在英国同样能对商家和更广泛的社区产生积极的影响。问题在于如何确保这种积极的影响力能够得到释放。

一个商业企业或事业机构之所以会开展善因营销活动，背后的原因很多。商业企业的利益和相关各方的个人利益都在考察的范围之内。虽然由于企事业机构类别不同，特定的经理人和相关各方所关注的重点、态度和对善因营销的理解也不尽相同，但许多核心的问题是相通的。善因营销的主要目的包括：以企业的总体发展为目的、以营销和融资为目的、以社区事务为目的、以人力资源管理为目的。

以企业的总体发展为目的：

- 建立或者展示企业的社会责任感和显示企业的社会身份。
- 建立或者强化企业声誉和形象。
- 展现组织的价值。

以营销和融资为目的：

- 建立和强化品牌，突出品牌的价值和个性。
- 建立知名度。
- 营运测试。
- 提高客流。
- 增加价值。
- 建立关系。
- 培养客户忠诚度。
- 突出产品或服务的与众不同之处。
- 产品或服务的推广。
- 扭转负面宣传。
- 建立商业关系。
- 培养和吸引消费者对产品或服务的感情。
- 增加收入、利润、销量。
- 提升品牌形象。
- 增进理解。
- 赢得相关各方在财务上的支持。
- 赢得相关各方在其他资源方面的支持。
- 扩大成员。

以社区事务为目的：

- 建立商业信用度。
- 促进企业的社区投资项目和策略。
- 与当地社区建立良好的关系。

- 建立政府和民意交流。

以人力资源管理为目的：

- 建立工作团队。
- 激发员工动力和士气。
- 吸引最有潜力的员工。
- 利用发展技术的机遇。
- 把握和利用过渡期的机遇。

企业在进行善因营销时，需要综合考虑包括企业自身、慈善团体和公益事业等各方面的利益，并且明确地认识到，善因营销的目的不仅仅是为了推销它的产品和服务，同时也需要确保组织的声誉和在社区内建立必要的商业信用度。正如我们在前文中所提到的那样，相关各方不仅仅包括股东，同时也包括那些受企业政策和运营影响，或自认为他们自己在企业的经营活动中有所利益的任何个人。很明显，这个想法的形成是出自于企业角度，但即便在这个概念中把企业替换为慈善团体和公益事业等社会组织，在进行善因营销时考虑相关各方利益的概念仍然站得住脚。相关各方因此可以包括股东、组织的业务活动所在的社区、政府和其他的政治实体、贸易协会、供应商和零售商以及员工和消费者。另外，就慈善团体和公益事业而言，相关各方还包括志愿人员、受益人和支持团体、护理人员和受益人的家庭成员（参考图 2－1）。就如同社区商业组织在题为“The Two Way Street”的调查报告中所论述的那样：

> 考虑相关各方利益的概念为我们提供了一种观察企业和志愿组织之间如何建立联系，以及它们怎样从运行良好的合作伙伴关系中共同受益的方法。基本的认知是，没有任何一个商业或事业机构可以在与世隔绝的状态下运作。每一个组织或者协会的健康发展都依赖其他方面的支持。许多利益集团都能够从企事业机构的各项经营活动中获得相关的“利益”——这里所说的“利益”并非一定是指财务方面的好处。这些利益有时候可能是互相抵触的，因此，需要相关各方清楚地认识到它们之间的各种内在的联系，并作出适当的取舍。

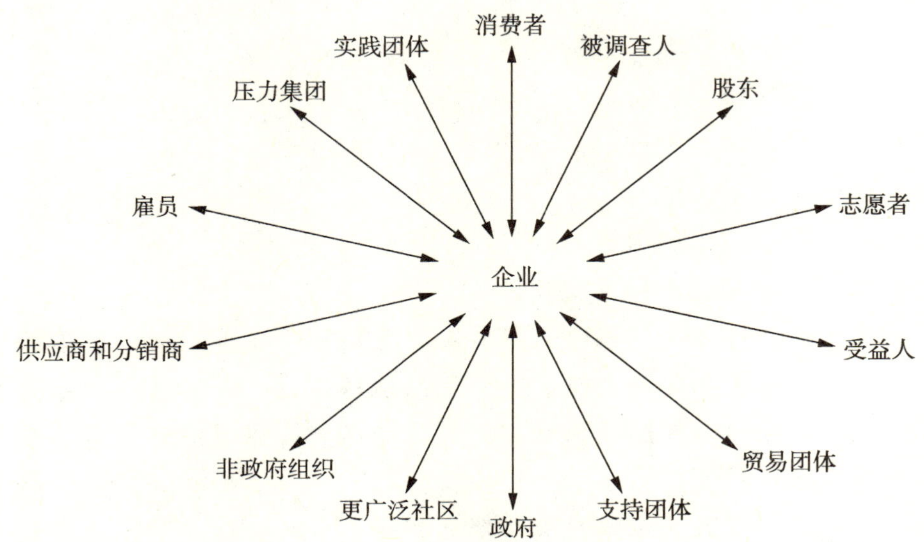


图 2-1 企业和它的相关各方

当然，许多事物会对相关各方以及它们对待企事业机构的态度和关系产生影响。因此，将善因营销作为企业发展的一个战略组成部分的动机也将相应地有所变化。

为了收集有关善因营销的商业案例和理解相关各方对善因营销的态度，在国际调查公司的无偿支持下，社区商业组织策划和出版了与善因营销有关的一系列的实质性的报告，这些报告着重调查了相关各方中的两个主要对象：企业和消费者。这个系列报告包括：

● 企业调查Ⅰ（1996）和企业调查Ⅱ（1998）。它们是一个关于企业对于善因营销的态度取向和参与程度的定量调查。它考察了企业对善因营销的认识、理解和参与程度并提供了比较数据。

● 游戏计划（1997）是一个有深度的定性调查研究。这项调查研究围绕英国消费者在超级市场购物的行为，通过店内访谈和行为观察的方式，就消费者对善因营销的态度取向和反应进行了详细解读。

● 成功计划（Winning Game，1996），是一项关于善因营销的定量调查，其目的是了解消费者对善因营销的态度取向，探索善因营销是否符合企业的需要，哪一类型的公益事业对消费者最为重要，以及善因营销会如何影响人们的购买习惯和对产品或服务的认知。

包括上述报告在内的一系列调查研究项目揭示了企业，慈善团体，公益事业和消费者在善因营销活动中所要面对的各种问题，其中包括他们参与活动的动机、关心的问题和所获得的机遇等。

企业中，不同部门开展或参与善因营销活动的目的有可能是不尽相同的。但是，为了将各方参与善因营销的主要动因进行一番比较清楚地说明，接下来我将分别从首席执行官、市场营销部门、企业和社区事务和人力资源部门的角度出发，对这一问题进行进一步讨论。显然，相关各方和各部门都因其各自的目标和动机不同，而对善因营销的成果有着不同的期望。

## 第二节
## 首席执行官们为何应该关注善因营销

正如利维斯特劳斯公司的首席执行官所说："未来的商业企业必须要拥有自己的灵魂。"

对于负责企业整体方向的首席执行官来说，增加股东价值和社会附加价值、提倡企业的社会责任感、突出企业的社会身份、建立企业品牌形象以及保护和提高企业的声誉，通常是他们关注善因营销的主要原因。

通盘考虑相关各方的利益并对其加以适当的管理，是令企业在未来保持良好发展势头的重要因素。用明日公司在1995年完成的调查报告中的话来说就是：

> 随着全球商业气候变化，竞争规则也正被改写……只有深化雇员、客户、供应商、投资者和社区间的联系，公司才能够掌握先机、不断创新，并迅速适应变化，同时维持公众对企业的信心。

The Body Shop 1991年发布的环境管理报告对此总结道："任何企

业，不论盈利与否，都应该为社会作出实际的贡献。”阿妮塔·洛迪克（Anita Roddick）在她的自传中写道：“企业除了要获得利润、创造就业以及销售好的产品以外，还有更多事情可做；它应该为解决社会问题助一臂之力……在英国企业普遍接受商业成功和社会责任并不矛盾这个观念以前，我们还有很长的路要走。”

自那时起，越来越多的蓝筹企业认识到这种论点的有效性。1997年，大都会公司的前主席乔治·布尔（George Bull）和首席执行官约翰·B. 麦克格拉斯在大都会公司的企业社会身份报告中表述到：

> 企业的责任并不是一个边缘化的行为。包括我们在内的公司所有员工都相信，企业成功与否并非只有用盈利、业务增长和资产负债表来定义。一个真正成功的公司会照顾到包括投资者、雇主、客户、贸易伙伴以及其业务所在的国家和社区在内的相关各方的利益。

1998年，英国航空公司首席执行官鲍勃·艾凌（Bob Ayling）在为英国航空公司推出的一份计划（BA’s Changing for Good – World Community Relations）中写道：“英国航空公司的宗旨是致力于服务全球的消费者。在我们的企业价值观中，有两点特别归纳了我们为社会服务的目标——作为一个好邻居，带着爱心服务全球各地的来客。”

显然，企业负有社会责任的结论正在被越来越多的企业所理解。下一阶段要做的事情是，把这一认识介绍给相关各方，并设法让他们也能够理解。这也是善因营销的作用所在。但是，促使相关各方改变观点和行为的原因有可能各不相同，具体说可能是，人们会因为公司股票在交易市场上的实际或预期表现，派发股利的水平，企业的声誉，企业对其运营所在的当地社区是否作出积极贡献，企业对待供应商、零售商以及其他团体的态度，以及特定产品或服务的性能、价格和质量是否恰当的认识各有不同。

研究显示，企业的社会责任感可以影响有关方面（包括投资分析师）对企业的看法，而善因营销就是企业将自身的社会责任感向外界公布的途径之一。

社区商业组织在1998年的年度大会上，公布了MORI就善因营销的影响力对投资分析师和公众进行调查的结果。调查结果显示，当被问及一个公司对社会的贡献将会在多大程度上影响他们对该公司的看法时，分析师和投资者的反应如图2－2所示。

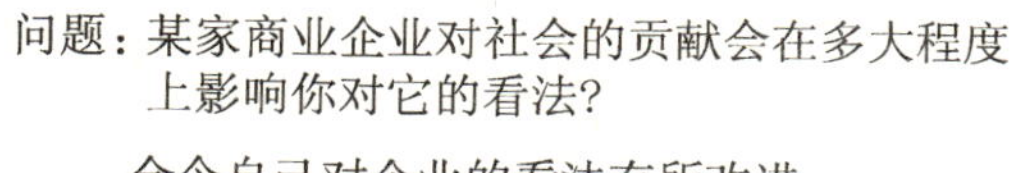


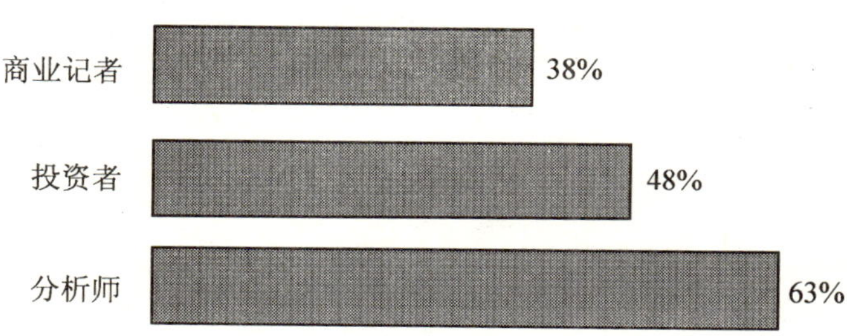


图2－2　针对社会评论展开的调查

资料来源：MORI。样本基数：129位分析家，98位投资者（1998年夏季）；27位商业新闻记者（1997年冬季）。

MORI调查进一步考察了在投资分析师和投资者眼中，企业对社会和社区的贡献对其财务状况的影响程度。结果发现，在接受调查的分析师和投资者中分别有超过1/4人回答，他们感到这一影响不是很大（图2－3）。

问题：某家商业企业对社会和社区的贡献，是否
会对它的财务状况产生影响？

会在很大程度或在某种程度上产生影响

图2－3　针对财务状况的影响力展开的调查

资料来源：MORI。样本基数：129位分析家，98位投资者（1998年夏季）。

如果说人们对待企业的态度会因为企业肩负着社会责任感而发生积极的变化，而善因营销活动是一个突显和宣传企业社会责任感的重

要手段，那么，企业就应该将善因营销列为值得重点考虑的经营策略。

1997年，MORI以问卷的方式对100位英国下院议员进行了调查，目的是了解在他们眼中，一家优秀的企业应该具备哪些特征。调查结果显示，企业对社会和环境的责任感显然是他们作出判断的关键因素（参见图2－4）。

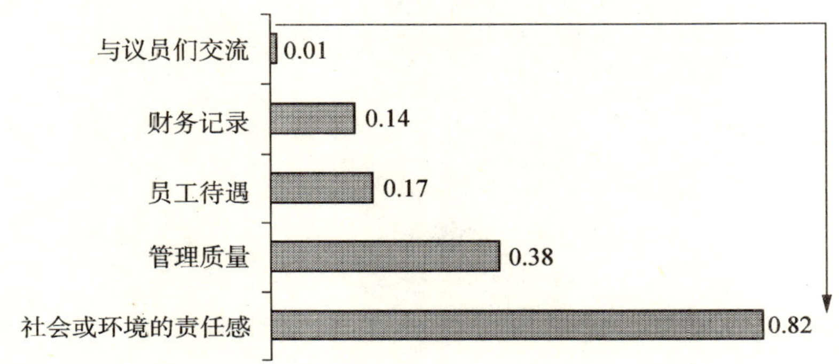


图2－4　下院议员们判别企业的主要标准

资料来源：MORI。样本基数：100位英国下院议员，时间1997年11月。具体特性与整体受欢迎程度的相关性（1.00＝完全相关）。

MORI针对其他相关各方的调查也显示，如今的人们更加期待和要求企业作出具有社会责任感的表现，这样的表现会令人们对企业留下积极的印象。

1998年，MORI在对企业社会责任感的定期调查中发现，有超过70%的一般民众、2/3的编辑人员、80%以上的工党议员以及众多其他的社会人士认为，企业对它们所需要承担的社会责任并没有给予足够的关注（图2－5）。

对企业社会责任感的关心并不仅仅体现在投资分析师、政治家和记者们身上。企业领袖自身对主动承担社会责任感和可能由此给企业带来的利益表现出更大的兴趣和认同。在社区商业组织和国际调查公司共同策划完成的企业调查报告中可以很清楚地看到，众多商业企业的首席执行官们已经把开展善因营销活动列为今后二至三年内需要重点落实的任务指标。然而，作为一个相对新鲜的课题，它需要企业的首席执行官们、董事会成员们和企业中的其他员工通过学习，迅速地完成思想上的转变过程。

问题：某家商业企业或事业机构对社会的贡献会在多大程度上影响你对它的看法？

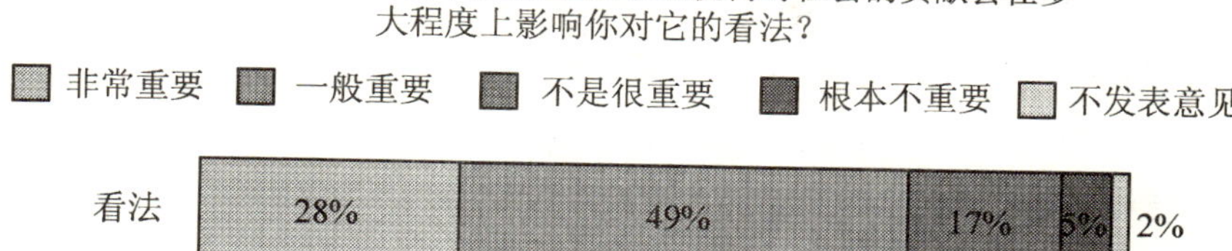


问题：在选择购买某项商品或服务时，该公司所表现的高度社会责任感对你的购买决策将产生什么样的影响？

图 2－5　社会责任感的重要性

资料来源：MORI。样本基数：996/939 位年龄 15 岁以上的英国成人。1998 年 7－8 月。

越来越多的企业首席执行官们开始认识到，开展善因营销活动对于企业实现既定的经营目标越来越重要。在这一点上达成共识的企业主管们的人数由 1996 年的 60%，迅速成长为 1997 年的 75%。分别在 1998 年和 1996 年，当接受企业调查的首席执行官们被要求对一系列经营指标进行类比时，有超过 50% 的人认为，对企业实现经营目标而言，善因营销的作用十分重要或是相当重要。在 1998 年，已经有 51% 的企业首席执行官们体会到善因营销对于宣传和推广公司形象和公司产品的重要性。图 2－6 中所表述的，就是开展善因营销活动对企业实现某些特定的经营目标所产生的影响。

事实上，67% 的企业首席执行官们认为，在今后的二至三年内，公司将继续加大对善因营销活动的投入，加上企业的社会责任感会潜在影响人们对企业的看法，这些都非常清楚显示了企业首席执行官们在关注这个问题。发掘潜在机会也符合与企业的经营行为有关的各方的利益，正如进一步调查所表明的，所谓商业就是要敏锐地察觉机会。

当然，不仅仅股东和投资分析家们对企业的看法会引起企业首席执行官们的关注，同时更广泛的社区利益和其他相关各方的利益也都是首席执行官们在决策时需考虑的因素。正如我们在前文中详细论述的那样，消费者十分看重企业是否具有社会责任感。调查显示，如果企业通过善因营销活动表现出它们所负担的社会责任感，将会给消费者们留下积极的印象，并最终影响他们的购物行为和购买习惯。事实上人们认为，在解决当前社会问题的重要性上，企业所肩负的责任比慈善团体和宗教机构还要大。

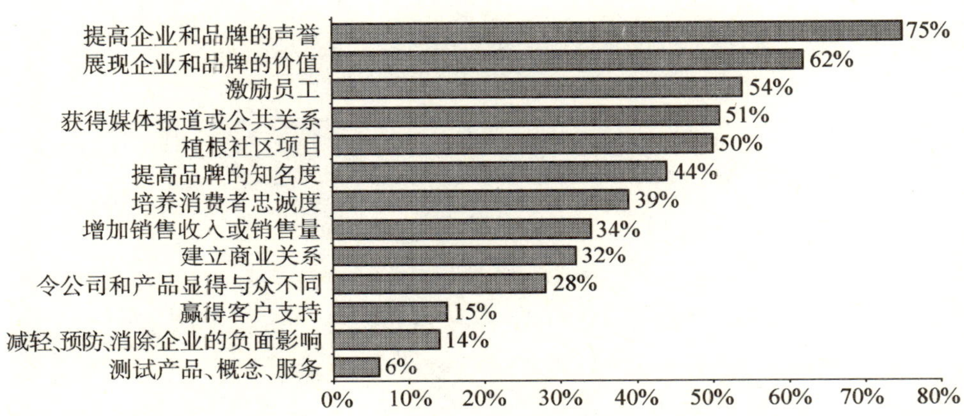


图 2-6 善因营销对于企业实现经营目标所产生的影响

资料来源：企业调查报告 II，社区商业组织与国际调查公司英国分公司。样本基数：437 位企业首席执行官，市场营销和社区事务主管。

## 第三节
## 市场营销部门为何应该关注善因营销

在如今的商业环境中，市场营销活动更加着重于在企业和“客户”之间建立长期持久的关系，这里所指的“客户”等同于本章图 2-1中所说的相关各方的概念（见图 2-1）。在对比吸引新的消费者与保持和发展现有消费者的成本之后，人们认识到，维护客户的忠诚度对商业企业来说是一个十分关键的目标。终生的客户关系，其价值不仅仅体现在重复购买和交叉销售所创造的收益，同时也体现在消费者满意度的提升，从而令客户自愿成为宣传企业和企业产品与服务的大使。因此，市场营销的重点不仅仅是要从盈利角度来发现、预测和满足消费者的要求，而且还要发现那些长期看来对企业最有价值的消费者，并采取措施维持和提升他们对企业及企业产品与服务的满意度。反过来看，市场营销工作的内容也在于了解企业或者品牌缺陷的问题所在，并致力解决这些问题。

就此而言，当我们从各种调查报告中清楚地了解到企业对社会责任的态度和行为能够影响到相关各方对企业的看法和人们的最终购买习惯时，我们就应该能够认识到，市场营销活动有必要尽可能地利用参与社会活动为企业带来的正面影响，从而与包括消费者在内的相关各方建立起长期稳定的关系。

因此，无论市场营销职能在企业社会责任的发展上是否占据主导地位，它对相关各方对企业的看法、企业的最终价值和经营业绩无疑都有着潜在的影响。企业在开展市场营销活动的过程中所面临的挑战是，理解营销行为对每一个相关团体产生的影响，并尽最大可能地充分发挥营销活动的这一影响力。由于往往能够彰显企业的社会责任感，善因营销理所当然地成为市场营销活动中经常采取的一项重要措施。

国际调查公司受商业社区组织委托开展的一项调查明确地显示出善因营销作为市场营销的手段之一所发挥的重要作用。如今的消费者越来越成熟、挑剔，并苛求他们所接触到的所有事物，包含提供产品或服务的企业本身的形象。当这项名为“成功计划”的调查研究活动向消费者问及应该如何解决诸多社会问题时，人们一致认为，企业应该在这一问题上扮演起重要的角色（见图 2-7）。

对从事市场营销的专业人士进行的调查显示，在英国有 81% 的市场营销主管认为企业应该参与解决当今存在的社会问题；58% 的人认为善因营销策略能使企业在解决商业问题的同时解决社会问题；39% 的人相信善因营销对实现他们的整体营销目标能够发挥重要的作用；超过 70% 的人正在把部分的营销预算投放到善因营销之上（见图 2-8）。

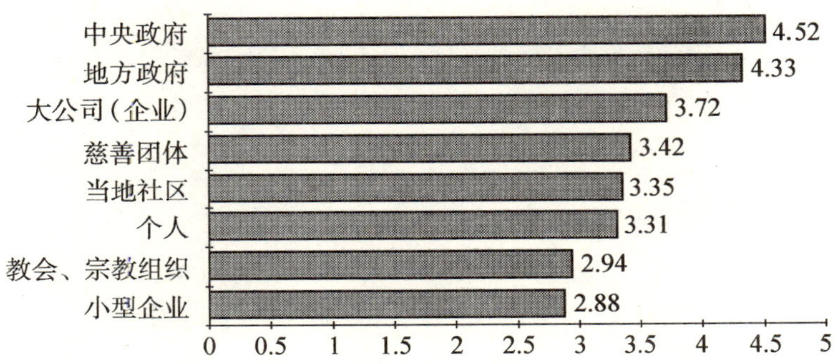


图 2-7　在解决社会问题时，各方应该承担的责任（平均值，5 分制）

资料来源：社区商业组织和国际调查公司。样本基数：1053 位消费者。

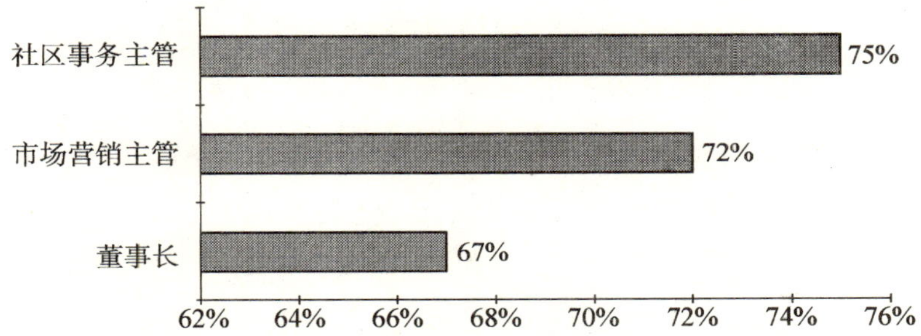


图 2-8　善因营销对实现企业整体经营目标的重要性

资料来源：社区商业组织和国际调查公司。样本基数：447 位英国公司的董事长、市场营销和社区事务主管。

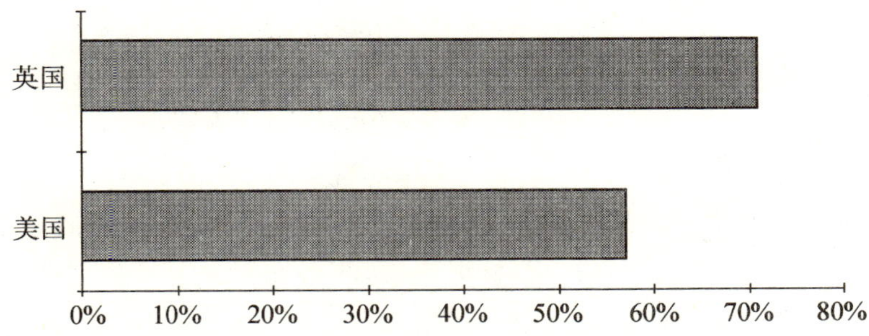


图 2-9　对善因营销的关注程度将有所提升的论点持支持态度的受访者比例

资料来源：社区商业组织和国际调查公司。样本基数：447 位英国公司的董事长、市场营销和社区事务主管，70 位曾经或正在参与善因营销活动的企业主管。

很明显，众多营销专业人士已经开始认识到善因营销所带来的利益和机遇。比较数据显示，英国的企业主管们也与他们的美国同行一样，对善因营销活动表现出极大的支持和兴趣。

建立强大的品牌是营销团队的一个核心任务。用发现新的和可持续的方式来提升和建立品牌，去赋予它内涵和支持它的个性，去感性地吸引消费者并且建立他们的信任，是品牌建设的关键。在今天的市场环境下，信任的建立和保持是企业经营的一个至关重要的目标。马斯洛提出的需求层次的理论将人们的需求划分为：生理需求、安全需求、社交需求、尊严以及自我价值实现的需求（见图1－3）。他认为，人类总是会被未满足的需求所驱使，因此，当低层次的需求被满足后，高层次的需求开始变得更加重要。将这套理论应用到品牌管理和善因营销上就是，当人们对产品或服务的功能性需求得到满足后，也就是生理需求、安全需求被满足以后，社交需求、尊严和自我价值的重要性便开始突显出来。善因营销的作用就在于在这些较高的层次上吸引消费者，它将提升企业的亲和力并能强化消费者的认同感和对企业品牌的信念。信任是营销和声誉组合中的至关重要的因素，但它并非是与生俱来的（见图2－10、图2－11）。

正如我们在前面已经提到的，我相信，其消费者和相关各方对企业诚信的期望值跟他们所要购买的商品或服务的价值有着直接的联系。换句话说，当企业希望消费者更多地购买自身的产品或服务时，信任的要素就显得更加重要，消费者对企业诚信的期望值就会越高。当然这里有一个基本的期望水平，那就是遵纪守法和遵循起码的道德标准。但是，在这个基础上，企业和消费者间的联系越有力越广泛，消费者对企业的职业道德和诚信等方面就会有更大的期望。当然，在贯彻使用这一策略时，风险和收益是并存的。

随着企业对市场的依赖性越来越强，品牌管理的内容已从关注产品本身的属性，更多地转向对消费者的吸引。品牌管理越来越重视联系能力：即在许多不同层面上，从注重产品的功能到对产品情感上的寄托、从简单的购物消费行为到产品和企业品牌的信任，来

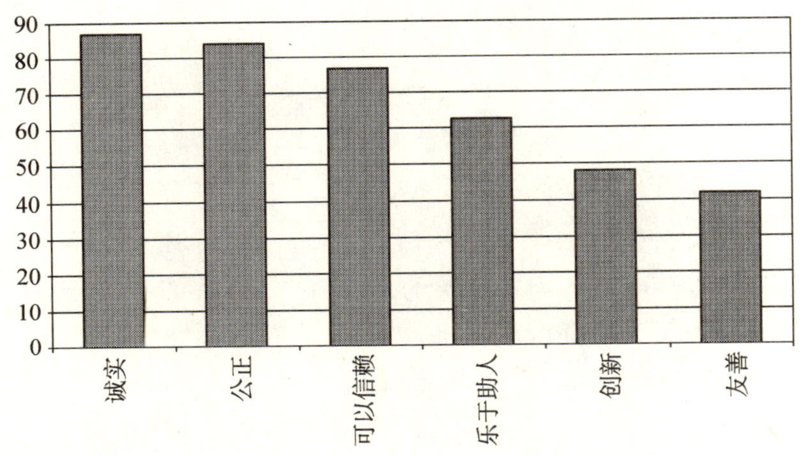


图 2-10 人们理想中的商业企业应该具备的素质

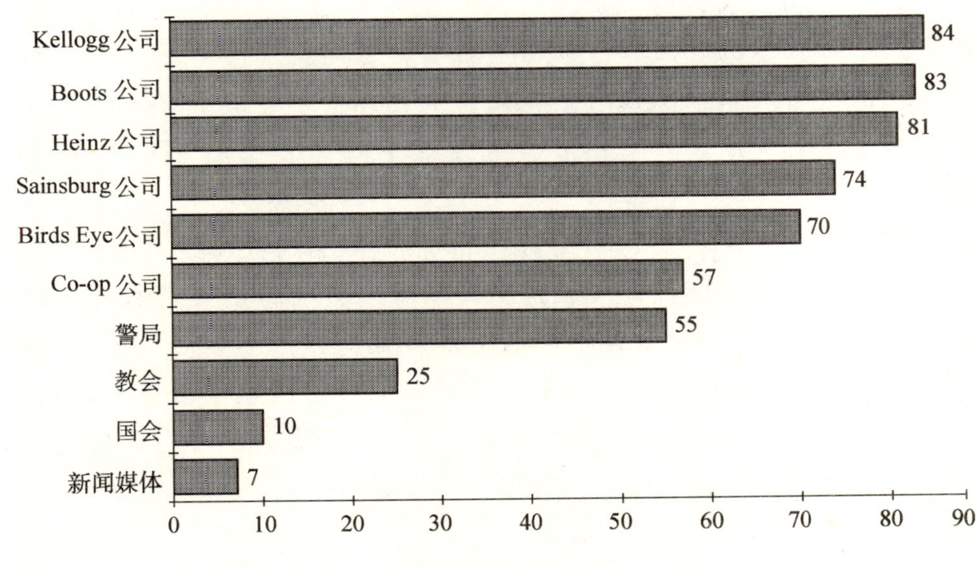


图 2-11 信任百分比示意图

联络与消费者（相关各方）的关系。它吸引着消费者的情感、他们的热情和他们的信任。这正是善因营销可以发挥战略作用的时候（见图 2-12）。

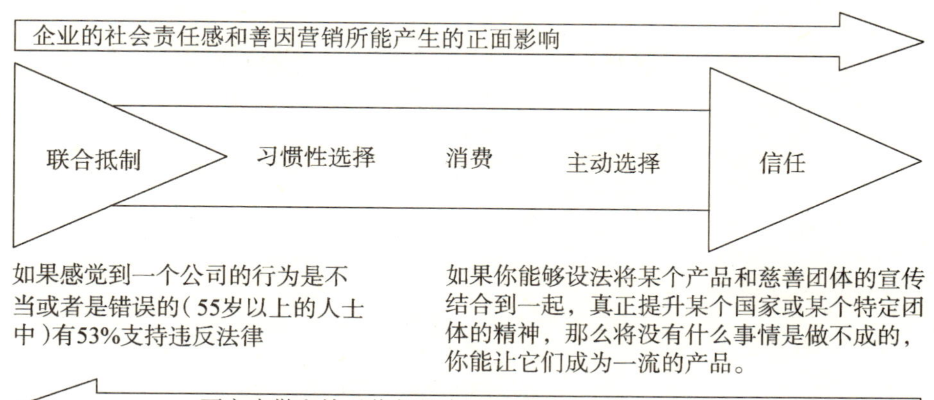


图 2－12　企业的社会责任感和善因营销策略所能产生的积极效果

数据来源：社区商业组织和国际调查公司。

相关的争论还包括什么是构成和影响品牌价值的主要因素，以及如何在企业的经营业绩和产品的功能性及利益与亲和力之间找到平衡点等问题。由国际调查公司所进行的针对信用卡市场的全球性调查研究活动显示，亲和力构成品牌价值的 52%，产品的功能性利益仅占到 48%（见图 2－13、图 2－14）。

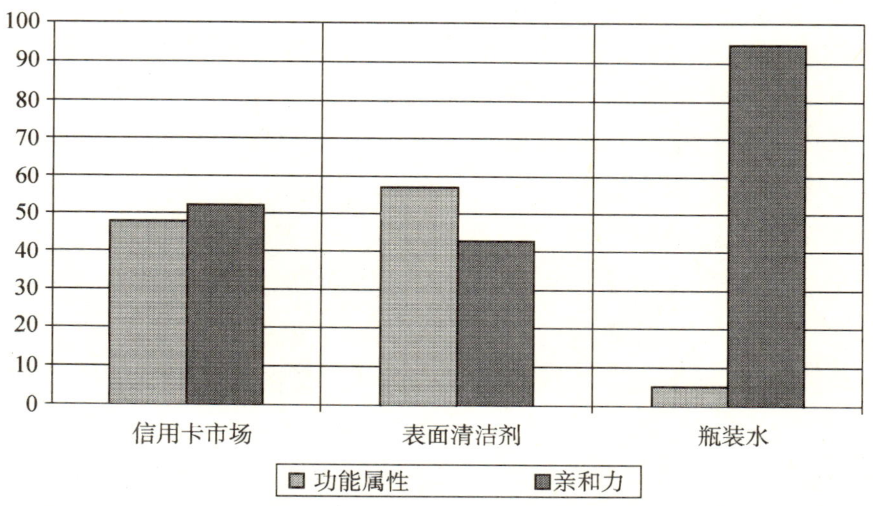


图 2－13　建立强大的品牌和善因营销——品牌价值的重要性

资料来源：国际调查公司。

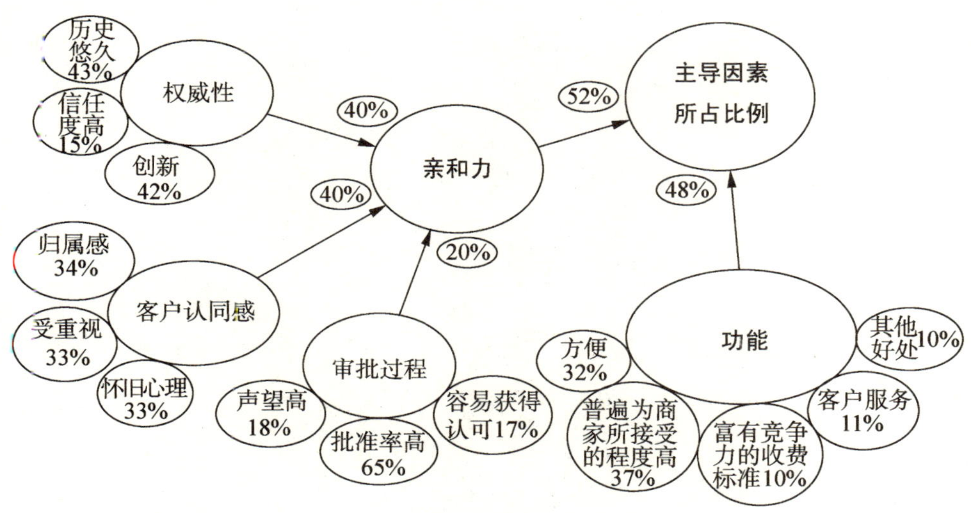


图 2－14　建立强大的品牌和善因营销——信用卡市场模式

资料来源：国际调查公司。

虽然调查的对象是价值超过 4000 万英镑的英国信用卡市场，但却揭示出一个有趣的发展趋势，那就是，消费者在寻求产品功能性的同时，也在努力寻求与产品或服务间的亲和关系，甚至对亲和力的需求远甚于对一般功能性的需求。这种趋势显示了亲和力在品牌以及品牌与权益人关系建立方面的重要性。它也因此提高了企业社会责任和善因营销等企业整体经营策略的重要性。

善因营销在企业市场营销活动中的好处是显而易见的，其中包括提升企业的声誉和形象，展现企业的核心价值，彰显企业的社会责任感和对社区进行的投资等。善因营销同时还可以增强消费者的忠诚度，与相关权益人建立良好的关系，使企业的产品或服务与众不同，并切实地增加产品或服务的销售。在调查案例分析清楚地表明了这一点。自最初的商业社区组织和国际调查公司 1996 年进行的企业调查以来，善因营销似乎已成为一个重点越来越突出的商业活动。这项调查的对象包括公司主席、董事长、市场营销和社区事务部门的主管，所有受访者都指出了善因营销所能带来的若干好处（见图 2－6）。

调查结果所显示的，善因营销在英国市场与美国市场的相似之处是令人鼓舞的。善因营销能够帮助企业从内外两方面透过市场营销部门、宣传部门、社区事务部门和人力资源部门传递出明确的企业经营目标，而这一认识在美国和英国正为越来越多的企业经营者所认识和了解（见图 2－15、图 2－16、图 2－17）。

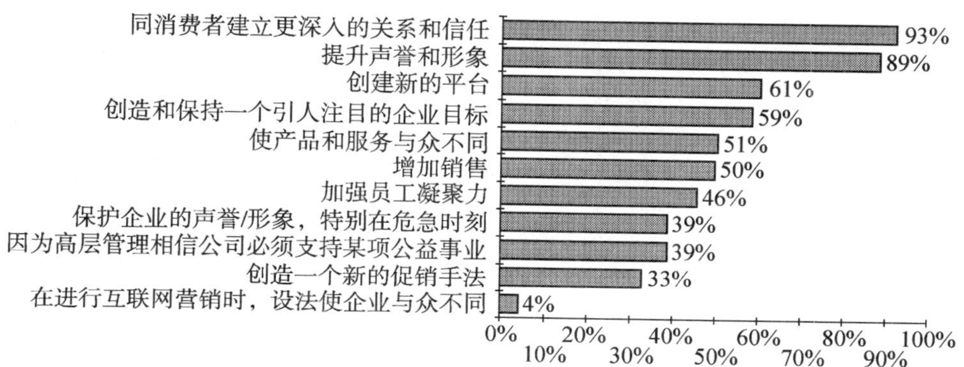


图 2－15　美国企业进行善因营销的原因

样本基数：70 位参与善因营销的美国企业主管。

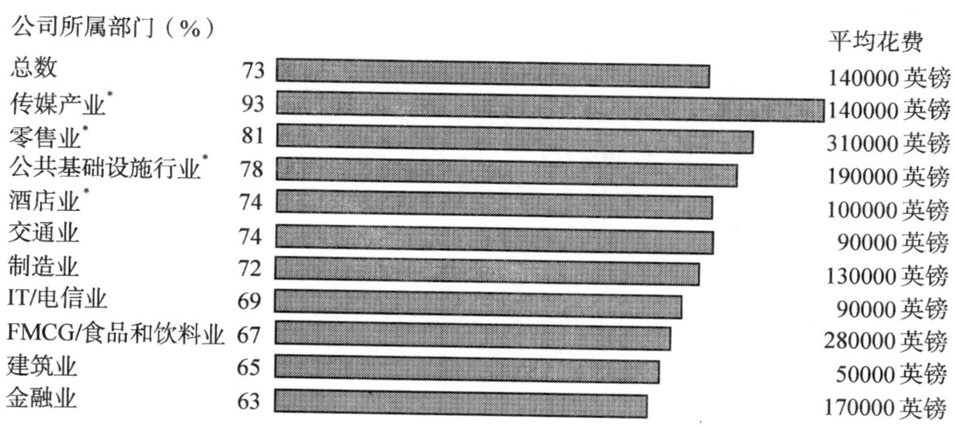


图 2－16　谁正在进行善因营销

资料来源：社区商业组织和国际调查公司。投资的水平，按行业划分。样本基数：全部的受访者（412 位董事长、市场营销和社区事务部门主管）。

在英国，企业对善因营销的投资正在变得越来越普遍，并且这一

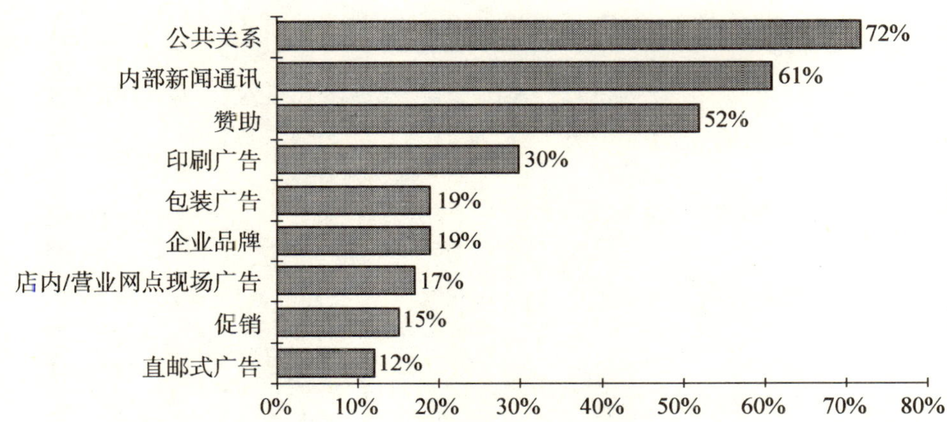


图 2-17　使善因营销项目的作用实现最大化的市场营销手法

资料来源：社区商业组织和国际调查公司。样本基数：118 位董事长、71 位社区事务部门主管。

趋势还在不断扩大和增强。在企业调查活动中，有 73% 的英国受访者表示，他们所在的企业曾经进行过某种程度的投资。但是，这类投资的水平仍然处于较低的状态，平均只有 14 万英镑。

从最初的社区商业组织发起的企业调查 I 和企业调查 II 的样本比较上看，企业市场营销的平均预算从 1996 年的 2457 万英镑增长到 1998 年的 2834 万英镑，社区事务部门的平均预算则从 1996 年的 164 万英镑增长到 1998 年的 217 万英镑。市场营销预算几乎是社区事务预算的 8 倍，这表明其中蕴含着丰富的机会。由于企业进行市场营销的潜在工具是多种多样的，加大宣传手法的广度和深度也具有十分重要的意义。

在消费者看来，电视或印刷品广告和在营业网点摆放宣传材料是最能为他们所接受的宣传手法。

图 2-18、图 2-19 展示了在调查活动中总结出的，消费者们认为企业进行善因营销最有效的宣传手法。企业和公益事业之间宣传的平衡，宣传过程中传递信息所使用的语气，宣传组合的份量，以及宣扬善因营销活动带给慈善公益事业的好处，都是能够令善因营销达到理想效果的十分重要的因素。

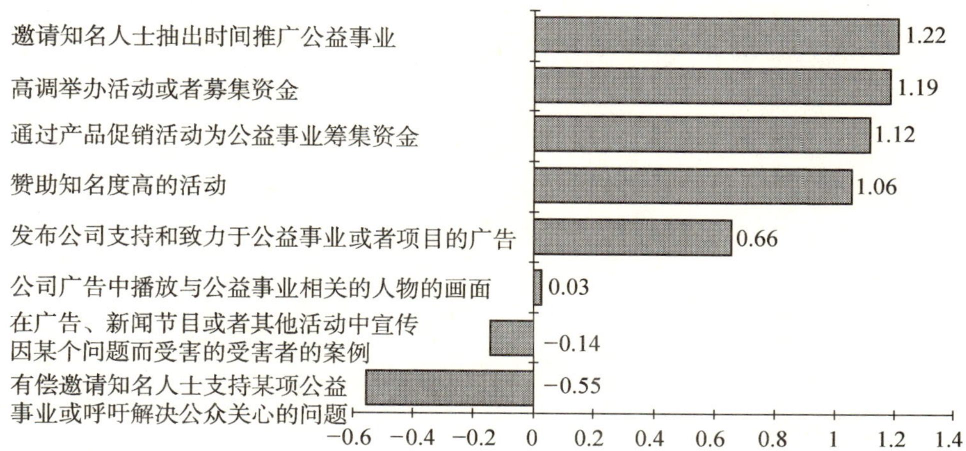


图 2－18　善因营销手法的被接受程度

资料来源：社区商业组织和国际调查公司。样本基数：1053 位消费者。

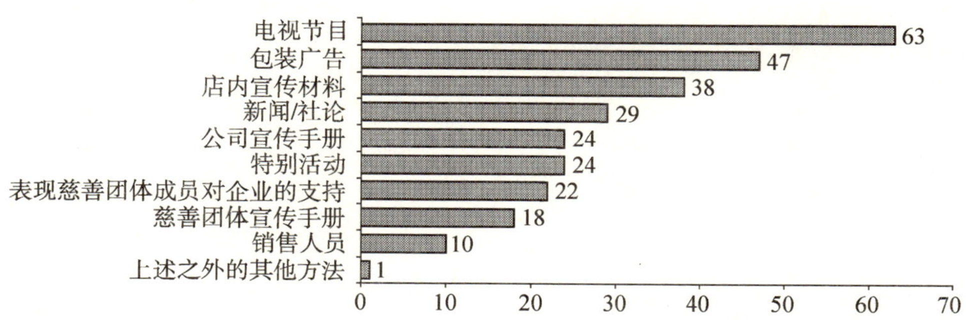


图 2－19　宣传企业参与公益事业的最有效的方法

资料来源：社区商业组织和国际调查公司。样本基数：1053 位消费者。

## 消费者对善因营销的关心

消费者对企业社会责任感的要求和期望是不可低估的。当公众被问及企业应当在解决当今存在的社会问题方面扮演什么样的角色时，消费者的反应十分强烈。人们普遍认为，企业在解决当今社会问题方面所应承担的责任仅次于中央和地方政府，而高于那些慈善团体和宗教组织（见图 2－7）。

86%的消费者声称，他们对那些尝试着做一些能够“让世界变得更加美好”的公益事业的企业抱有相当大的好感，不论它们所涉及的具体的“公益事业”或项目究竟是什么。几乎九成以上的消费者表示，善因营销和企业的社会责任感能够积极地影响他们对企业的看法。

国际调查公司在 1998 年 8 月所进行的调查进一步证实了企业参与更广泛社区活动的重要性。当被问及对企业参与此类活动的看法时，77%的消费者认为，了解一家企业对社会和社区的贡献十分重要。在 1998 年，有三成的英国公众，也就是说有 1200 万消费者，由于道德原因而选择或者抵制某个产品或者生产该产品的公司。此外，超过 1/3 的公众相信，企业将慈善捐款和产品销售联系起来是极为重要或者十分重要的（也就是善因营销）。

宣传企业在社区进行投资的做法并不完全适合所有企业，因为它看起来似乎有悖于慈善事业的本意。这是一个有趣的两难境地。假如某项公益活动被看作是一种慈善事业，显然是不应该期待从中谋取回报的。然而，如果企业目前正在从事某项公益事业或进行某项社区建设投资，并希望这些活动能够在当地或者全国范围内对提高企业的声誉有所帮助，又或者企业进行持续投资是以形象提升为目的，那么显然有必要对活动进行积极地宣传。所以，问题是要明确为什么从一开始项目就应该得到支持，然后适当地进行宣传，小心把握宣传的尺度、语气和内容。国际调查公司的调查报告还显示出，77%的英国成年人认为，企业显示出高度的社会责任感对消费者的购买决策是十分重要或者相当重要的。

各种调查研究表明，消费者认为企业从他们与慈善团体或者公益事业和更广泛社区的关系中获得一些利益是可以接受的，而且是适当的。社区商业组织的调查显示，63%的消费者感到善因营销是一个可以被接受的企业行为方式；国际调查公司所展开的调查则显示出，61%的成年人表示可以接受企业从善因营销活动中获得某些利益。消费者对善因营销所持的支持态度无疑是企业对善因营销展开积极宣传

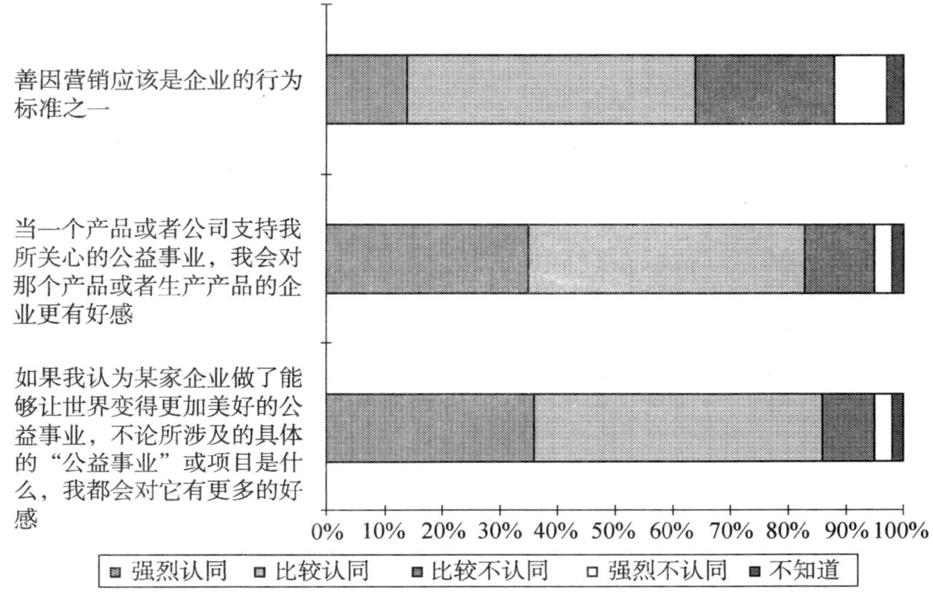


图 2－20　对善因营销的态度取向

资料来源：社区商业组织和国际调查公司。样本基数：1053 位消费者。

的极大鼓励。事实上，如果这类活动不被宣传反而会让人们对企业的动机有所怀疑。

因此，企业应该设法让自身的社会责任感在消费者中引起共鸣，而对善因营销活动进行有效的管理和宣传，能够对消费者对企业产品和服务的看法和他们的实际购买行为产生积极的影响。

## 担任义务监督工作的消费者

如果企业在日常的经营活动中未能表现出应有的“社会责任感”，后果可能是十分严重的。1996 年由明日公司进行的调查和国际调查公司在其所开展的调查活动中搜集到的答卷都清楚地显示，当认定某家企业的行为不当时，消费者能够和将会有所行动（见图 2－21）。

调查证实了消费者的能量和潜在力量。超过 70%的消费者表示，他们会通过电话或者信件进行投诉。几乎 2/3 的受访者声称，他们较问题："在过去的12个月里，你曾经做过下张卡片上所列的哪一种行为？"

出于道德原因联合抵制过某家企业的产品

因为某家企业良好的道德声誉而选择它们的产品或服务

购买某个产品或服务的原因是因为它与某个慈善组织有关

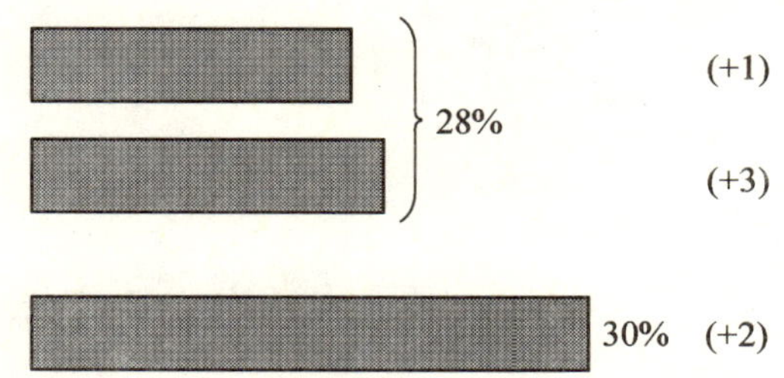


图 2－21　企业的社会责任感和消费者的购买行为

资料来源：国际调查公司。样本基数：1935 位英国 15 岁以上的成人，调查时间：1998 年 7～8 月。

5 年前更愿意采取行动来反对有恶劣行径的企业。超过半数的受访者表示，作为一种抗议，他们将停止与这类有恶劣行径的企业有任何往来。在具有更大消费能力的 45～54 岁年龄组的受访者中，持有这一态度的人数更是上升到几乎 2/3。

明日公司的调查报告指出，59%的受访者认为，有时即便违反法律，也要对那些他们认为是错误的企业行为进行抗议。必须注意的是，持有这一观点的不仅是年龄在 18～35 岁的年轻人，而是遍布各个年龄段，其中也包括传统上比较保守的年龄在 55 岁以上的人群。调查显示，在 55 岁以上的中老年人当中，竟然有 53%的人士对这一观点表示赞同。

显然，当消费者会把一个不好的消费经历传播给周围的其他人时，我们会发现，这一行为的潜在影响力是巨大的。同时，调查也表明了消费者在行为和行为动机上正在发生的一个重大的转变，对此如果不加以认真考虑和谨慎处理，可能会使企业受到重大的负面影响。随着科学技术和互联网的发展，这些反作用所产生的后果将更加强烈，传播速度将更加迅速，也更具有破坏性。正如明日公司调查报告中所总结的那样："各个年龄层的消费者在抗议企事业机构缺乏社会责任感方面所采取的行动，正变得更有声势和更加积极。他们比以往任何时候都更愿意支持一种道德评判标准或者用实际行动来反对不公平的现象，而不再只是逆来顺受。”

从市场营销的角度看来，这一调查结果代表了消费者行为方面的一个重要的分水岭，企业需要对消费者的这一态度和行为上的转变加以认真考虑。自愿担任监督工作的消费者熟悉市场营销的规律，他们了解自己所掌握的能量。从市场营销的角度来说，需要企业能够认识到，消费者会根据自己的伦理道德标准，对企业的行为作出判断，并在必要时以积极的行动来支持自己的观点和主张。企业需要在此基础上，与消费者建立一种“新的诚信”。企业行为和企业道德，前所未有地被置于聚光灯下，被相关的各方人士所品评。消费者能量和相关各方利益至上的观念正被更广泛认知。消费者已经认识到他们所拥有的力量，并开始运用他们所掌握的权力去挑战企业的所作所为。信息通讯和科学技术水平的革命，则使得消费者们的行动变得更加迅速、更加容易，也更为有效。

消费者对待企业及其产品或服务的态度和看法是至关重要的。而毫无疑问的是，善因营销活动和企业的社会责任感能够对消费者对于企业的看法和认知产生强烈的影响。

## 善因营销对英国消费者的影响力

国际调查公司和社区商业组织的调查表明：

- 86%的消费者指出，当不同的产品或服务拥有相同的价格和质量时，生产产品或提供服务的企业是否参与公益事业将影响他们最终作出的购买决定。
- 86%的消费者表示，他们对那些愿意为改变世界作出贡献的企业会产生好感。
- 73%的消费者表示，他们愿意因为企业参与了某项公益事业而放弃购买其他品牌的产品，转而选择该企业的产品；61%的消费者表示，他们愿意为此重新选择到参与公益事业的零售店购物。
- 63%的消费者认为，善因营销作为一种企业参与社会公益事业和解决社会问题的手段是恰当的。

由威尔士王子商业领导论坛和世界上最大的学生组织 AIESEC 联手对未来的企业领导者展开的调查进一步证实了上述的调查发现。它们的结论是：

- 57%的受访者表示，他们在作出购买决定时会受到环境和社会因素的影响。
- 46%的受访者表示，他们曾经因为环境和社会因素的影响而决定抵制或不购买某些产品。

由调查公司 1998 年在美国展开的调查发现，与 1993 年一样，有接近 2/3 的美国人——大约为 1.3 亿消费者——声称，如果价格和质量相当的话，他们很可能会选择一个与有着良好声誉的公益事业有合作伙伴关系的相关品牌或零售商。而在英国人中，这一比例为 73%。

澳大利亚的企业联盟、意大利的 The Explorer Group 企业集团以及比利时的 Bates - Roulata 公司也进行了类似的调查活动。所有调查活动所得出的结论是惊人得一致。从市场营销学的角度看，如果善因营销活动能够影响消费者的观点和购买习惯，那么它就应该是企业营销组合中的一个重要组成部分。如果它能够提升企业的声誉和企业品牌的价值，提高消费者的忠诚度，促进产品的销售而同时又有利于社区建设，那么它就应该成为企业进行市场营销和宣传自身社会责任感的有机组成部分。

当然，人们对不同品牌的产品或服务的价格和质量在什么样的情况下属于同等水平会产生许多有趣的争议。事实上，认识这个问题的方法十分简单，只要稍微注意观察，我们就会发现：大到豪华轿车，小到一袋洗衣粉，由产品质量导致的价格差异可能持续一个星期、一个月甚至一年，但这一差异的持续时间和速度正在急剧衰退。

英国、美国、澳大利亚和欧洲的比较数据清楚地显示，能够体现企业社会责任感的行为会对消费者产生重要的影响。而这越来越成为一种全球性的发展趋势（见图 2 - 22）。

这些从世界各地的消费者那里获得的反馈数字和信息都是十分相近的：超过八成的消费者明白地表示，企业是否参与某项公益事业会对他们的购买决策有所影响。即便将调查获得的统计数字一分为四，

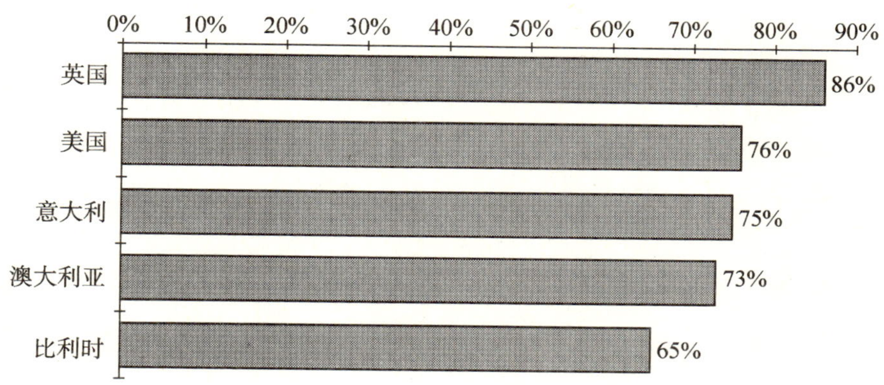


图 2 - 22　国际消费者对于在善因营销基础上转换商品品牌的倾向

资料来源：社区商业组织和国际调查公司。样本基数：1935 位英国消费者、2000 位美国消费者、1000 位澳大利亚消费者、1000 位意大利消费者和比利时消费者。

仍然有超过 1/5 的年龄在 15 岁以上的成人民众表示，在价格和质量相等的情况下，那些参与公益事业的企业会影响他们的购买习惯。试问，一家商业企业怎么能够对这样一个重要的发现熟视无睹呢？为了增加市场份额，企业需要考虑的只是应该重点吸引哪一部分的市场份额。

社区商业组织和国际调查公司的调查表明：

- 1993 年至 1998 年间，一直有超过八成的美国消费者对参与他们所关心的公益事业的企业报有良好的印象；而在英国则有 86% 的消费者拥有同样的感受。
- 94% 的具有影响力的美国人（Influential Americans™）表示，他们对参与公益事业的企业持有更佳的印象，这一数据比 1993 年上升了六个百分点。
- 将善因营销活动作为自身经营实务的企业自 1993 年来在数量上增加了五个百分点。
- 将近 2/3 的美国人认为，善因营销应该成为一种标准的企业经营活动，持有这种观点的人数自 1993 年以来一直稳固地保持在这一水平。在英国的消费者中，持有这一观点的人的比例为 64%。
- 接近 2/3 的美国人宣称，他们更加信任那些参与解决社会问题的企业。

## 谁在关心公益事业

清楚地了解消费者最为关心的问题，将会帮助企业决定推出什么样的善因营销活动最能起到吸引消费者注意的作用。一方面，企业可以选择参与排名在前三位的最受消费者支持的公益事业。原因很简单，因为这些公益事业似乎能够得到更多消费者的关注。另一方面，市场饱和度、企业的话语机会以及发挥独特重要影响的能力、同等地参与或者拥有某项公益事业的机会，都可以影响企业最终会选择参与哪一项特定的公益事业。

在社区商业组织和国际调查公司在英国组织进行的相关调查活动中，一般消费者和企业双方被要求按照先后顺序排列出他们最关心的社会问题和他们所支持的公益事业。第一次和第二次的企业调查报告和消费者调查报告中的比较数据显示出，在企业所支持的公益事业与消费者所支持的公益事业之间，存在着的重大差异。在 1996 年和 1998 年两年中分别进行的内容相同的企业调查中，调查结果看起来很不一样（见图 2－23 和图 2－24）。

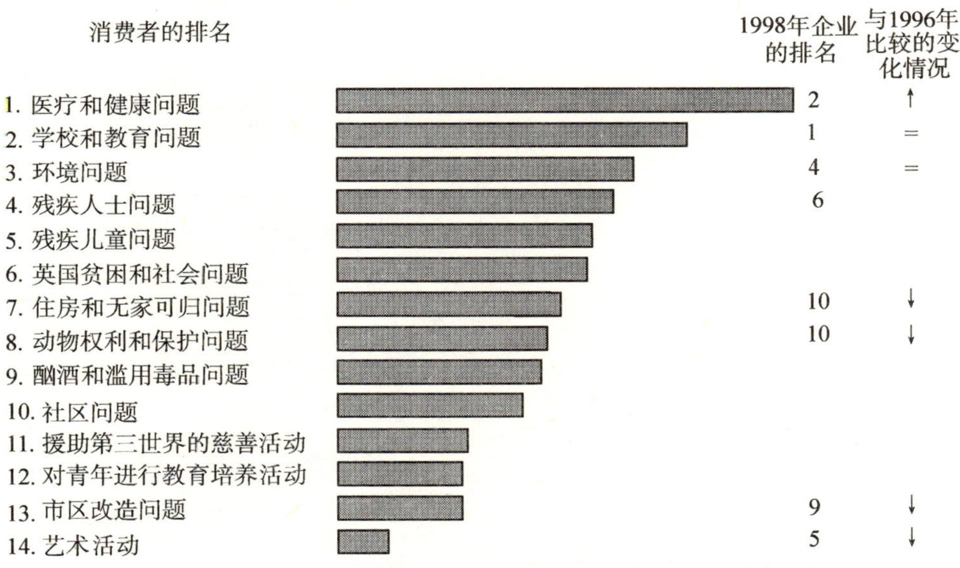


图 2－23 消费者眼中最为重要的公益事业和社会问题

资料来源：社区商业组织和国际调查公司。样本基数：1053 位消费者、57 位市场营销主管、80 位社区事务主管。

| | 能源和水供应 | 制造和汽车 | #建筑 | 旅馆、饮食、休闲 | 分销、运输 | #IT电信 | 银行金融保险 | 零售 | #食品饮料加工生产 | #医疗、通讯、出版 |
|---|---|---|---|---|---|---|---|---|---|---|
| 医疗和健康问题 | ● | ●▲ | ● | ● | ●▲ | ● | ●▲ | ●▲ | | ● |
| 环境问题 | ●▲ | ●▲ | ● | ●▲ | ●▲ | ● | ●▲ | ●▲ | ● | ● |
| #预防犯罪问题 | ● | ● | ● | ● | ● | | ● | ● | ● | ● |
| 第三世界援助活动 | ●▲ | ● | ● | | ●▲ | | ▲ | ● | ● | ● |
| 动物权利和保护问题 | | ● | ● | ● | ●▲ | | ▲ | ●▲ | | ● |
| 学校教育问题 | ●▲ | ●▲ | ● | ●▲ | ●▲ | ● | ●▲ | ●▲ | | ● |
| 儿童问题 | ●▲ | ●▲ | ● | ●▲ | ●▲ | ● | ●▲ | ●▲ | ● | ● |
| #残疾人士问题 | ● | ● | ● | ● | ● | ● | ● | ● | ● | ● |
| #老年人问题 | ● | ● | ● | ● | ● | | ● | ● | ● | ● |
| 市区改造问题 | ●▲ | ● | ● | ●▲ | ●▲ | ● | ●▲ | ▲ | ● | ● |
| 艺术活动 | ●▲ | ●▲ | ● | ●▲ | ●▲ | ● | ●▲ | ●▲ | ● | ● |
| 无家可归和贫困问题 | ●▲ | ●▲ | ● | ●▲ | ●▲ | ● | ●▲ | ●▲ | ● | ● |
| #酗酒和滥用毒品问题 | ● | ● | ● | | | | ● | ● | ● | ● |
| 其他问题 | ● | ● | | | ● | ● | | | | ● |

图例：● 曾经在1998年给予支持　▲ 曾经1996年给予支持　#表示公益事业或者行业信息未体现在1996年的报告中

图 2–24　各行各业对公益事业的支持情况

资料来源：商业社区组织和国际调查公司。

样本基数：1998年，209位市场营销主管和社区事务主管；1996年，250位董事长、市场营销主管和社区事务主管。注：某些行业的调查抽样基数很小。

我们可以说是十分高兴地看到，全世界各地的消费者最为关心的公益事业都是十分相近的（表2－1）。

**表2－1　　消费者最关心的公益事业——国际性比较**

| 英　国 | 美　国 | 澳大利亚 | 意大利 |
| --- | --- | --- | --- |
| 1. 医疗和健康问题 | 1. 犯罪问题 | 1. 医疗调查问题 | 1. 青年培训问题 |
| 2. 学校和教育问题 | 2. 环境问题 | 2. 无家可归、贫穷和饥饿问题 | 2. 医疗调查问题 |
| 3. 环境问题 | 3. 教育问题 | 3. 老年人看护问题 | 3. 社会排斥问题 |
| 4. 残疾人问题 | 4. 贫穷问题 | 4. 儿童保护问题 | 4. 老年人看护问题 |

资料来源：商业社区组织和国际调查公司。

样本基数：1935位英国消费者、2000位美国消费者、1000位澳大利亚消费者、1000位意大利消费者和比利时消费者。

由此可见，英国消费者所关心的问题和对解决问题的期望，并不是英国民众所特有的认知，而是一种全球趋势。随着通讯科技的速度发展和全天24小时不间断经营活动的越来越普遍，企业越发需要在其能发挥作用和影响力的所有市场上对自身的经营政策和经营行为进行监控。发生在一个国家或一个大陆上的错误和矛盾能够在一瞬间传遍全世界，传到包括消费者、舆论制造者、与企业利益相关的团体、政府以及其他相关各方的耳中。由于认识到全球消费者对企业社会责任感的期望和需求越来越高，企业已经开始学会分析和反思自身的经营行为及其对各自所在市场的影响力。有趣的是，我们注意到，越来越多的企业正在把社会审计看作是跟踪和评估善因营销活动的一种方式。

● 周日版的《时代周刊》杂志所包含的信息量，比17世纪普通人一辈子所接触到的信息还要多。

● 一个普通的播放圣诞音乐的贺卡所具有的信息处理能力，比1950年前全世界所有仪器设备处理电子信息的能力还要强大。

● 今天，一个普通消费者手腕上所戴的电子表的运算功能，要比1961年前全球所有计算机运算功能的总和还要强大。

● 如今电脑设备的价格比30年前便宜了8000倍……假如我们在汽

车技术上也有类似的进步，在今天你花费 2 美元就能购买到一部能够以声速行驶，只需一点点汽油就可以走大约 600 英里的豪华凌志轿车。

越来越多的消费者期望企业不仅应该承担起解决当今社会问题的责任，同时也应该着眼明天，参与能够促进社会进步的研究事业。86%的消费者表示，他们对那些愿意为社会总体发展作出贡献的企业报有强烈的好感。

发现和选择某项公益事业的过程有许多要素组成。在本书的第四章里，我们将这些要素进行更详细论述。而在本节中，我们重要的是要明确企业开展善因营销的目标；切实地理解特定目标客户群的兴趣所在；以及了解企业希望对哪些相关者施加影响，原因又是什么；然后，再根据上述的认识制定相应的善因营销策略。

## 第四节
## 为何社区事务部门应该关注善因营销

在前面的章节里所论及的企业董事长和营销主管们对善因营销的关注，也同样适用于企业的社区事务主管。建立企业的声誉、提升企业的形象、发现新的相关者并建立良好关系，是企业社区事务部门的主要职能。因此，善因营销可以说赋予了社区事务主管新的角色。如果说每一个人都会对善因营销给予积极的评价，恐怕有些夸大其词。有些人对企业通过市场营销的手法和宣传它对公益事业、慈善团体或社区的贡献总感觉不舒服。这或许是因为，传统的观念认为，公益活动应该是完全无私和带有慈善性质的，因此不应该进行大张旗鼓的宣传。但是，企业进行善因营销活动的目的，是希望通过与公益事业联手，明确地传达出市场营销的信息；那么，无疑地，只有通过市场推广，使相关各方对善因营销活动有所耳闻，企业的利益才有可能实现。

社区事务主管的工作内容是多样化的，包括联络政府部门，处理与企业经营所在的当地社区关系，并制定相应的策略等。根据企业事务部门的活动类型不同，其所从事的具体工作也会有所变化。我认为，善因营销在社区事务职能上的关键角色是进一步促进企业与社区的关系和完善企业与社区相处的策略。以特易购公司为各地学校捐赠电脑的案例为例，这个项目在众多地区议员的参与下，为各地的学校提供了超过250台电脑，也为企业增进与各地社区的关系作出了巨大的贡献。

如何通过关注企业社区事务主管们感兴趣的问题，使善因营销发挥更大的作用，是一个有趣但很少有人考虑的营销策略。换个角度看，如何利用员工的参与、筹款等手法，进一步促进企业与社区的关系，也是一个企业之前很少涉及的领域。

发动员工募捐和鼓励员工参与公益活动，是亚当斯童装公司进行善因营销的核心策略，公司通过这种行为，深化了企业的品牌定位和品牌形象；特易购公司也一直在通过善因营销活动来支持与他们有多年关系的各类慈善团体。但是，像这类运用全部社区投资和市场营销组合来帮助自身实现商业目标和特定公益事业的企业为数可谓少之又少（见图2-25）。对企业来说，这也意味着其中存在重大的发展机会。

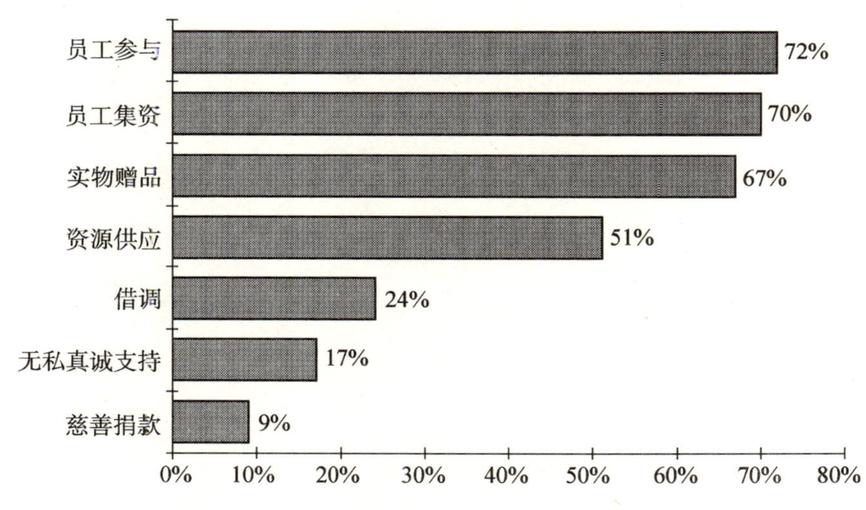


图2-25 企业参与社区投资的方式

资料来源：企业调查II，商业社区组织。样本基数：103位社区事务主管。

## ASDA 和乳癌宣传月

自 1997 年 10 月以来，ASDA 一直在乳癌宣传月（Breast Cancer Awareness Month）活动中，给予乳癌关爱协会（BCC）大力支持，支持活动涉及市场营销、企业事务和员工募捐等，具体内容包括：善因营销推广、慈善徽章销售、员工募捐等。

到目前为止，乳癌宣传月已经为 BCC 募集了 73 万英镑。1999 年这项活动的目标是募集超过 100 万英镑。仅在 1998 年，ASDA 就为 BCC 作出了如下贡献：

- ASDA 在 10 月份期间为 BCC 募集了总额为 28 万英镑的捐款。
- George ASDA 从它的在 10 月份某一个星期的所有女装销售额中抽出 50 便士捐献给 BCC。
- 员工筹款活动。
- 将粉色丝带别针徽章附在印有 BCC 救助号码的卡片上，以 1 英镑的价格在所有店面销售，并将所得全部捐赠 BCC。
- 使 BCC 和它的合作伙伴都在一个 ASDA 的室内录像中亮相。
- Archie Norman 发出了名为《主席的挑战》的宣言，鼓励公司的同僚们踊跃捐款。
- ASDA 在工党大会上特意为 BCC 安排了一次聚会。

正如之前我们所看到案例那样，虽然投资社区事务的策略在直接受益的群体中往往能够造成相当大的轰动效应，但是多数公众却往往对这些公益活动并不了解。善因营销可以极为有效地提升相关公益项目的知名度，吸引消费者关注企业所正在从事的慈善公益事业。而消费者的关注，对善因营销活动和企业社区事务本身，都有着极大的促进作用。

当然，将一个本来低调的经营策略提高到一个高调宣传的水平时，事先必须经过认真的思考，也可能并非所有情况下都适用；但我认为，在许多情况下这一做法是正确的，而此时，如何进行善因营销应该成为企业管理者重点考虑的问题。

从最近社区商业组织进行的调查来看，几乎 3/4 的企业市场营销主管和社区事务主管们都会选择把他们所掌握的预算的一部分投入到善因营销中，而企业社区事务主管们在这一领域上都花费了大约为3%（见图2－26）

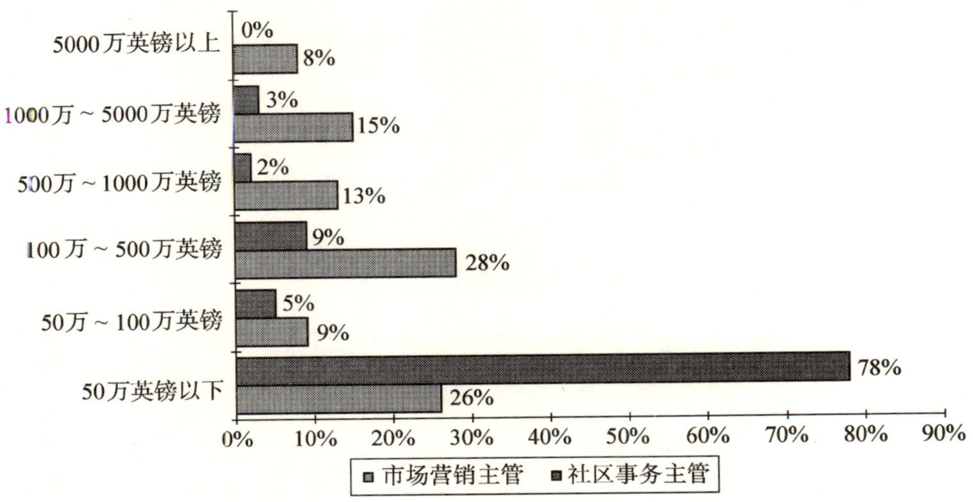


图2－26 预算比较：社区事务的市场营销预算

资料来源：企业调查II，社区商业组织。样本基数：191位市场营销主管和105位社区事务主管。

这些证据也表明，在高度竞争的慈善公益市场上，需要对善因营销计划的对象和目标进行准确定位。79%的市场营销主管和社区事务主管每个月至少会收到一份慈善公益机构提出的资助计划书，而实际发出计划书的数量，要远远高于企业相关部门主管收到的数量。因此，企业制定一套明确的应对方案来处理各类计划书是极为重要的。商业社区组织进行的调查再一次显示，企业经理人们处理类似计划书的方式是多种多样的（见图2－27）。

2/3的社区事务主管们和超过一半的市场营销主管赞同并相信善因营销对广泛的社区有显而易见的利益。事实上，有57%的社区事务专业人士认为，善因营销对于他们完成社区事务的目标是重要的，75%的专业人士表示，善因营销的重要性还会不断增长。

在英国，社区事务的预算比市场营销预算要少得多。这意味着慈

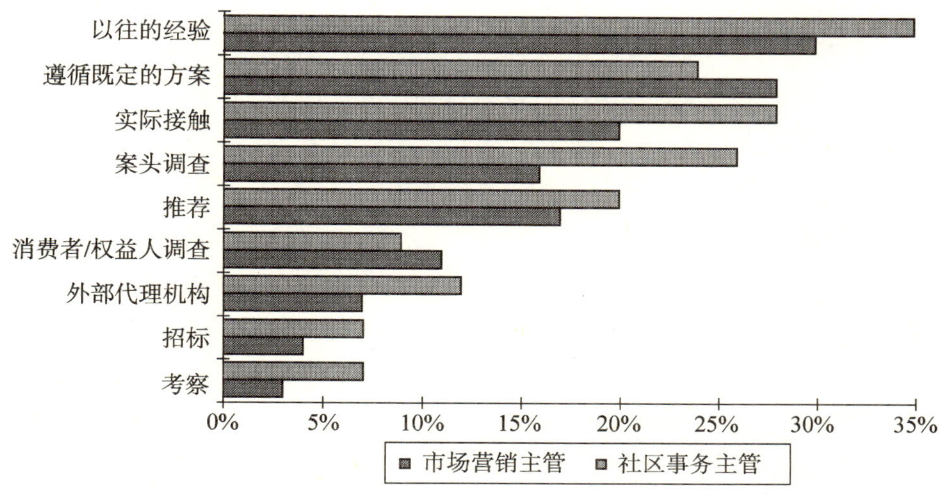


图 2-27 选择慈善团体或者公益事业合伙人的方法

资料来源：企业调查 II，社区商业组织。样本基数：193 位市场营销主管和 103 位社区事务主管。

善团体和公益事业从企业社区事务部门直接获得的财务资助也相对较少，但这不妨碍它们从企业内部的其他部门获得替代性的资助。事实上，调查研究活动的结果表明，企业的社区事务部门会更多地跨部门寻求额外的资金来源，以支持它们的社区服务活动。39%的社区事务主管明确表示，他们会从其他领域寻找预算上的支持，而有 27%的经理人表示，他们会直接求助于市场营销部门。

企业的整体经营目标、市场营销目标和社区事务的目标之间，有着广泛的重叠。因此，善因营销能够为企业带来巨大的潜在利益。社区事务部门所认识的善因营销所能实现的具体目标，在提升企业声誉和显示品牌价值方面与市场营销主管的目标在很多方面是协调一致的。企业的各个部门之间经常会就究竟应该由谁来对提升企业的声誉和传播企业的价值观负责的问题展开激烈的讨论，如果能够对此加以有效的管理，将会促成各部门间紧密的合作。不幸的情况是，任何部门或者个人都不对提升企业的声誉负责，而对企业声誉的管理仍停留在极为初级状态。提升企业的声誉和传播企业的价值观是企业董事长、市场营销部门和企业事务及社区事务部门所应关心的重要事务。

而问题在于，应该如何确保其能够得到恰如其分的管理。

调查也很清楚地显示，对善因营销活动进行管理的工作已经在过去的两年里由社区事务部门转移到市场营销部门。从慈善团体和公益事业角度看，这一转变是十分令人鼓舞的，因为市场营销的预算数额是社区事务预算的8倍，但社区事务部门无疑在发展有效的善因营销项目上扮演一个至关重要的角色。归根结底，它们的角色是去了解企业经营活动所在社区或者打算从事经营活动的社区里的许多相关权益人的需求，而这恰恰是善因营销项目运作中社区事务部门能够为市场营销部门创造的价值。

虽然善因营销活动的管理权由社区事务部转向市场营销部门是一件好事（企业投入善因营销活动的预算、技术和整体经营策略的比重都获得了显著地增加），但是这一现象的背后也存在着一种危险，那就是向市场营销转移得太快而使社区事务部门的价值消减。社区事务团队可以在善因营销项目的计划、准备、发展、落实和调整等各个阶段，为市场营销部门的工作人员提供大量的宝贵经验。他们同时也是企业品牌和声誉的护卫者，对于一些市场营销人员的纯粹“促销”行为，在许多情况下他们能起到缓冲平衡的作用。

在研究期间，我从某些企业社区事务部门的员工那里了解到他们的这样一种认识。他们认为，善因营销活动就是传统的企业社区投资项目的演化升华，所不同的是，善因营销活动比传统的企业社区投资项目更加直接和目的明确。如果企业社区事务部门的职能就是在企业与其经营所在社区以及相关方之间建立良好的关系，如果善因营销能够帮助推动现有的慈善公益项目提供更多的资金、支持和资源，那么这种说法有时可以说是十分准确和恰当的。

## 第五节
## 为何人力资源部门应该关注善因营销

在谈论企业的社会责任感、企业和品牌的声誉所能创造的价值和它们对外界产生的影响时，不能不说到这些因素对企业自身人力资源的影响。同样地，企业采取什么样的市场营销和社区投资策略，对企业的员工素质和思想同样能够产生强有力的影响。例如，企业的市场营销策略和善因营销行为将直接影响到它们是否能够招募到优秀的毕业生和聘请到一流的高级管理人员，也将对现任员工对企业的态度产生巨大的影响。由此可见，善因营销对企业员工的正面影响能力是不容忽视的；同时，它也是值得企业加以开发利用的一个大好机会。

MORI调查公司在1997年对882位英国成年人展开的调查明确显示，企业对社区的贡献，对强化企业与员工关系有着十分重要的作用（见图2-28）。

问题：对社会和社区有所贡献的企业很可能也是一个值得为它工作的优秀企业。

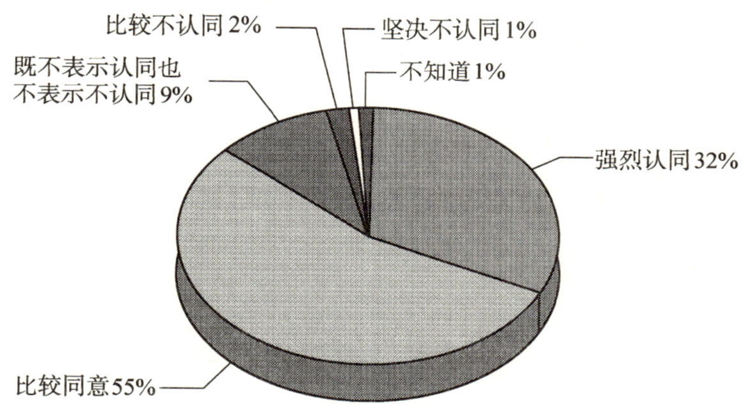


图2-28　企业参与社会活动对企业与员工关系的影响

资料来源：MORI调查公司。样本基数：882位英国成年人，1997年8月。

威尔士王子商业领导论坛（The Prince of Wales Business Leaders Forum）针对商科毕业生所进行的调查（见表2-2），进一步确认了商业企业未来的领导者们对企业参与社会活动的看法。

企业进行善因营销的行为，例如体现企业社会责任感和企业进行社区投资的行为，能够调动员工的积极性，鼓舞员工的士气，并培养他们的自豪感。所有这些正面的情感因素都会影响员工的忠诚度并有利于企业留住有能力的员工，而这正是人力资源部门所希望解决的关键性问题。更加明显、更加公开而且更有活力的善因营销活动，已经证明是展示企业社会责任感和投资社区建设的一种有效手段。因此，我们说，善因营销能够给企业所推行的人力资源管理策略创造额外的附加价值。然而，很多企业仍然没有能够认识到，或者未能积极采取措施去开发利用善因营销在这方面所能发挥的潜力。

作为一项关键的衡量指标，社区商业组织所进行的调查指出，员工满意度是社区事务和市场营销主管们在对善因营销项目进行评估时所考虑的重要事项。企业在选择所要投资赞助的公益事业时一般会首先听取员工们的意见，通过一开始就鼓励和吸引员工参与的方式，培养他们的主人翁意识。

**表 2－2　在选择未来的雇主时，你认为最重要的参考指标是什么？**

| 参考指标 | 排级 |
|---|---|
| 职业的发展潜力 | 1 |
| 良好的企业声誉 | 2 |
| 起薪 | 3 |
| 额外福利 | 4 |
| 高额的股东回报记录 | 5 |
| 良好的运动设施和社交机会 | 6 |

## 善因营销对员工的影响

● 参与公益事业的企业，每 10 名员工中有 9 人会为他们公司的价值观感到自豪；相比之下，在没有参与公益事业的公司，这一比例只有 56%。

● 参与公益事业的企业，87%的员工表示对公司十分忠诚；相比之下，在没有扶持公益事业的公司，这一比例只有 67%。

● 超过一半的员工希望他们的雇主能为社会公益事业作出贡献。

● 据员工们反映，几乎一半的大型企业目前都设有资助社会公益事业的项目。

善因营销能够令企业的员工产生自豪感，正如调查报告所显示的那样，员工对企业的忠诚度与此有着直接的联系。由此可见，善因营销对于企业的人力资源部门实现既定的管理目标有着奇妙影响力，而就像众多的研究调查活动所指出的，企业在未来的竞争力将主要体现在是否能够吸引和留住高素质的员工。所以，企业人力资源部门的工作人员应该积极地支持、鼓励和配合其他部门开展的善因营销活动，甚至可以主动发起相关的活动，这也与人力资源部门自身的利益相吻合的。

看一看英国和全球其他地方的有关案例，我们不难发现善因营销具有明显的商业意义。随着消费者越来越成熟——其中有部分人士甚至还会十分挑剔，人们越来越敢于，同时也越来越有能力针对企业的社会责任感采取具体的行动。随着全球信息交流速度的提升，新闻传递速度的加快，相关的各方人士对企业行为作出反应和采取行动的效率也得到了空前的提高。

在强化企业的声誉、获取经营许可权、提升消费者忠诚度、与相关方建立良好的关系、增强产品的个性、推广和促销产品、建立产品知名度、开展公共关系、创造产品和服务的附加价值、提高产品销量、吸引消费者和优秀员工的过程中，企业应该综合地使用和发挥市场营销部门、社区事务部门和人力资源部门的职能。相关的调查研究清楚地表明，善因营销活动能够成功地满足企业的上述要求，所以理应成为企业在经营活动中的制胜利器之一。

消费者希望企业承担起应尽的社会责任似乎已经形成一股全球性的压力，而世界各地的企业主管们都意识到，这一呼声还将愈加高涨，而不是逐渐减弱。

就英国而言，企业的行政主管、市场营销主管和社区事务主管们都一致认为，善因营销的重要性在今后两三年中将继续增加，而且国际上的趋势亦是如此。

企业承担社会责任的行为和利用善因营销的策略在商业理论上显然也是合理的。越来越多的企业和企业的各部门也都意识到了这一点，并且正在采取相应的措施对此加以利用。

## 第六节 慈善团体和公益事业为何应该关注善因营销

慈善团体和公益事业与商业企业对善因营销活动有着同样的诉求，只是各自的目标市场和产品有所不同罢了。在善因营销活动中，慈善团体的企业募捐团队会与负责善因营销活动的企业市场营销人员一样，为着相同的目标而努力。同样的目标决定着慈善募捐和市场营销两种策略。就像商业企业提高销售额和创造收入一样，提高形象、增加知名度、建立关系和忠诚度是一切的关键所在。慈善机构的善款募捐人员和企业的市场营销人员所使用的营销策略和营销手法是如此相似，就如同他们双方在共同使用同一个工具箱一样，只不过善款募捐人员所打开的工具箱里可能还有遗产捐赠、慈善契约和公益捐款这些额外的资金营销渠道。因此可以说，善因营销是一种有效的融资渠道。但是，就像市场营销并非企业提高经营表现的惟一手段一样，善因营销也不是慈善机构募集资金的惟一解决方案；同时，对于善因营销应该适当地加以运用，并且使其与其他的资金募集策略组合相互呼应。

慈善组织与商业企业对善因营销的称谓也许有所不同，但双方在善因营销活动中所使用的手法通常是相似的，最终所追求的目标也是相同的：即提升相关产品、服务和企业（慈善组织）自身的形象；获取更多的市场份额；使用最有效的解决方案以及增加销售和收益。

某些慈善机构对于善因营销的盛行表达了一些忧虑。它们认为，善因营销可能会使个人和企业与以往相比对公益基金、慈善基金和慈善募款的投入有所减少。也有人认为，它有可能对传统的慈善事业造成危害，因为它刺激慈善团体依靠出卖固有的慈善精神去换取高额回报，同时会令那些不太“识时务”的慈善团体蒙受损失。

英国和世界其他地方的事实都表明，慈善团体和公益事业的资金筹集活动正承受着巨大的压力，而且在某种情况下，它们所能筹集到的捐款金额正在不断地下降。也有清楚的证据表明，慈善事业和社区建设项目所募集到的资金所附带的额外条件正变得越来越苛刻。传统的基金来源也因而不再有保障，数目越来越多的慈善团体开始争夺越来越少的资金。因此，慈善组织在募集资金时需要更加准确地锁定目标，同时更加重点突出和富有创意地开展营销工作。

需求不断增加而资金来源却在减少，这是所有慈善团体和公益事业都面临的一个主要问题。然而，善因营销正在而且也应该有能力提供额外的资金来源，那时一个全新的资金来源——企业基于不同目标而划拨的市场营销预算。正如我们在前文中所提到过的，市场营销预算是社区事务预算规模的 8 倍，因此，如果慈善团体和公益事业能够从这笔庞大的预算中吸引到一定比例的资金，那么它们获取充足资金支持的能力将会获得提高。如果慈善团体或者公益事业能够在吸引新的市场营销资金的同时，向商业企业证明彼此的合作伙伴关系既可以实现企业的市场营销目标，又能够为社区作出实际的贡献，它们获得资金支持的力度将会得到进一步提高。同理，如果能够展现出善因营销所能产生的积极影响，慈善组织和公益事业也可以从人力资源部和企业的其他部门得到同样的支持。这一思路有助于慈善组织和公益事业开拓视野，并进而获取更多的资金和其他形式的支持。它也是善因营销的主要精髓所在。

英国的“全国志愿者组织中心（National Council for Voluntary Organizations)”对慈善捐助的发展趋势进行了跟踪调查。调查结果显示，自从推出全国范围的彩票抽奖活动以来，个人对慈善团体的捐赠下降了 20%。该组织中心的调查数据显示，自 1994 年以来，大型慈善团体的收入实际增长了 7%，而中等慈善团体的收入在 1994 年到 1997 年间下降了大约 3.4%，这期间小慈善团体的收入仅仅赶上了通货膨胀的步伐。该组织还表示，慈善团体从企业处获得的收入数额仍然很小，仅占到来自志愿者的总收入的 4%。

《企业公民》杂志组织的名为 Directory of Social Change 的调查报告披露，排名前 50 名从企业募集资金的慈善团体在 1997 年所筹集的资金总额大约为 9100 万英镑，比 1996 ~ 1997 年度增长了 8 个百分点。根据这项调查，以捐赠的方式募集的资金占据了慈善团体收入的大多数；但接受调查的慈善团体表示，通过善因营销活动所募集的资金正处于不断增长的趋势。例如在 1997 到 1998 年度，联合国儿童基金会（UNICEF）所获得的数额为 210 万英镑，也即是超过 90%的总收入，都与善因营销活动有关。

《企业公民》杂志所进行的 Directory of Social Change（1998 年年度）调查报告的数字分析结果显示，以善因营销的形式募集的资金已经从 549 万英镑上升为 1450 万英镑，增长超过一倍以上。虽然其中有 560 万英镑属于滑稽救济（Comic Relief）慈善组织为 1999 年募集的运营资金，但即便扣除这一金额，通过善因营销筹集的资金的增长率仍然达到 63%之多。

慈善团体为争夺资金而产生的竞争变得更为激烈，因此，考虑所有合适的支持和收入的来源是十分重要的，不论它是来自个人、企业、基金还是其他。商业企业是一个拥有巨大潜力的资金来源，如果将高额的企业市场营销预算的一个百分点转而用来解决当今的社会问题，庞大的预算资金对于更广泛社区的影响将会呈现指数级的增加。

> 支持社会公益事业……把企业放到道德的水平线上加以评估。在一个政府缩减对福利开支的时代里，必须有人为慈善事业买单。

善因营销为慈善团体所提供的潜在机会是诱人的，但它的具体实施必须经过深思熟虑。其风险和潜在的收益同样能够对社会产生巨大的影响。因此，慈善组织对与企业合作开展善因营销的策略必须加以认真地思考，在制定具体的合作计划时必须从实际出发，进行审慎地思考和准确地定位。由国际调查公司受商业社区组织委托进行的第二次企业调查，进一步验证了上述论点。这项调查显示，如今的商业企业每个月平均会收到 7 项由慈善组织提出的善因营销方案。由这项平均统计数字看来，经营表现优良的知名企业每个月都可能会收到数百件提案。

## 企业收到善因营销提案的数量

国际调查公司的调查表明：

- 受访的79%的企业表示，每月至少收到一项善因营销提案。
- 61%的受访企业表示，每月会收到1至10项善因营销提案。
- 6%的受访企业表示，每月能够收到20项以上的善因营销提案。

要想吸引企业的市场营销预算，慈善组织必须能够拿出一套既能迎合企业经营目标，同时又切合慈善团体和公益事业需要的善因营销提案或计划书。计划书中需要说明企业与某个特定的慈善团体或者公益事业合作——而不选择英国其他20万家慈善机构——的理由，而善因营销项目相对于较传统的市场营销策略的优势则更需要很好加以说明。在最基本的层次上，企业的市场营销人员可以考虑尝试用善因营销策略或类似的战术性手段来代替"买一赠一"或是"打折"这样的促销手段。在如今这个竞争激烈的市场环境里，善因营销显然能够发挥比短期促销更好的作用。事实上，纯粹地战术性使用善因营销完全是在浪费其本身所能创造的机会。

如果通过一个建立在道德基础上的合作伙伴关系达成共同目标的情况能够实现，那么善因营销将能够为慈善组织带来新的资金来源——市场营销预算。而实现这一目标所面临的挑战是，企业与慈善团体和公益事业必须对它们各自能够从善因营销活动中获得的好处进行独立思考，然后再共同审视应该如何更好地采用和实施善因营销策略。鼓励企业所有不同部门通过协作共同发挥他们的作用，集中使用预算和其他资源，自然会为善因营销活动提供更多可利用的资源。将企业的市场营销部门、社区事务部门、人力资源部门、公司特别预算部门整合在一起，使其与慈善机构的企业集资部门、捐赠人公关部门等其他部门紧密合作，并肩面对各项挑战和难题，将对公益事业和商业产生极为积极影响，也会使参与的相关各方获得巨大的回报。

有人认为，只有那些规模较大、知名度较高的慈善团体和公益事业才会参与善因营销活动，我并不这样认为。有许许多多街角便利店、餐馆甚至是房产代理机构从产品或服务的销售额中拿出一部分或者一定百分比捐款支持当地医院或学校的例子。事实证明，这一行为极为有效地影响着所有的参与者。我相信这就是协力与友善、创造与热情、力量与承诺的表现。

在最近的一次会议上，一家预防乳癌的慈善组织提出像它们这样知名度显然不高的公益事业如何才能吸引到善因营销资金的问题。我引用了抗乳癌协会的例子，来说明表面上“知名度”不高的慈善团体首先需要吸引什么类型的赞助。同时，我也引用了北爱尔兰贝尔法斯特茶叶公司（Nambarrie Tea Company Ltd.）的经典的案例来加强我的论点。贝尔法斯特茶叶公司的35名员工通过与行动中心（一个乳癌慈善组织）结成全面合作伙伴关系，使该组织获得的捐款翻了一倍。在合作过程中，贝尔法斯特茶叶公司甚至特别停工一天来帮助行动中心制作捐款箱、粉红丝带，并出资赞助了一个为行动中心宣传的商业广告。合作双方的远见、协同配合能力、想象力、创造力、热情、行动能力和承诺都由此展现无遗。

类似的例子还有很多，譬如慈善组织 Tusk 在英国与 Young Telegraph 电报公司和英国零售企业德本汉姆（Debenhams）协商并成功开展善因营销合作的项目，以及慈善组织 Crisis 通过与科芬园（New Covent Garden）汤料公司结成合作伙伴关系实现重要目标的案例；其他还有如 Whizz - kids 与英国电讯公司合作的案例等等。

我也了解到，有一家大型跨国企业，曾经为了选择支持什么样的慈善团体或者公益事业，特别针对一些被描述为明显缺乏“吸引力”的慈善团体展开了一项调查。调查中提出的主要问题是：企业把关键的品牌与这样的知名度不高的慈善团体和公益事业联系在一起，是否会给公司的品牌或者消费者对企业的看法带来不良的影响。消费者的回答是，绝对支持企业支持这些慈善团体的行为。为此，这家跨国企业目前正考虑调整他们下一步善因营销的发展方向。

对于那些认为企业不愿意与他们合作开展市场营销的慈善团体或公益事业人士来说，重要的是要透彻地理解企业想要实现什么样的目标，他们又能够怎样为帮助企业实现该目标提供支持。具体地说就是：考虑慈善团体自身能够为企业做些什么；与企业协作开展一些消费者调查，然后彼此协作，并在企业赢得消费者的过程中负担起一部分的责任。这一做法也会为参与的企业和慈善机构形成一个更具影响力和传播力的宣传平台，并在某些情况下为企业提供一个更好的营销选项。

美国和加拿大的儿童奇迹网络（The Children's Miracle Network）是一个由各地儿童医院结成的联盟组织。该组织的成员医院打破了在当地市场各自为战地吸引小型或当地企业的局面，把 170 家医院（该医院联盟 1998 年在美国诊治了超过 1400 万儿童）组合到一起，形成了全国范围的善因营销网络。因此，在某种意义上，它创造了更多的融资机会。儿童奇迹网络在全美范围推出的零售商善因营销计划，通过与五家主要的包装产品赞助商合作，在 1998 年已经吸引超过 100 家杂货店、药店和大量零售连锁店加入该项计划。仅在 1998 年一年，这项计划就从善因营销活动中获得了超过 5000 万美元的业绩。除了与这些 100 多家零售商开展合作以外，儿童奇迹网络还同其他 70 多家企业赞助人签订有合作合同。

Jeans for Genes 牛仔公司在英国通过善因营销的手段，以“休闲着装”为口号，为不知名的慈善机构募捐的活动，是企业与小型慈善机构合作的又一个例证。参与该牛仔公司善因营销活动的都是注册的慈善团体，包括 Great Ormond Street Hospital Children's Charity，The Chronic Granulomatous Disorder Research Trust，The Primary Immunodeficiency Association 和 The Society for Mucopolysaccharide Diseases 等等。所有这些慈善团体，除了 Great Ormond Street Hospital Children's Charity 以外，规模都很小，但它们合在一起则创造出更多更大的机遇。凭借 Levi，Lee，Pepe Jeans，Falmer Original Jeanswear，Burton Menswear，Dorothy Perkins，Evans，Hawkshead，Principles，Racing Green，Top Shop/Top Man，Boots，New Look 和特易购公司的支持，仅在 1998 年，该项活动就筹集了超过 230 万英镑的善款；其中，在“Jeans for Genes 活动周”中，Top Shop，Burton，Principles 和 Dorothy Perkins 等公司每卖出

一条牛仔裤，就会把一英镑的收入捐献给参与计划的慈善机构。这段成功的合作伙伴关系表明，小型慈善团体完全可以通过彼此合作和借助较大慈善团体的声誉，达到提高自身知名度和赢得捐款的目的。

从商业企业的视角来看，所有这些善因营销项目应该是马上就可以加以利用的。对商业企业来说，与众多慈善团体分别结成合作联盟，和直接通过为全国各地的病患儿童提供帮助的方式提升企业、品牌或产品的声誉，提高顾客的忠诚度和产品销售，是完全不同的两个概念。因此，慈善机构应该明白企业能够为自己提供些什么，自己能够要求得到些什么，以及各类组织和团体参与此项活动的共同利益是什么。我再重复一次：在以善因营销活动中，合作双方的远见、协同配合能力、想象力、创造力、热情、行动能力和承诺，是缔造成功的关键因素。

善因营销对一个特定的慈善团体或者公益事业是否有效，取决于相关各方关于活动的目标及宣传手法上是否具有创造力和想象力，采取的策略和方法是否经过深思熟虑。在宣传方面，慈善团体应该重点宣传慈善团体或者公益事业的整体目标，而不是只关注慈善团体和公益事业会采用何种手段完成这些目标。这并不意味着出卖慈善团体的灵魂，它意味着应该考虑如何通过最好的方式与你所希望吸引或者要号召其行动的潜在合伙人或权益人团体进行沟通。我们不妨思考一下为盲人和诵读困难的人士提供有声磁带的善因营销提案和旨在解决企业人力资源不足问题的提案，哪一个更能令商业企业产生更大的兴趣。通过让有需要的人士接触有声读物和文章，使他们拥有与视力正常者一样的阅读能力，失明人士或有阅读障碍的人士可以全面地积极参与各种社会生活，也因此能够在工作场所中发挥更为积极的作用。突出宣传慈善公益事业所要达到的最终目的，有助于吸引更多商业企业成为潜在的合作伙伴。事实上，美国一家慈善团体正是通过转变自身的宣传方式，才赢得了更多的企业赞助。

由此可见，对慈善组织来说，重要的是要了解目标市场，了解潜在的商业合伙人，了解商业企业参与善因营销的动机和它们的目标市场，并因地制宜地调整善因营销提案的宣传方式。遵循这一原则进行善因营销项目的宣传，包括“知名度”不高或小型慈善组织在内的所有慈善团体和公益事业，都将大大提升其成功吸引企业投资的几率。

我确信，那些认为“慈善团体与商业企业合作开展市场营销活动，是对传统慈善募捐事业的打击”的人们是被误导了。相反，那些能够积极开展善因营销活动的慈善团体正是看到了这一举措符合新的社会和经济环境的发展，是大势所趋。类似的合作伙伴关系已经成为，并将继续成为慈善公益团体进行慈善募捐的重要手段。

时代在变化，市场在变化，环境在变化；因此，理解这些发展变化的规律和影响力是至关重要的。正如我们在前文中曾经提到的那样，企业慈善捐款和个人捐款的金额都在不断萎缩。在英国，慈善捐款的金额在过去几年一直呈现明显的下降态势（见图 2－29）。

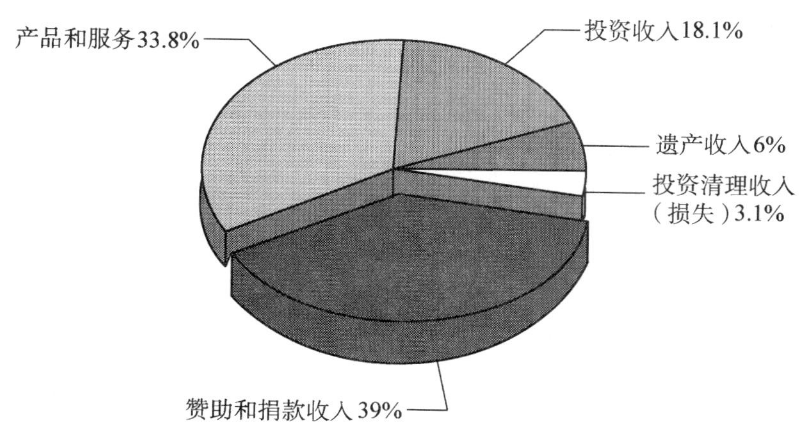


图 2－29　1997 年英国慈善团体收入来源情况

资料来源：《英国国家志愿者组织中心年鉴（1998 年）》。

全面地看一下英国的慈善团体收入来源，“赞助和捐款”类慈善募捐收入占据了最大的份额。

赞助和捐款类收入 0.1% 的增长率，掩盖了传统形式的来源于个人的慈善捐款收入正在缩水的事实。真实的情况是，这项关键的收入来源在最近的 10 年来已经严重地萎缩。根据英国国家志愿者组织中心的统计数字，英国公众向慈善团体提供捐助的百分比已经由 1994 年的 81% 下降到 1997 年的 65%。

这项传统捐款收入的金额自1993年以来也在急剧下降（见图2-3C），根据英国国家志愿者组织中心的调查统计，其事实的下降幅度为31%（见图2-31）。

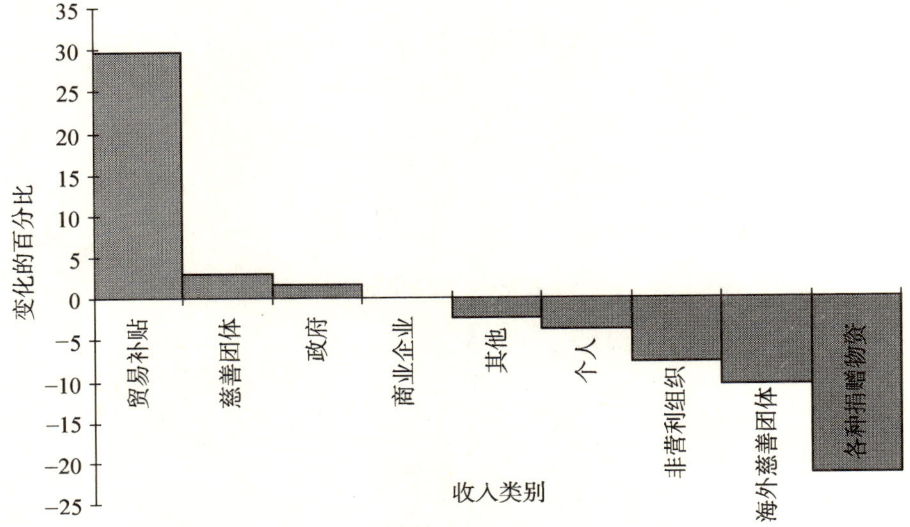


图2-30 赞助和捐款收入的百分比变化情况（1994~1997年）

资料来源：《英国国家志愿者组织中心年鉴（1998年）》。

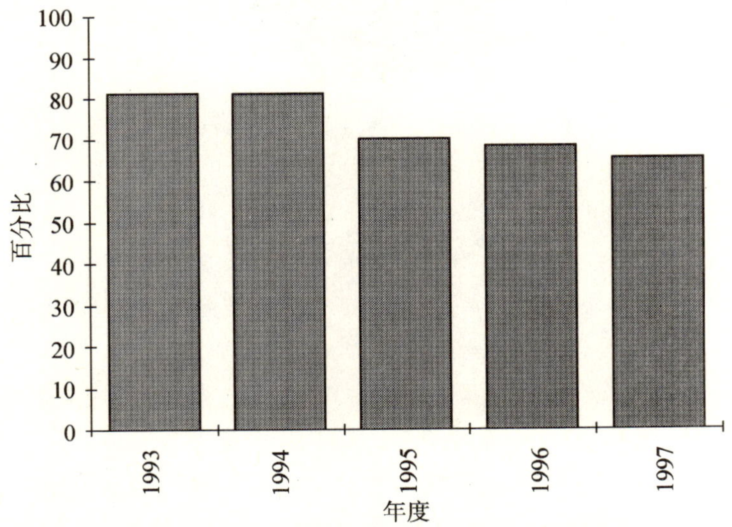


图2-31 1993~1997年度英国公众捐款人数变化百分比情况

资料来源：《英国国家志愿者组织中心研究季刊》，第3期，1998年9月。

赞助和捐款类收入 0.1% 的增长率同样掩饰了贸易补贴收入增长了 27.9% 的重要事实。贸易补贴往往获得于善因营销等新的营销促销活动，成为总的慈善团体收入的一个组成部分。在此基础之上，我们再来思考一下慈善团体总收入的增长到底有多少应该归功于善因营销活动和其他类似的新的收入来源，是十分有趣的（见图 2－32）。

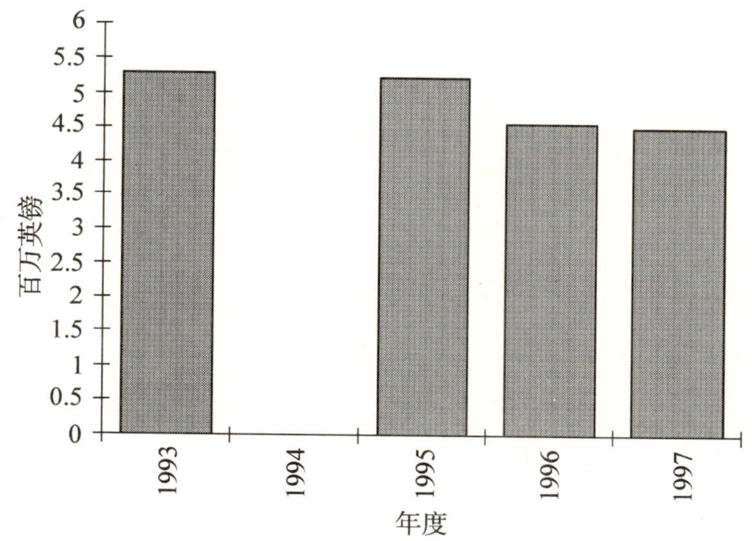


图 2－32　1993～1997 年度慈善捐款总数变化情况

资料来源：《英国国家志愿者组织中心研究季刊》，第 3 期，1998 年 9 月。

从英国国家志愿者组织中心 1998 年年鉴中披露的统计数字来看，大型慈善团体从贸易补贴中获得的收入的增长率似乎显得特别强劲。随着时间的推移，这些大型慈善团体通过与英国百强企业的合作创造新的收入来源的手段，会对小型慈善团体产生多米诺骨牌的效应。而具体的行动可以体现为贸易补贴、其他贸易行为、善因营销和其他有效的集资策略、工具和技术等。

赞助和捐款类收入 0.1% 的增长率也包括了来源于商业企业的捐款增长率。结合前面所说的来自于贸易补贴的收入增长往往是由善因营销所带来的收入的增长所造成。这一增长幅度尽管很微小，但似乎证实了这样一个事实，即善因营销非但没有侵蚀企业对慈善团体的捐助，实际上更是为慈善团体提供了一个额外的收入来源。

从慈善筹资的角度来看，在传统筹资来源下滑的趋势下，寻找和探求适合的可选择利用的新的收入来源是至关重要的。很清楚，善因营销为慈善团体提供了一个新的、有趣的融资渠道。

> 善因营销在英国还没有得到全面的利用。它所拥有的巨大潜力是无与伦比的。在未来几年里它能够对慈善团体增加收入和提升知名度产生重大的影响。
>
> **英国国家自闭症患者协会市场营销主管　阿沙夫·爱德蒙尼**

类似的现象在美国也同样存在。企业向非营利组织的捐赠按价值计算正在上升，尽管有的情况下这种增长不反映企业的利润增长。美国慈善融资顾问委员会（The American Association of Fund – Raising Counsel）估计，1997 年企业对慈善团体的捐赠额将为 82 亿美元，将比 1996 年增长 7.5%。然而 82 亿元仅仅是企业税前收入的 1.1%，把它放到历史的数据中看这是一个低百分比数据。企业间频繁的并购行为一度被认为是企业不愿意将税前利润用于慈善捐款的罪魁祸首，因为在冗长的并购过程中，企业管理层往往不愿轻易在财务上作出承诺。企业削减税前利润捐款的举措并没有影响到非营利组织从企业市场营销部门、社会事务部门和企业广告预算中所获得的资金收入，这些资金支出属于企业的经营费用，而不属于企业对慈善捐款的预算。但慈善团体及其他善款募捐者正是通过这些额外的慈善募捐渠道，回避了企业并购给慈善募捐事业带来的损害。

善因营销只是慈善团体向商业企业筹集捐款的工具之一，而且在实际使用过程中应当小心谨慎地加以运用。就像英国慈善团体协助基金（Charities Aid Foundation）的 Ellen West 在 1998 年 7 月的《社区商业组织善因营销指南》中所阐述的那样：

> 善因营销是一个令人兴奋的概念，它在为慈善团体提供额外资金来源方面有着巨大的潜力。它将为传统的企业慈善行为提供有力的补充，并帮助商业企业更全面的实现它们的经营目标。

此外，英国国家志愿者组织中心主管埃瑟林顿也在谈到《善因营销指南》的发行时说到：

> 尽管慈善团体变得越来越具有商业意识，而与商业企业建立良好的合作伙伴关系对于许多慈善团体来说，仍然是未开发的、敏感的区域……公众对慈善团体的信心依赖于在行业中保持的良好声誉；只要发生一次能够使其良好声誉蒙羞的不成功的合作伙伴关系，就会极大地损伤公众对慈善团体整体的信任。在目前富有挑战的经济大环境下，无论慈善团体多么需要与商业企业建立合作伙伴关系以增加自身的收入，我们仍然要呼吁参与相关活动的各方都必须要对开展各方合作的结果做清醒和现实的考虑，采取一切措施保证双方都能够清楚地认识到彼此合作的目的，获得彼此的支持，而最重要的是明确双方结成的合作伙伴关系没有与慈善团体最初成立的目标背道而驰。只有这样，相关各方才能从彼此的合作伙伴关系中获取最大的利益。

显然，善因营销并非在任何情况下都能发挥它的作用，但在某些情况下它却是绝对适用的。在本书中我们所引用的案例分析能够很好地证明这一点。善因营销并不是毫无风险的，然而人们应该在正式决定开展善因营销活动之前就清楚了解这些风险的存在。如果明白了风险所在，如果合作伙伴关系是建立在正直、透明、诚挚、互敬、互利互惠的原则基础之上，如果善因营销的计划和准备是充分可靠的，如果执行、管理和交流能够得到全面地监控与管理，那么每一个善因营销项目都有可能结出丰硕的果实。

当然，这里有相当多的重要假设。但就像你将在本书中了解到的，我们的周围已经有许多十分成功的案例。成功的善因营销合作伙伴关系依赖于合作双方理解他们各自的使命、预期和目标，理解他们自身所能创造的独特价值。最根本的是要了解为什么要与这个企业而不是其他企业建立合作关系的原因所在。为此，合作各方都需要做许多的家庭作业和案头调查以便了解潜在合作伙伴的经营策略、需求和经营管理目标。但这项工作并非是无法完成的。此外，彼此之间的合作默契程度也是一个很重要的考虑因素。

规模大小和人力多少并不如某些人所认为的那样，是慈善团体是否能够成功筹集资金的必然因素；相反，成功的基础建立在慈善团体在筹集资金的过程中是否能够遵循基本的原则，是否形成和具备能够给所有相关各方带来好处和满足他们需要的协力优势和生存价值。想象力和创造力、周密的计划、充分的准备、热情、能量、承诺、专业水准和对细节的关注——这些能够带来成功的关键因素——没有任何一个与慈善团体的规模或人力资源的多少有关。

有人认为，善因营销的成功如果建立在牺牲其他慈善捐赠收入的基础之上，那么知名度较低的慈善团体将会受到严重的影响和危害。这一论点看来是建立在非此即彼的假设基础之上。事实上，企业慈善捐款的减少并不一定是由善因营销的增加所造成的；相反，善因营销提供了一条新的慈善融资的渠道，在此基础上，慈善团体与商业企业之间也不再是赞助人与被赞助人的关系，而是一种合作伙伴的关系。

社会上对善因营销活动是否会使慈善团体或者公益事业失去灵魂的疑虑越来越多。人们之所以会有这样的担心，多半是因为他们认为，以善因营销为目的的合作伙伴关系中，企业总是占据着有利的地位。但正如关怀年长者协会（Partnership at Ago Concern）的主管 Kan Madine 在《企业公民》杂志中的一篇文章中所说的那样："如果有时候慈善团体对商业企业提出与之建立合作伙伴关系说'不'时，请不要感到惊奇……一些慈善团体每周会收到几项企业提出的建立合作伙伴关系的提议。"很显然，没有一个人是被强迫加入到善因营销的合作伙伴关系中的。合作双方都应该是专业的、有能力的团体和企业，它们了解各自对未来的展望、行动目标和价值观。如果各方在合作过程中都能够遵循基本的原则和掌握成功的各种要素，那么善因营销项目就会使参与的各方都受益匪浅。显然，慈善团体或者公益事业需要明白自身的价值所在，明了自己想做的什么、不想做的又是什么；什么是可以商量的，什么是不可以商量的。当然，不论负责建立企业与慈善团体合作伙伴关系的人是谁，他都需要得到相关的授权，并且得到企业、慈善团体或者公益事业的支持。假如形成的协议让任何一方感到不公平和受辱，原因可能在于未能依据重要原则来建立合伙关系，以及没有遵循一个可靠而全面的工作程序，但这并不是意味着任何人会被强迫做他所不愿做的事情。

我的观点是，善因营销并不会鼓励慈善团体去出卖它们的灵魂。通过可靠的调查、计划、准备和透彻地了解自身的发展目标和价值观，并对潜在的合伙人的发展目标和价值观进行全面地了解；与相关各方就参与善因营销活动共同的目标展开清晰、开放、真诚和透明的讨论，并最终以明确和正式的协议落实双方的共识；同时进行富有创意的、目标明确的、平衡稳健和相互尊重的合作，那么每一个善因营销活动都将结出成功的硕果，而慈善团体的灵魂也将毫发无损。如果说在善因营销活动中有慈善团体出卖灵魂的现象出现的话，我认为那也不是善因营销的过错，而是那些参与善因营销活动策划、谈判、执行与交流的相关人士的理解能力、执行能力、资格、诚信和道德方面的问题。

一个能够认识到善因营销所带来的机遇的企业投资募捐者，是真正了解市场状况的人。除了遵循重要的原则、抱持小心谨慎的态度、恰如其分地进行实施和保持善因营销活动平衡稳健地发展进行以外，确保核心价值观和进行周全的计划和准备，将是善因营销在未来获得成功的关键。毫无疑问，企业与慈善团体的关系将实现由赞助人到合伙人的重大转变。

# 第三章
# 善因营销的应用

## 第一节
## 善因营销的模式

正如我们在前面曾经提到的那样，善因营销会由企业的多个部门发起，体现为多种不同的形式。对于企业的管理者来说，重要的是清楚地了解与相关各方结成合作伙伴关系和开展各项善因营销计划的目的所在，并由此制定相应的实施策略。就像我们在前文中所争论的那样，若想使善因营销产生最大的效力，就应该将它作为企业的一项长期发展战略，由此才能使相关各方投入的时间、精力和金钱得到一个最大的回报。当然，战术性地使用善因营销也能够发挥一定的作用。例如，它可以满足相关各方短期内的需求，或者起到为某项长期发展计划投石问路的作用。但是，企业的领导者应该自始至终地从战略的角度思考善因营销的应用问题。发起善因营销活动的一方应该清楚地考虑到相关各方对于此项活动的各种可能的反应。不论发起某项善因营销活动的目的是战术性的还是战略性的，活动发起人能否清楚明确和公开坦诚地与其他相关各方进行交流与沟通，是此项善因营销活动取得成功的关键。

在下面的段落中，我将为大家介绍一些经常用到的善因营销手法和一些概念上比较新颖的善因营销手法。

一些研究善因营销问题的学者在著作中提出，善因营销大致可以分为三到四类。阿兰·安德里森（Alan Andreasen）教授在1996年为《哈佛商业评论》撰写的一篇文章中写道，企业与慈善公益组织的进行的善因营销合作主要有三种形式：以推销企业产品或项目为目标开展的善因营销活动；以解决共同关注的问题而开展的善因营销活动；

以特许授权形式开展的善因营销活动。这一划分方法的确概括了善因营销的部分形式，但绝不是全部。其他形式的善因营销还包括广告、公共关系或以赞助形式为主导的善因营销项目。也许在某一个时间点上试着总结善因营销属于哪一种形式是有可能的，但由于市场营销的发展趋势是瞬息万变的，任何一时分析的结果都会很快过时。市场营销的方式一直在不断地发展演变，而善因营销的形式也在随着不断地演化发展。善因营销完全是一个与某项公益事业有关的市场营销活动，在这个定义下，善因营销只会受到人们想象力的限制。如果你相信营销的 4P 理论，即市场营销活动由所谓的产品（Product）、价格（Price）、渠道（分销）（Place）或促销（Promotion）或促销组合（Promotional Mix）等四大要素组成的概念，那么善因营销活动应当属于促销组合的范畴。随着促销组合的不断完善，善因营销的范围也在不断地扩大。促销组合包括广告、产品（服务）促销活动、公共关系或公共宣传活动、赞助、特许授权营销，以及包括提高客户忠诚度和关系营销等内容的直销行为。

我认为，粗略地划分，善因营销至少可以分为以下六大类。

## 广告

显然，广告涵盖多种不同的媒体，从电视和卫星广告或因特网广告，到印刷广告和新闻宣传活动，都属于广告营销的范畴。因此，善因营销广告可以借助任何或所有这些媒体进行宣传。从内容上看，善因营销的广告客户可以着重于宣传某种特定的商品，如特易购公司推出的计算机赞助计划；也可以指企业本着善意的目的，为推广某项公益事业或传播公益事业信息的活动。除了提高特定的公益事业或某项社会问题的社会知名度外，企业进行善因营销活动的目的还可能包括建立、强化和展现企业或品牌的声誉，突出产品的个性，以及强化产品、服务、慈善团体、公益事业及企业之间的关系和忠诚度。

在美国，雅芳公司采用了在电视台和卫星频道播出广告来宣传公司参与公益事业的策略。作为雅芳防治乳癌慈善基金会公益活动的一部分，公司甚至投资制作了关于乳癌的纪录片。

在英国，我们还没看到善因营销活动能够得到企业如此强大的支持。但是，诺威奇联合保险公司（Norwich Union）围绕它们与慈善组织圣约翰救护机构（St John Ambulance）的合作伙伴关系，制作了一则精彩的电视商业广告。制作这则广告的目的是在市场上突出公司与众不同的地位，强化公司的定位，即“没有人比我们更关心你”，以此增强公司与客户的关系。同时，通过宣传和推广诺威奇联合保险公司的联系和为25000名公众提供免费的急救课程，诺威奇联合保险公司将圣约翰救护机构历史性地第一次送上了电视荧屏。因此，我们可以看到，商业企业与慈善团体联手推出广告，是在公众中提高他们的社会知名度和主张的绝好机会。

在上述所提到的每一个实际案例中，电视广告的使用不仅为企业，而且为公益事业创造了巨大的价值。

许多善因营销的合作伙伴都成功地使用了新闻广告这一媒介，将它们所希望表达的信息传递给广大的听众或观众，也因此提高了信息的影响力。

## 公共关系

强化公共关系往往被认为是商业企业或慈善团体开展善因营销活动的主要目的。在某种情况下，它是定义善因营销以及设计和实施善因营销活动时，相关各方的一个主要的考查标准。吉百利公司与拯救儿童组织通过吉百利公司漫步马拉松和哑剧节结成的战略合作伙伴关系；著名品牌Tranqueray发起的援助艾滋病患者的自行车环游活动（Tranqueray Aids Rides）；伦敦电力公司（the London Electricity）与慈善组织Age Concern联手推出的冬日送温暖活动；宝莹公司（Persil）推出的Go Red for Comic Relief活动；Adam's童装公司（Adam's Childrenswear）和“拯救儿童基金会”、雅芳公司和Fashion Targets抗乳癌组织、科芬园汤料公司与Crisis和国家信托（The National Trust）联手开展的善因营销活动，全都是商业企业与慈善团体进行良好合作的最佳例证。

善因营销活动与任何其他的公共关系活动一样，报导价值、新意和轰动效应都是其能够取得成功的至关重要的因素。但善因营销有一个重要的区别，那就是，宣传中的均衡性一定要掌握得恰如其分。这一点，我们在第四章第七节中会有更详细的表述。但是我在这里要说的是，媒体和公众都必须清楚地知道，任何为善因营销而结成的合作伙伴关系都必须是真诚、公开、透明和诚实的；各方的合作关系建立在互相尊重的基础之上，对双方都会带来均衡的利益。商业企业希望在善因营销活动中获得过分的曝光和宣传机会的行为都是不恰当的。正如我们在本书第二章第三节所提到的，消费者的社会意识正在不断增长，他们正在变得更加成熟和挑剔。因此，要想赢得公众和媒体对善因营销活动的支持，企业和慈善团体都必须更加公开、诚实地传播相关的信息。

## 赞助

企业与慈善团体结成善因营销合作伙伴关系往往是通过赞助一次特别的事件或活动。与标准的赞助相比，善因营销的实际情况是：首先，被赞助的必须是一个有意义的公益事业或慈善团体；其次，企业积极地对它们与慈善团体之间的合作伙伴关系加以宣传的目的是要实现自己及其合伙人的既定目标。正如前文中已经强调过的，企业和慈善团体的目标包括提高社会知名度、强化公共关系、展现企业及其品牌的价值、提高消费参与程度、使企业显得与众不同等等。在某种情况下，赞助的意图是实现涉及慈善团体和公益事业的直接的商业目的。

### 可口可乐的“社区英雄”活动

可口可乐为1996年亚特兰大奥运会提供赞助就是一个这样的例子。作为赞助项目的一部分，可口可乐赞助了奥运会火炬接力活动，也因此与奥林匹克运动亚特兰大委员会联手推出了所谓的“社区英雄”活动。这项活动的内容是在当地社区寻找数千名“社区英雄”，通过让他们成为奥林匹克的火炬接力选手，表彰他们之前作为社区志愿者所取得的成绩。这一活动得到了可口可乐公司自己组织的名为

“分享精神（Share the Spirit)”活动的补充与支持。

由美国联合慈善总会（United Way）进行运作的“社区英雄”活动，目的是发现那些“每天都在用自己的行动传播奥运精神的当地社区的英雄”。所有的社区英雄都拥有一个或多个的核心价值观和理想，而且是那些曾经作出过杰出的志愿工作的人士；其中包括社区领袖，在解决社会问题上曾经慷慨解囊或有杰出表现的人们，也包括在当地或全国作出过非凡贡献的人们。

在拓展社区英雄概念的过程中，可口可乐推出了“分享精神”活动，这项活动通过让人们推荐他们生命中特殊的人而发现了另外2500位杰出的社会人士。可口可乐在活动中投入了大量的营销和公共关系资金，以树立社区英雄的概念。公众可以通过填写摆放在各地零售店的印有可口可乐商标的报名表，来推荐他们眼中的候选人。在这项活动中，可口可乐和它的合作伙伴的公共关系与社会知名度都得到了大幅地提升，而相关零售店的客流量和销售额也都获得了显著的增加。而与此同时，通过让一些主要的目标客户参与这项推选社区英雄的活动，也增强了他们对企业的认同。

火炬接力行进了15000多英里，历时84天，穿过42个州和哥伦比亚地区，经过了29个州的首府，沿途方圆2小时车程的范围覆盖了90%的美国人口。

可口可乐自然从这样一个宣扬社区精神的活动所产生的光环效应中受益匪浅。公司的核心价值观得到了加强，同时也增加了产品的销售额。这种善因营销的合作伙伴关系既体现了企业的利益，也体现了社区的利益，从而展示了善因营销作为一种有效的营销手段，在商业行为中得到利用所产生的巨大价值。

## 英国电讯公司的水上马拉松活动

英国电讯公司推出的水上马拉松是欧洲最大的，以筹集慈善资金为目的的水上马拉松活动，筹集到的资金超过1200万英镑；27个全国性的慈善团体在这项活动中获益，有超过300000人在全英国500个游泳池、休闲中心或健康俱乐部参加了这个活动。英国电讯公司水上马拉松运动的主要意义在于，将它办成一个真正的社区活动，并使它对每一个人都是有益的。

活动每年都会选出一个慈善团体作为主要受益人，接受70%的筹款所得。剩余的筹集资金则会在英格兰残疾人运动会、英国残疾人奥运会、英国运动协会和英国业余泳协等组织中进行分配。

经过长达9年的合作，英国电讯公司与LEA Events组织（拥有和经营这项活动）逐渐结成一个坚实的合作伙伴关系。在1998年，英国电讯为这项活动作出的投资为50万英镑，而投资所带来的赞助款项接近200万英镑，而无法用价值衡量的是此项活动对英国电讯公司的积极宣传。18%的普通公众表示在去年听说过英国电讯公司组织的水上马拉松运动，这一数字仅次于LEA Event推出的电视广告宣传活动。在媒体对社区服务项目的播报频率中，英国电讯公司的水上马拉松运动占据着绝对的领先地位。正是由于参与和宣传这项活动，认为英国电讯公司积极负担社会责任的公众，人数比例由1991年底的42%提高到1997年的59%。

## 特许善因营销活动

在一个特许善因营销的合作伙伴关系中，商业企业会向相关慈善团体支付特许授权费，从而获得在其产品或服务上使用慈善团体的标志或身份的权利。公司要使用慈善团体标志一般是为了销售更多的产品或服务，为了从慈善团体或公益事业的担保暗示和光环效应以及它所突出的正面价值中获益。这是一个非常商业化的关系。慈善团体或公益事业可以决定是否签署这项交易，作为过程中一部分，可以在这个机会上加添价码，并考虑对他们自己品牌和声誉的影响。

特许有时会形成一个更广泛的营销活动的一个组成部分，购买和使用慈善团体标志的权利只是全部活动方案的一部分，而企业与慈善团体的合作伙伴关系则体现在更广泛的层面上。有一处需要引起注意的是，相关各方必须要了解税务和增值税法规会对类似善因营销活动的影响；有时，为了开展善因营销活动而结成的合作伙伴关系可能会适用于不同的税务规定。因此，负责的人员应该明确地了解这些税务上潜在的问题。

特许善因营销的内容包括我们在本书中已经提到的将慈善团体的标志用于产品包装和宣传中的案例。英国的 First Direct 银行就曾经为使用非营利组织 Anorak Amnesty 的标识而支付了相当金额的特许权使用费，并进一步进行了若干其他形式的捐赠。其他的有关案例还包括，科芬园汤料公司与 National Trust 公司、皇冠涂料公司和世界野生动物保护基金会的合作项目。通过与世界野生动物保护基金会达成的特许协定，皇冠涂料公司开发了以野生动物为特点的“狂野”系列墙面涂料。皇冠涂料公司售出每盒“狂野 ”都会给世界野生动物保护协会提供一定比例的捐款，捐款的最高额为每年 25000 英镑。

## 直销

直销无疑是可以用来传递善因营销信息的方法之一。许多慈善团体在这方面是专家，管理着高达数百万条记录的数据库。通常，能够进入慈善团体的数据库是对参与善因营销的商业企业的最大奖赏。很显然，是否对公司开放这个数据库，以及在什么情况下开放，完全取决于慈善团体或公益事业。

那些认为善因营销是一种企业强迫慈善团体或公益事业出卖灵魂的人士认为，企业滥用慈善团体的数据库是他们最为担心的问题。不论是慈善团体还是公益事业，维护与客户或支持者的关系是至关紧要的，因此，对数据库应该小心谨慎地加以守卫。

附属信用卡的发行或许最能体现以直销方式进行的善因营销活动。迄今为止，已经有超过一千家企业发行了附属或联合贴牌的信用卡，目的是筹集资金，提高其品牌的社会知名度，并给他们的支持者、会员或爱好者带去一些回馈。这项活动出现于 1987 年的英国，当时，苏格兰银行发行了第一张名为 NSPCC 的慈善附属卡。如今，在所有英国现有的信用卡中，有将近 20%属于附属卡。自 1987 年起，此类附属卡为各种慈善团体带来了超过 4000 万英镑的资金。据说在英国市场上有超过 350 种慈善团体附属卡，参与的慈善团体超过总数的 50%之多。不过，Affinity Solutions 公司的 Jonathan Moakes 对此警告说：“不要匆匆忙忙地参与进去，发行自己的附属信用卡，否则，你很可能最后发现自己因为种种琐事所累而不堪重负。”

然而，这毕竟是一个重要的市场机遇；苏格兰银行最近发行的附属卡已经为公益事业筹集到超过1200万英镑的资金。当然它不是没有风险的。Trans National 公司的 David Williams Jones 认为，慈善团体寻找附属信用卡合作伙伴的过程类似于人们寻找结婚对象的过程：

> 当寻找以一个亲密的合伙人、供应商或商家的过程中，慈善团体需要确信相关的善因营销项目将会得到专业的管理。毕竟它们是在将自己的品牌、标识和声誉交到另一个公司手上。

对每个安排这些附属卡交易的金融机构而言，进入慈善团体或公益事业数据库是一个必须的先决条件。当然，慈善团体或公益事业必须决定建议的交易条款是有利还是不利。

## 基本附属卡的运行机制

附属卡的基本运行机制是，人们在申请特定信用卡的同时，就会有一笔捐款划拨给关联的慈善团体或公益事业；而在持卡人进一步使用卡时，每花费大约100英镑就会产生相应的捐款。因此，慈善团体将从信用卡的申请和使用过程中获取收益。而信用卡公司则在获得新用户的同时，仍然按照以往的方式从商家那里获取利益，然后将其中的一个百分点捐赠给慈善团体或公益事业。

善因营销附属卡一般采用以下三种形式中的一种。在第一种形式下，商业企业与慈善团体之间是纯粹的一对一关系，商家为某个特定的慈善团体所设计和制作唯一品牌的信用卡，然后以慈善团体数据库中的会员和支持者为目标，展开信用卡的推广工作。皇家国立盲人研究协会（Royal National Institute for the Blind，RNIB）与苏格兰银行联手发行附属卡的做法就属于这种情形。

从市场营销的角度来看，我想这是该种类型的信用卡中更有吸引力的一种，因为它实际上体现了持卡人的忠诚度。除了在申请时一次性给慈善团体进行捐款和通过信用卡的日常使用为慈善团体捐款外，RNIB 卡强调的是不断地回报慈善团体，并激励持卡人在申请卡的第一年以及以后的年度里继续保留和使用他们的信用卡。信用卡的持有人在三个月、六个月、九个月的时间间隔以及首年的年底继续使用该卡还会给慈善团体带来额外的捐款。从信用卡组织的角度看，这无疑是保持用卡消费额增加的动力；从信用卡持有人角度看，这将促使他们养成使用信用卡习惯。信用卡持有人会一直感觉像个英雄，因为通过他们保有和使用这张慈善附属卡，他们给慈善团体带去了持续不断的捐款。同样，慈善团体从这类活动中也将收到更大笔的捐款，因而有着非常明确的动机去鼓励他们的会员继续使用信用卡。

善因营销附属卡的第二种形式是提供给消费者一组慈善团体，让他们自己挑选谁将成为受益者。以 Halifax 慈善信用卡为例，消费者可在三家慈善团体中选择一家来接受捐赠的资金。目前这三家慈善团体分别是英国心脏基金会（The British Heart Foundation）、帝国癌症研究协会（Imperial Cancer Research）和 Mencap 慈善组织。在消费者选择其中的一家慈善团体后，接下来的操作过程将是相当标准化的。信用卡申请捐款将在这一年底和年初产生，而持卡人每花费 100 英镑也会产生对选定慈善团体的捐款。事实上，为了庆祝它十年来为所支持的三家慈善团体筹集到 1000 万英镑，Halifax 公司答应将把它们的提供的捐款翻倍，从持卡人每花费 100 英镑的捐款额由 25 便士提高到 50 便士，直到由此产生的捐款总数达到另一个 100 万英镑为止。

## 第二节
## 经典案例分析

通过案例分析来了解善因营销活动中相关的合作伙伴之间中究竟

发生了什么，是展现善因营销的有效性和更加清楚地理解善因营销的积极作用的最为有效的途径。

不论是大型企业与小型慈善团体的合作、小型企业与大型慈善团体的合作，或是任何类型的企业与慈善团体的合作，都能够产生一定的效果。企业与慈善机构之间的合作伙伴关系是否最为有效，表现在双方是否拥有明确的目标，是否能够遵循共同认可的处事原则，是否能够对合作作出长期承诺，并且始终如一地贯彻执行既定的方针政策。在这样一个坚实的合作基础上，参与创建和实施善因营销活动的相关团队应该尽量发挥他们的想象力，全面考虑各种可能的市场营销组合和所有相关权益人的利益，以确保为善因营销所做的相关投资能够产生最大的影响和回报。

下面将要介绍给读者的经典案例涉及了来自不同行业的商业企业和各类不同的公益事业，突出地阐述了合作双方进行善因营销合作的目标和进行善因营销活动的具体手法。除了筹集资金、提高社会知名度、帮助传播公益事业的信息之外，企业开展善因营销活动的主要目标可以概括归纳为表 3－1 和表 3－2。

**表 3－1　　　　案例分析总结（英国）**

| 经典案例 | 企业目标 |
|---|---|
| 特易购公司的计算机赞助计划 | 强化企业价值观<br>增强争做当地第一的商业意识<br>提高客流<br>提供附加价值 |
| 吉百利公司与拯救儿童组织的合作 | 提升企业形象<br>强化企业价值观 |
| Norwich Union 保险公司与圣约翰救护队的合作 | 提高 Norwich Union 公司的社会知名度，使其在杂乱的保险业广告中脱颖而出使 Norwich Union 公司更加贴近于它们所倡导的为客户提供“更好的保护”的企业品牌定位<br>使消费者对 Norwich Union 公司产生好感，改变保险公司的固有形象<br>鼓励人们尽可能地购买 Norwich Union 公司推出的产品 |

续表

| 经典案例 | 企业目标 |
| --- | --- |
| 森特理克公司与老年扶助组织的合作 | 提升品牌形象<br>提高产品的竞争力<br>在社区内塑造 British Gas 品牌的领导地位，为社区建设作出看得见的贡献<br>吸引客户，提升他们的忠诚度<br>通过参与社区活动来更好地实现企业的经营目标<br>发起和鼓励员工们进行慈善募捐和志愿参加公益活动 |
| 英国电讯公司的善因营销策略 | 在英国电讯公司内部开展全国范围内的善因营销推广活动<br>为计划开展善因营销活动的 BT 人建立实践的最佳原则<br>开放对社区有利的营销预算，建立英国电讯公司与社区间的联系纽带<br>对公司的核心业务产生具体量化的影响，比如提升销售额等<br>与 Whizz－Kidz、皇家国立盲人研究协会和世界野生动物保护基金会等<br>慈善组织建立合作伙伴关系都有着具体的目标 |
| Adams 童装公司与拯救儿童组织的合作 | 支持公司的品牌价值<br>突出公司的与众不同之处<br>强化公司员工和客户对拯救儿童组织的支持<br>为拯救儿童组织筹集资金，支持它们在英国开展的项目 |
| 贝尔法斯特茶叶公司与抗癌基金会的合作 | 提高公司和品牌价值<br>通过对当地社区施加积极的影响展示公司的社会责任感<br>使公司的营销预算创造最大的价值 |
| 宝莹品牌与慈善组织 Comic Relief 的合作 | 树立全面的宝莹企业品牌形象<br>增加 Colour Care 产品品牌的社会知名度<br>富有创意地、有趣地宣传 Colour Care 产品的好处<br>增加宝莹普通洗衣粉的销量 |
| 科芬园汤料公司的善因营销项目 | 反映企业的主要价值观<br>建立公司与慈善团体 Crisis 和 National Trust 长期合作伙伴关系<br>为零售商提供一个有趣的善因营销产品<br>提供一个可以投放新产品的平台 |

表 3-2　　经典案例分析总结（国际）

| 经典案例 | 企业目标 |
| --- | --- |
| 美国西尔斯罗巴克公司的善因营销策略和项目 | 西尔斯罗巴克开展业务的核心方法<br>加强和宣传 Sears Roebuck 's 的企业价值观<br>建立客户关系<br>提高商店客流<br>与 Gilda 's Club，Big Brothers、Big Sisters，Get Back，Give Back Schools 等不同慈善团体的合作各有不同的目的 |
| 澳大利亚家乐氏公司和儿童救助热线项目 | 提高客户对家乐氏公司通过儿童救助热线对澳大利亚儿童和家庭给予帮助的认知<br>在行业内使公司在承担社会责任方面占据领先地位<br>强化公司的核心价值观 |
| 美国 Visa 卡公司的讲故事活动 | 鼓励公众使用 Visa 卡<br>与信用卡持有人、商户和其他权益人建立更紧密的联系 |
| 美国标靶百货公司的善因营销策略和项目 | 标靶百货公司开展业务的核心手法<br>提高公司声誉，使公司与众不同<br>强化公司的品牌定位<br>每一个有具体目标和与开始于 1995 年 Memphis Tennessee 的 St Jude Children's Research Hospital，Helping Hugs，Support of the Washington Monument Restoration，Guest Credit Card 合作伙伴关系的实例<br>支持教育：School Fundraising Made Simple |
| 雅芳公司与对抗乳癌组织的合作 | 为雅芳公司的销售代表或“雅芳小姐”创造与客户建立联系的机会<br>提升客户对公司的认同感，使公司显得与竞争对手有所不同<br>对客户们关心的公益事业作出真正的、实质性的贡献 |
| 美国添加利公司发起的对抗艾滋病自行车环游活动 | 增加添加利公司杜松子酒的销量<br>通过支持公益事业吸引目标市场的关注<br>通过培养新一代 21~34 岁的非裔美国人和其他大众消费者对添加利品牌的感情，拉近产品品牌与目标市场的距离为添加利品牌打造出新的品牌价值<br>为美国抗艾慈善团体筹集大量资金<br>提高公众艾滋病教育和预防的认知水平 |

## 案例分析一： 特易购公司的计算机赞助计划

### 背景

在英国，只要一提起善因营销，就不可避免地要提到特易购公司和特易购公司向学校赞助计算机的善因营销项目。它有可能是英国有史以来最为成功的善因营销项目。这项目活动最初来自于美国的一个灵感，1992 年英国的一次促销活动中初次推出，并从那时起得到蓬勃的发展。截止到 1998 年，特易购公司通过计算机赞助项目，为英格兰、苏格兰和威尔士的每一所学校都提供了捐款，而对每间学校的平均捐款额普遍超过一台计算机的市场价格。

1991 年，经营超级市场的商业企业发起了多项为个体消费者提供直接利益的促销方案。其中，特易购公司也在急切地寻找一个既能够有效提升消费者忠诚度，同时又能为公司所在社区作出贡献，从而进一步强化特易购公司在各地社区中龙头老大地位的善因营销项目。而与此同时在美国，向学校提供计算机设备的营销方案赢得了各方的好评。

通过调查，特易购公司发现，计算机被各地的学校普遍认为是重要的教学设备。调查也显示，对消费者来说，在教育上进行投资是一件至关紧要的大事。按照这一逻辑推理，如果特易购公司能够激发消费者的情感神经，就会为企业带来巨大的潜在利益。特易购决定向遍布全英各地的学校捐献计算机的计划，其出发点正是建立在这一基础之上。在对美国模式的计算机赞助项目进行改良的基础上，特易购公司增强了消费者对公司的忠诚度，同时也为他们提供了一个无需额外花费就能为当地社区作出贡献的机会。此外，这一项目的推广也为即将从学校毕业参加工作的学生们，提供了更好地掌握 IT 知识的良机。这项活动也因此成为一个在各地分别推广和实施，却在全国产生良好影响的经典善因营销案例。

在开展这项活动之前，特易购公司针对消费者、学校和教育机构展开了广泛的市场调查。调查清楚地表明，学校需要计算机设备来完成国家规定教授的课程，但它们没有充足的资金采购足够数量的设备。调查同时显示，家长和消费者普遍赞同和支持公益事业，但是他们却无法承受直接向学校捐献电脑设备的负担。因此，如果为消费者创造一个通过他们日常的生活和购物行为，就能为学校筹集公益捐款工具，他们将会十分高兴。于是，这样的善因营销项目可谓应运而生。

## 目标

不论以往还是现在，特易购公司开展此项善因项目的主要目的是：

- 强化公司的价值观；
- 为商店所在的社区提供额外的利益；
- 切实地推动学校的 IT 教学；
- 提高商店的客流；
- 强化特易购公司富有爱心的社会形象，突出公司“积小善而成大事”理论。

## 合作方式

项目采用的是回收销售发票的形式。消费者只要在特易购超市消费或加油超过 10 英镑，就会获得参与此项活动的有效发票。在 1998 年的某段时间里，消费者购买可口可乐的特别促销套装，也可以获得相应的有效发票。1999 年，Ariel、可口可乐、Febreze、Nestle 冰淇淋、Pringles、Shape、Sunny Delight 和 Utterly Butterly 等企业和商业品牌也作为赞助商加入了这项善因营销活动。消费者可以将他们在特易购公司消费或购买上述品牌商品而获得的发票捐献给当地的学校，而学校随后可以用搜集到的发票从特易购公司换取计算机和相关的 IT 设备。和许多成功的善因营销项目一样，这项活动的创意简单，运行机制直接明了。

通过与 Xemplar 公司（以前名为 Acorn，英国教学电脑硬件品牌中的佼佼者）建立合作伙伴关系，特易购公司为各地的学校和教育组织设计了一份适合各个年龄层的孩子们的需求，同时在价格方面有能满足各方要求的各类电脑设备的清单。按照这张清单，学校可以根据它们自己的实际需要，选择满意的电脑设备。为了满足学校和学生的需求，清单中产品的种类一直在不断地扩展。从一台个人电脑到不同类型的电脑设备，甚至到掌上电脑等高新技术产品，各地的学校都有机会从这项善因营销项目中获得。

自 1992 年该活动第一次推出以来，每年的春季，特易购公司都会围绕这个项目开展为期 10 个星期的促销活动。特易购公司会根据自行购买的学校数据库，向地点位于各地超市业务覆盖范围以内的学校发出订单邀请。这样做的目的，是使那些位于公司能力覆盖范围以外的学校不至于产生不必要的过高期望，从而影响公司在公众心目中的形象。学校所下的订单会在暑假期间得到处理，对设备会在秋季新学期开始的九月份里提供给各个学校。

显然，这是一个每年投资都会 600 万英镑庞大的项目，因此，它需要各方面资源的强大支持。仅在 1998 年一年，该项目在广告上就花费了 150 万英镑，其他用于行政、印刷和购买设备的成本则高达 850 万英镑。

该项目通过与相关各方结成合作伙伴关系，在最初的市场营销部门和现在的社区事务部门的领导下一直进行得非常有效。同时，该项目也得到了公关公司、Xemplar 公司的一个专家团队、邮政部门和零售商店员工的支持。虽然每年该项目在店内开展的时间只持续 10 个星期，但订单处理、购买和发放电脑设备的工作在全年都在不停地进行。

### 支持措施

这一规模的项目需要获得来自各方的大力支持。特易购公司向学校捐助电脑设备的项目，虽然是一个在全国范围内的开展的活动，但却需要当地零售店的员工来具体实施。因此，相关各方对客户、商店和学校提供了大量的支持与帮助。活动发起者除了用各种形式的广告为活动进行宣传外，还引入了多方的支持。这些年来，支持活动的形式一直在不断地发展变化，现在它包括：

- Xemplar 教育软件公司专家为学校免费提供半天的电脑系统检测服务，以帮助它们选择最为合适的设备。
- 在当地的商店为学校老师举办可以获得有关电脑培训方案和基

本培训资料的奶酪葡萄酒之夜活动。这也为特易购公司提供了另一个可以针对主要目标客户进行宣传的渠道。

- 将商店的培训教室用来给学校老师提供免费的 IT 培训。
- 将特易购公司为电脑赞助项目专门设立的电话热线和新闻办公室提供给学校免费所用，帮助它们解答任何有关电脑的使用和维护，并为学校提供公关和媒体咨询服务。
- 通过会员卡和内部杂志对活动进行宣传，例如，提供每季度编写活动特别报道及为参加活动的消费者提供优惠点数等。
- 通过电视、电台和新闻广告的形式，在全国范围内对活动进行宣传。
- 在全国和地方展开公关活动，如在平面媒体、广播和电台及展销会等媒体和活动中举办宣传此项活动的新闻发布会。
- 直接向学校邮寄宣传材料、产品目录和海报，协助它们对家长和当地新闻媒体进行宣传。
- 公司为各个分店提供详细的计划实施大纲，并在各店的收银台旁边摆放大量的项目指南和宣传材料。
- 特易购公司积极赞助教育研讨会议，并且和 Xemplar 教育软件公司一起参加教育信息科技产品的展览会。
- 通过内部的管理和交流系统，使各家分店之间能够就开展此项目的心得体会进行顺畅地交流与沟通。
- 围绕电脑赞助项目组成的“企业联盟”鼓励参与活动的商业企业在当地“认领”一所学校，为该校提供它们所需要的电脑设备；此外，特易购公司还在各地设立了许多发票回收处，负责发票的回收和整理工作。

## 监控与评估

在《社区商业组织善因营销指南》和本书的第四第七节中都提出了这样一个关键的论点：即若要使参与善因营销活动的相关人员在将来能够作出明智的经营管理决策，对善因营销项目的效果进行严格的评估是必不可少的。以特易购公司向学校赞助电脑的为例，为了了解项目开展所取得的成效，特易购公司通过多种渠道，对该项目在各方面的表现进行了评估，其中包括整理从特易购会员卡的使用搜集信息和聘请英国广播电视网调查机构 AGB 展开客户调查等等。调查的具体内容包括：

- 发票的兑换情况；
- 收到设备订单的情况；
- 公司营业额的变化情况；
- 消费者购买产品的支出情况；
- 消费者光顾各分店的频率变化情况等。

此外，公司还通过下述渠道进行了辅助性的数据收集工作：

- 对公众对企业形象的看法进行跟踪调查。
- 在企业开展的公关活动中进行调查。
- 听取参加 IT 培训的学校老师的反馈意见。

**成效**

1998 年一年，就有 19000 所学校发出了设备采购订单（这一数字与英国学校总数的一半），总共得到价值 1000 万英镑的计算机设备。其中包括：

- 超过 5000 台电脑；
- 超过 53000 台与电脑相关的附属设备；
- 针对老师的价值超过 18000 英镑的 IT 培训。

在 1992～1998 年间，该项目：

- 在全国范围内筹集到价值超过 4400 万英镑的电脑设备（1992～1998）；
- 在各地的学校共获得 34000 台电脑和超过 200000 台电脑附属设备——相当于英国每所学校得到一台计算机；
- 为学校老师提供了价值约 100000 英镑的 IT 课程培训。

**企业所取得的成效**

在活动推出的第一年之后，该项目提高公司销售额和竞争力方面所产生的效果变得越来越难以衡量。特别是当现在大多数竞争对手也纷纷推出了他们自己的类似于特易购电脑赞助项目的方案后，情况就更是如此。但是，特易购公司通过展开多方面的研究与调查工作，仍然能够十分清楚地了解该项目对公司经营产生的效果。

**主要的成效可以归纳如下：**

- 使消费者对企业品牌的认知度达到相当高的水平；
- 发票兑换率高达 75%；
- 提升了公司在社区的形象；
- 强化了客户的忠诚度；
- 公司被公认为是富有创新精神的零售商；
- 销售额获得显著增长；
- 多年来新闻报道的力度变得越来越强。

特易购公司的市场营销部主管 Tim Mason 认为，特易购向学校赞助计算机的善因营销项目的成功之处还体现在，它直接促成了公司稍后推出并深受顾客欢迎的公司会员卡的出台；而特易购公司的会员卡，是英国第一家由经营超市的企业推出的客户忠诚卡。

### 经验与未来规划

这个项目的成效不仅体现为各地学校 IT 教学水平的显著提高，对特易购公司来说，该项目也令它们在商业上取得了巨大的成功。在电脑赞助项目的基础上，特易购公司又进一步推出了针对的千禧年的新一轮创意营销活动，也就是所谓的“2000 年特易购学校网络计划”。这项活动号召英国的所有学校共同参与，在互联网上编写一部网上版的“当地日志（Domesday Book）”。从 1998 年 9 月直到千禧年，小学生们会根据一定的学校课程安排，参加一系列的有趣的调查项目。他们深入到当地的各个社区调查了解他们的邻居和发生在他们身边的故事。搜集到一定的素材后，学生们会将数据输入到特易购学校网络网站上。为了照顾那些没有相应电脑设施的学校，特易购公司特地在 340 多家分店安装了电脑设备，向这些学校的学生们提供免费服务，更聘请了40位咨询老师来解决调查过程中可能出现的技术问题。由此可见，特易购已经下定决心在教育和IT教学领域承担起长期的义务。

在方案开展的初始阶段所进行的策划和准备工作最终都获得了不错的回报。就像众多成功的企业行为一样，善因营销项目的成功，依靠的是10%的灵感和90%的努力。从特易购公司对该项目进行不间歇的监控、审查、调查和分析这一点看来，特易购公司坚持开展这一项目所创造的价值还在不断增加。公司每年都会对这个项目进行更新和改进。这使特易购公司每年都能从最新的经验中吸取教训，从而不断地调整和丰富项目的内容。于是，公司于1997年推出了免费的店内IT培训计划，并降低了消费者获取一张发票所要求花销的金额。消费者现在只需花费10个英镑，就能够获取一张可以用于捐赠凭证的发票。

特易购公司向学校捐赠电脑的善因营销项目，在对市场营销组合进行全面运用这一点上，也可谓可圈可点。虽然电视广告在英国已是企业标准营销组合中的一个核心组成部分，但却很少会有企业会在实践中运用电视广告来推广和支持他们所开展的善因营销活动。此外，直接邮寄式广告和其他广播报刊广告也已经在该项目的实施中得到利用。

特易购公司同时也认识到员工在善因营销中的作用。特易购电脑赞助计划是一个需要由各分店员工来引入当地社区的全国性项目。公司设在各地的分店是社区的中心，而分店的员工则扮演着与学校、家长和消费者建立良好关系的重要角色。

为什么与其他形式的市场营销相比，你应该更加关注善因营销呢？问题的答案就在于，善因营销能够发挥更大的效力。以特易购公司为例，向各地学校提供电脑赞助的行为，比其他任何一种市场营销手段都更加有效，成本也更加低廉。

**特易购公司市场营销部主管 Tim Mason**

特易购公司在过去的六年里坚持不懈地推行向学校赞助电脑的计划，显示出该公司对教育事业作出的真正承诺。随着包括给老师提供免费 IT 培训等在内的新的举措的出台，这项目活动还在不断地发展变化着，它通过增强 IT 教学质量和教师们的信心，带领着全英各地的学校大踏步地向着千禧年迈进。

**教育和劳工部部长 David Blunkett**

作为迎接千禧年的官方教育赞助商，同时在我们成功地开展向学校捐献电脑设备的基础上，投资教育事业仍然是特易购公司的一个优先考虑项目。我们相信，公司主导的这项活动对社区所做的最重要的贡献就是，它为学校提供了重要的资源，使我们的孩子们能够学会迎接明天所需的技能。

**特易购公司首席执行官 Terry Leahy**

## 案例分析二： 吉百利公司与拯救儿童组织的合作

### 背景

由 Quaker 家族创立的吉百利史威士公司有着投资当地社区建设的优良传统。Quaker 家族的经营理念是“做好事，有好报”。时至今日，在吉百利史威士基金会的管理下，公司投资社区建设的宗旨和行为仍然没有改变。

在 20 世纪 90 年代早期，除了通过公司自己管理的慈善机构在履行社会责任方面扮演着重要的领导角色外，吉百利公司还为了满足推广个别产品的短期需要，还开展了一系列以促销为目的的善因营销活动。在开展这些活动的同时，公司事实上并没有采取持续连贯的政策措施，来保证活动的长期有效性。有鉴于此，吉百利公司的市场营销和企业事务团队对以往的行为进行的回顾反省，并一致同意将过去纷乱的慈善活动化零为整，形成一股与公司市场营销活动更加协调的整体“推动力”。

吉百利公司希望能够通过这一行动，形成一套简单划一的、有助于突出吉百利公司主打品牌、同时又能兼顾各类不同产品品牌的整体市场营销方略，并在此基础上，为更广泛的社区作出更大的贡献。这就要求相应的解决方案能够高调进行，以提升公司的形象（特别是富有爱心、开心和时尚的形象），并且能够与以家庭为单位的潜在客户实现顺畅的交流与沟通。

吉百利公司的管理层对这一经营决策进行了全面而有条不紊的策略。计划和准备工作完成得十分认真，之后，公司向五家有意参与的慈善团体发出了招标邀请。吉百利公司是在这个领域率先运用招标手段挑选善因营销伙伴的先驱企业之一。在为这些慈善团体评判打分时，公司主要考察的是下面这个所谓的“4C”标准。

- 该慈善团体的目标与吉百利公司是否合拍（Compatibility）。
- 与大公司进行合作的能力（Capability）。
- 对积极建立良好合作伙伴关系的态度是否诚恳（Commitment）。
- 与对方进行往来或建立合作伙伴关系是否会引起社会的非议（Controversial）。

从一开始，吉百利公司就十分注重这些因素，并将它们视为与慈善团体创造共同利益和在更广泛的社区里创造积极影响力的大好机会。

经过筛选，拯救儿童组织这个在英国颇负盛名的国际儿童慈善组织，被选为公司善因营销活动的合作伙伴。吉百利公司在 1992 年 1 月成为拯救儿童组织的企业成员，并在其旗下开展了多项善因营销活动。最初，这段合作伙伴关系计划持续两年，但最后被延长到 1997 年底，为期长达六年之久。

## 目标

吉百利公司和拯救儿童组织结为合作伙伴关系的目的是，创建一个统一、紧密和富有成效的企业与慈善团体联盟，从而为双方带来共同的利益。合作的主要目的可以大致归纳为以下几点：

- 提升吉百利公司富有有时代感的和充满爱心的企业形象。
- 强化吉百利公司的企业价值观，特别是在对待儿童方面的价值观。
- 为拯救儿童组织募集资金。
- 提升拯救儿童组织所做工作的社会知名度。

## 合作方式

在吉百利公司与拯救儿童组织合作期间，双方共同推出了多项有意义的善因营销活动，其中包括吉百利步行马拉松活动和吉百利哑剧节。

## 吉百利步行马拉松活动

这是拯救儿童组织与吉百利公司合作推出的一项主要活动。它鼓励消费者参与一项环绕伦敦的 10 英里的散步运动。从 1992 年到 1996 年，这项活动每年都会进行；而在 1993 年，伯明翰市也开展了这一活动。在吉百利步行马拉松活动中，平均有 15000 ~ 18000 人通过参加步行活动为拯救儿童组织和一小步儿童基金组织募集资金。也就是说，每年都会有成千上万的人们在吉百利公司的号召下，为了给两家慈善团体筹款而起早。

在巩固吉百利公司的企业核心价值观方面，恐怕没有哪项活动比这更为有效了。而在宣传吉百利公司充满爱心的企业形象方面，该项目也取得了极大的成功。同时，它也为吉百利公司提供了一个让成千上万人一起体验其产品的机会。

募捐活动取得了巨大的成功。以 1996 年为例，吉百利步行马拉松活动为上面提到的两个慈善团体共募集了超过 40 万英镑的资金。吉百利步行马拉松不仅仅帮助公司实现了商业目标，也在五年多的时间里，每次都为慈善团体提供了大量的宝贵资金。

## 吉百利哑剧节

这是吉百利公司与拯救儿童组织合作开展的第二大活动。从合作伊始一直到 1997 年，吉百利公司每年都会在全英赞助演出三十多出圣诞哑剧。这项活动在为拯救儿童组织进行宣传和募集资金的同时，也使吉百利公司在联盟的光环笼罩下，强化了自身的企业和品牌价值。对于慈善团体来说，拯救儿童组织不仅借助于成百上千万件印刷材料和广告提升了自身的知名度，而且也凭借哑剧节期间的筹款活动，获得了财务上的支持与帮助。

**其他活动**

除了公关和赞助活动之外，吉百利公司和拯救儿童组织还举办了许多其他的小型善因营销活动。为了庆祝拯救儿童组织成立 75 周年，吉百利公司生产了 75 周年庆的巧克力钱币以及特制的拯救儿童组织标识，并且通过推广和销售钱币，提升了拯救儿童组织的知名度，也募集了相当金额的捐款。此外，还包括周年宴会在内的许多与推广活动有关的公关活动。吉百利公司其他形式的支持还包括，赞助制作庆祝拯救儿童组织 75 周年生日的专题电视广告。在广告中，英国的长公主殿下和拯救儿童组织的主席都出现在镜头里，而这也是皇室成员第一次出现在电视商业广告中。

**支持措施**

吉百利步行马拉松活动和哑剧节活动获得的支持如下：

- 从合作各方精心挑选出强有力的管理团队。
- 为两项慈善活动专门设计了相应的标识。
- 在全国性和地区性媒体和为消费者印制的宣传材料上发表重要的报道。
- 直接广告。
- 吸引社会名流的参与和支持。
- 为两项活动分别印制了带有标识的印刷材料。
- 分别印制了带标识的项目广告和宣传手册。
- 开展了相应的商业促销活动。
- 以直邮的方式展开宣传。
- 号召吉百利公司员工积极参与。

- 就如何更有效地开展各项活动，在公司内部展开积极地沟通与交流。

除了这些一般的支持性措施以外，每一项活动还有机会得到一些独有和特殊的支持。吉百利步行马拉松活动得到额外支持包括：

- 几千张带有活动标识的地铁乘车卡。
- 在公共汽车车体上发布活动的宣传广告。
- 在马拉松活动中为参与者提供免费的产品样品和礼物。

哑剧节活动得到的额外支持是：

- 为哑剧节组织召开新闻发布会，组织地方宣传媒体的拍照活动。
- 提供公关和供参加活动者收藏所用的纪念品。
- 开通全国电话咨询热线，以回答人们关于哑剧节的各种提问。
- 提供在哑剧演出时发送的糖果包和礼品包。
- 提供放置在哑剧剧场大厅内的带标志的善款募捐箱。
- 制作提供宣传拯救儿童组织，以及在哑剧演出活动开始、中间和结束时，提示观众向捐款箱中捐款的录音磁带。

## 监控与评估

从参加和出席活动的人数和募集资金的数目上可以很明显地得出判断，吉百利公司和拯救儿童组织的合作伙伴关系取得了巨大的成功。正如我们可以预见和想象的那样，吉百利公司运用媒体调查、综合调查和公众调查等手段，对它们与拯救儿童组织的合作伙伴关系所产生的效果进行了评估。此外，公司还进行了独立的媒体评估，以确定上述活动的确切媒体曝光程度。显然，为了能够对未来的类似活动作出更加明智的决策，吉百利公司必须掌握清楚明确的事实依据。这次成功的合作使双方原计划为两年的合作伙伴关系被延长为六年。

## 成效

吉百利公司与拯救儿童组织联手开展的每一项善因营销活动都达到了募集大笔资金和提高慈善团体知名度的目的。通过此类活动募集到的资金总额超过 150 万英镑。这些慈善捐款为拯救儿童组织继续它们在英国及海外的运作作出了巨大的贡献。在英国举办的善因营销活动显得格外成功，其中也包括在伯明翰这个靠近吉百利公司总部的城市所开展的步行马拉松活动。

吉百利公司进行策略性市场营销的一个主要组成部分，就是向消费者传递主打品牌所体现的价值与价值观。在与拯救儿童组织结成合作伙伴关系之后，吉百利公司明显地看到，也切实地感受到，公众对公司品牌的态度发生了不小的变化。具体地说，这一合作伙伴关系的建立，有效地强化和提升了吉百利公司的社会形象。除了企业与慈善机构能够从这类善因营销活动中分享到属于各自的好处之外，参与上述两项活动的慈善团体不但提升了媒体的曝光率，而且也分别取得了许多成果。

吉百利公司组织的步行马拉松活动取得的成果是：

- 吉百利公司的步行马拉松活动每年都能够吸引大约 15000 人；1996 年，更是有 18000 人参与了这项活动。
- 以往五年所开展的吉百利步行马拉松活动为拯救儿童组织募集了 100 万英镑的资金。
- 发起双方获得了大量媒体宣传报道。
- 吸引了重要社会名流人士的参与和推荐。
- 在活动开展期间，吉百利公司展示了超过 85000 份的巧克力棒和其他饮料食品。

吉百利公司的哑剧节活动取得的特殊成果是：

- 哑剧节总共为拯救儿童组织募集了 26 万英镑。
- 一年里，吉百利公司和拯救儿童组织得以在 175 万观众前高调亮相。
- 除了大量的广告和媒体宣传投入之外，吉百利公司还在重要地区张贴海报、试用样品以改变公司宣传形象，并收到了很好的效果。

### 预算

开展这一规模的善因营销活动需要大笔资金的投入，而正如我们在前文中所说的那样，对这笔投资需要进行严格的管理。在 1992～1997 年间，吉百利公司在与拯救儿童组织联手开展的善因营销活动的过程中，一共投入了超过 400 万英镑的资金。

## 经验与未来规划

吉百利公司目前正在对它们与慈善团体间的合作伙伴关系进行回顾总结。他们认为，与拯救儿童组织的合作取得了极大的成功，这一成功尤其表现在强化企业公共关系和为慈善团体筹集赞助资金等方面。事实证明，当初选择拯救儿童组织作为合作伙伴的思路和操作步骤是成功的，这也证实了对善因营销项目的效果进行监测与评估的重要性。也正是因为合作的成功，使得吉百利公司和拯救儿童组织的合作关系由最初的两年，延长为六年。

吉百利公司和拯救儿童组织之间的合作伙伴关系发展得相当好，这主要是由三个原因决定的。第一，合作双方都有着良好的品牌和声誉。第二，双方通过加深了解，开展了一系列联合进行与独立进行相结合的市场营销活动。第三，双方一致同意，对共同开展的善因营销活动进行定期的规划和评估。在吉百利身上，拯救儿童组织发现了一个企业合伙人所应具备的一切优良品质，他们乐于为公益事业投资，也善于针对善因营销活动进行周密的商业规划。

**拯救儿童组织企业发展部前主管 Alison Pavier**

吉百利公司与拯救儿童组织之间成功的合作伙伴关系凸现出对善因营销行为进行充分规划和准备的重要性，以及合作双方拥有共同目标所能产生的巨大能量。这也是两年的合作伙伴关系延长至六年的主要原因所在。我相信，通过先着手进行案头的调查，再随后进行招标筛选的过程来确定善因营销的合作伙伴，是未来的发展趋势。这样做的优点显而易见，它能促使最先提议发起善因营销活动的一方清醒透彻地思考善因营销活动的目的和需要，并使潜在的合伙人全面地了解未来合作中潜藏的发展机遇；它将使善因营销活动变成一个对商业企业和慈善团体来说同等重要的机会。所以说，花费在回顾总结上的时间是不会白费的。

自吉百利公司最先使用公开招标的方式开展善因营销活动以来，许多企业和慈善团体也开始运用招标的方式来争取好的效果。对于另一家以招标方式开展善因营销活动的企业来说，它所学到的最重要的一点是，在活动开始前，首先应该确定企业希望通过招标活动得到些什么，以避免不必要的各种支出和费用；此外，如果商业企业是善因营销活动的发起人，则需要考虑负担慈善团体部分的竞标成本，因为慈善团体动用有限的资源参加竞标也着实不是一件容易的事情。

吉百利公司与拯救儿童组织合作的案例也显示出，围绕善因营销结成的核心伙伴关系可以体现为很多种不同的形式。在吉百利步行马拉松运动和吉百利哑剧节这两项活动中，吉百利公司无疑扮演着主导的角色，但吉百利公司支持善因营销活动的具体行为远不止这两个而已。如果合作伙伴关系进展顺利，充分发掘和利用善因营销所带来的机会是符合参与各方利益的。吉百利公司与拯救儿童组织在这方面的合作可谓取得了非凡的成效。

> 善因营销应该成为成功的商业实践活动的一个有机的组成部分，因为它可以提升企业形象，使产品和服务显得与众不同，同时也可以增强消费者的忠诚度和提升产品的销量。而企业、慈善团体和公益事业所面临的挑战则是，如何寻找合适的合作伙伴，然后再对善因营销活动进行认真地策划、实施和宣传。善因营销是一个能够为所有相关各方带来利益的有力的市场营销手段。
>
> **吉百利史威士公司主席　多米尼克·吉百里爵士**

## 案例分析三： Norwich Union 保险公司和圣约翰救护队的合作

### 背景

英国的金融服务市场正在变得越来越拥挤。新的品牌如 Virgin 和

Marks & Spencer 正威胁着像 Norwich Union 这样的老牌企业。在这样情况下，品牌越来越成为消费者购买产品时的重要参考因素。因此，Norwich Union 公司十分渴望能够进一步提升它的品牌信息——“没人能比我们更好地保护您的利益（No – one Protects More）”，并且一直在寻找一种适当的、能够让人们长时间地记住公司品牌的宣传工具。

## 目标

Norwich Union 公司十分清楚，它想通过善因营销合作伙伴关系达到什么目的。Norwich Union 公司强化企业品牌的首要目标市场，是那些熟悉公司产品或者能够决定购买哪些金融服务产品的成年家庭成员。因此，公司推出的善因营向项目预期要达到的目标是：

- 提高 Norwich Union 公司的知名度以及从纷乱的保险广告中脱颖而出。
- 使 Norwich Union 公司更贴近于“没人能比我们更好地保护您的利益”这个企业对品牌的市场营销定位。
- 营造出消费者对 Norwich Union 公司品牌的温馨感受，改变过去因为通过保险中介开展业务和促使客户一次性购买终身养老保险金而形成的疏远冷漠的形象。
- 鼓励人们尽可能地选择 Norwich Union 公司的产品。

## 合作方式

在善因营销活动开始前，Norwich Union 公司向所有员工和代理商提出要求，希望他们能够就企业即将开展的善因营销活动提出各自的建议。这项提议最终使公司收集到 123 条建议。接着，公司进一步对筛选出的一部分建议进行了详细调查。通过这些举措，Norwich Union 公司发现，应该选择普及急救知识作为善因营销项目的切入点，而这与公司的宣传口号恰好吻合。

正如社区商业组织编撰的《善因营销指南》中所述，与任何成功的市场营销活动一样，除了需要清楚地确立活动目标之外，成功的善因营销项目还需要依靠好的创意以及周祥的调查和策划。一项在全国范围内展开的综合调查证实，英国民众基本急救知识的匮乏已经达到了警戒水平。Norwich Union 公司据此推断，宣传急救知识将会给人们留下深刻的印象，也能够引起人们的兴趣并为公司赢得良好的声誉；同时，它也关系着全国的千家万户的利益。除此以外，针对目标客户群体展开的调查显示，人们普遍认为，提供急救课程对他们来说有着十分重要的意义；同时，重要的一点是，参加培训客户的人士与 Norwich Union 公司两者间不应该因为培训课程而承担任何义务。

## 概念

依据调查的反馈结果，Norwich Union 公司与圣约翰救护队推出了家庭急救护理培训课程。公司之所以选择与圣约翰救护队合作，一方面，是因为该慈善团体在全国享有很高的知名度；另一方面，也是因为它们在全国各地建有完善的基础设施。

## 善因营销手法和时机

由 1996 年开始，Norwich Union 公司资助了一系列由圣约翰救护队主持，面向普通公众举办的免费急救课程。该项目动用了电视广告活动进行宣传，并在屏幕上公布了查询课程信息和预定课程席位的热线电话号码。电视广告表现的是一个小孩子在家里喝下了一种有害的液体，画外声紧接着这个画面向观众提出问题，询问他们在这种情况下应该采取什么样的急救措施；稍后广告才告诉大家，在这种情形下什么才是挽救孩子生命的最好的方法。

广告和免费急救课程先是通过格拉纳达电视台的宣传在格拉纳达地区展开，之后才逐渐扩展到其他地区。参加培训课程的民众将得到圣约翰救护队长达三个半小时的免费急救课程培训，完成所有课程的人将会得到由圣约翰救护队 和 Norwich Union 公司共同颁发的证书。而所有打进电话询问课程信息却无法参加课程的观众，则都会收到一本印有公司和圣约翰救护队标识的急救手册。

## 在宣传活动方面的支持

Norwich Union 公司从一开始就确认了活动的主要目标对象，并由此开展了相应的宣传活动。活动传达的信息十分具有感染力，整个宣传策略可以说得到了妥善的策划和贯彻执行。

通过与圣约翰救护队结成合作伙伴关系，Norwich Union 公司最大限度地提升了善因营销活动在消费者面前的曝光率。

在活动开展期间，企业公共关系活动的主要目的是宣传活动的进展情况和增强活动的生命力。依照《善因营销指南》中的提示，宣传活动在企业和慈善组织之间保持了良好的平衡——即在任何情况下开展的宣传活动中，公司的名字和圣约翰救护队的名字都得到了同样的关照。宣传活动所传递的核心信息是 Norwich Union 公司与圣约翰救护队之间的合作伙伴关系以及建立这一合作伙伴关系的目的，希望能够让更多的人了解这项活动，也让更多的人参与这项活动。在活动进行过程中，宣传工作的目的是让相关方及时了解活动最新的进展情况，表扬人们提高自身急救知识水平对自己、家庭和社区的重大意义。宣传工作的具体内容安排包括：

- 集中协调 Norwich Union 公司与圣约翰救护队的公共关系活动。
- 训练圣约翰救护队的代表作为活动的发言人。
- 为媒体提供免费参加课程的名额，在课堂上组织有奖问答活动并提供奖品。

对任何一项善因营销活动来说，内部宣传都是活动的一个重要的组成部分。从善因营销计划的发展完善到最终的贯彻执行，都离不开内部的宣传协调工作。它的具体内容包括：

- 在公司的内部电子邮箱发布栏和内部新闻通讯中发布有关善因营销活动的信息。
- 向 Norwich Union 公司的每一名员工发放一本《家用急救手册》。
- 在各地办公大楼的员工入口处放映电视广告的录像。
- 为所有员工提供免费的急救训练，为圣约翰救护队的培训人员提供到当地进行培训的机会。

## 监控、测量和评估

对各类项目与合作关系进行监控、测量和评估是一个重要原则，也是现代商业管理的一项重要内容。善因营销活动同样也不例外。从活动伊始就制定明确的目标以及相应的监控和评估计划，将会确保整个过程顺利地进行。以 Norwich Union 公司发起的急救课程培训项目为例，在不同的时期，监控和评估的内容是不同的。

活动开展前的量化调查工作主要有：

- 在目标人群中展开讨论，帮助企业完善最初的概念。
- 通过开展综合问卷调查了解民众对急救知识的匮乏程度，并判定开展免费急救课程的必要性。
- 针对目标客户群展开调查，完善和确认宣传广告的创意。
- 对 Norwich Union 公司在消费者心目中的形象展开全国性的综合调查。

活动进行中的监控工作主要有：

- 通过在课堂上填写调查问卷的方式，了解参加培训的民众对培训课程的质量和对 Norwich Union 公司所持的态度。

活动结束后的评估工作主要有：

- 对活动开展地区公众对企业的认知程度和态度进行新一轮的综合调查，并将调查结果与全国其他地区的调查结果进行比较。

对善因营销活动进行追踪和量化调查，为 Norwich Union 公司和圣约翰救护队提供了来自公众——特别是看过广告的民众以及参加急救培训课程的民众——对公司和善因营销项目的重要反馈信息。它有助于合作双方更好地了解善因营销活动能否有效地帮助它们实现既定的目标。

## 社会影响

这项善因营销活动使 Norwich Union 公司能够有机会把回报社区的活动扩展到公司经营场所以外的广大地区，并使公众了解到它与慈善团体的合作伙伴关系。它让人们有机会学会有价值的生活技巧，从而起到了打动人心的效果。

- 活动为公众提供了25000个免费的急救场所。
- 截至目前，培训课程令超过13000名英国民众得到了急救知识培训。

## 圣约翰救护队的收获

首先，Norwich Union公司向圣约翰救护队支付固定的顾问费，并按参加课程的人头支付授课费用。这段合作伙伴关系还使得圣约翰救护队有史以来首次在电视广告中露面。此外，活动还给圣约翰救护队带来了新的设备，并提升了公众今后参与付费活动的兴趣。围绕善因营销项目而持续展开的公关活动对圣约翰救护队现有的宣传活动形成了一种补充，极大地丰富了圣约翰救护队现有的数据库。

调查显示，在观看过电视广告的人中，有87%的人认为，广告使他们更好地认识到获取急救知识的重要性，而这也恰恰是圣约翰救护队的核心使命。在参加培训课程的人士中，有84%的人对培训课程的价值和授课的方法作出了“十分好”的评价，这进一步突出强调和认可了圣约翰救护队的服务质量和存在价值。

## 商业效果

调查显示，公众对这则电视广告的认可和赞誉超过以往所有同业所发布的商业广告。民众对一般保险业广告的认可率平均只有42%，而Norwich Union公司和圣约翰救护队推出的这则广告竟赢得了超过80%的民众的认可。免费急救课程项目使得Norwich Union公司在如今这个沉闷而又竞争激烈的市场上的知名度急剧上升。

Norwich Union公司的广告胜在设定了明确的目标，即：

- 突出“公司的保险产品能够给人们带来更好的保护”的主题思想。
- 塑造公司“体贴关心大众”的形象。
- 建立“良好的企业声誉”。
- 表达“愿意为公益事业作出更多贡献”的意愿。
- 展现“热心温暖”的企业形象。

看过电视广告以后，每五位消费者中就有一位表示他们更愿意考虑 Norwich Union 公司提供的服务。

- 60%参加过培训课程的民众在课程结束后表示，他们对 Norwich Union 公司的印象比参加培训前更好了。
- 参加培训课程的民众中，有 94%的人对 Norwich Union 公司所提供的课程表示感谢。
- 相对于业界 42%的广告认可率，80%的电视广告认可率可谓是一个傲人的数字。

在认可公司电视广告的 80%的民众中：

- 30%的人认为 Norwich Union 公司的保险服务能够给予他们更好的保障，而在善因营销活动开展前，持有这一看法的人只有 19%。
- 25%的人表示更愿意考虑（购买）Norwich Union 提供的保险产品。

**吸取的经验**

Norwich Union 公司在与圣约翰救护队结成合作伙伴关系的过程中，总结吸取了以下四点主要的经验：

- 需要开诚布公地向对方坦白自己希望在活动中获取的商业利益。
- 合作伙伴之间签订全面详细的合作协议是十分重要的。
- 集中开展公关活动，但起用来自当地的慈善组织专家作为项目的发言人。
- 在寻找适合自己的善因营销合作伙伴关系时，要切实投入大量的时间。

> 不论是对 Norwich Union 公司，还是对圣约翰救护队来说，Norwich Union 免费急救课程都取得了巨大的成功。这主要归功于我们在项目策划阶段进行了大量的调查分析工作，以及我们合作双方都能够以坦诚的态度对待彼此的合作关系。我们在一开始就向对方坦言了我们希望借活动所实现的商业目标，并得到了对方极为专业的积极回应。我们在项目策划阶段投入了大量的时间，但结果十分令人满意。
>
> **Norwich Union 公司集团品牌主管　Thomas Cowper Johnson**

## 案例分析四：森特理克公司与老年扶助组织的合作

### 背景

森特理克公司是英国燃气公司的控股公司，旗下经营着两个主要的品牌——British Gas/Scottish Gas 和 Goldfish。公司的主要业务是为英国超过 1600 万消费者提供能源和相关服务。1986 年的私营化和政府最近对汽油和电力市场解除管制的政策使森特理克公司开始面临一个全新的、充满竞争的市场。在这个市场上，相关权益人的意见和态度发挥着举足轻重的作用。

在过去，森特理克公司也曾经积极地参与过许多善因营销和社区建设项目，其中包括与“老年扶助组织（Aged Concern）”联手推出的 British Gas Handyperson Scheme 计划，以及与 Mencap 合作推出的 Centrica Caring for Cares 计划等。

### 动机

为了在变革的市场环境下继续成功经营，森特理克公司十分渴望能够扩展和保持原有的竞争优势。通过外部调查活动，森特理克公司认识到，越来越多的消费者开始不再只是倾向于购买那些愿意承担社会责任的企业的产品，愿意参加联合抵制道德欠缺企业产品的消费者的数量正在不断增加。因此，开展善因营销活动一定能够受到广大消费者的好评。

英国燃气公司为 1600 万家庭提供燃气，为 100 万家庭提供电力，每年接触的消费者人数高达 4 亿。此外，公司拥有 5000 名工程师，每年探访 700 万户家庭，拥有 240 家高档店面和 90 万持有英国发行量增长最快的信用卡——金鱼卡——的信用卡客户。基于公司核心业务的性质，森特理克公司在社会上有着巨大的影响力，而公司十分了解它们所承担的社会责任，并且也一直秉承着对社会负责的态度从事日常的经营业务。

消费者调查显示，虽然公司为社区建设投入了大量的资金和资源，受惠的团体和个人对公司所做的贡献也给予了很高的评价，但是，普通消费者对森特理克公司参与公益事业的认知程度却很低。

## 概念

在这样的背景下，森特理克公司与老年扶助组织联手推出一项长期的善因营销计划。扶助组织是一家在全英范围内的致力于改进英国老年人生活质量的慈善团体。合作伙伴关系的策划与设计建立在为公司创造商机的同时，也能切实地造福社会的基础之上。活动的目的是，在早先老年扶助组织成功地提醒公众中是弱势老人利益的一系列宣传活动的基础上，采取切实有效的手段，解决老年人普遍面临的问题。善因营销项目的核心内容是，在解决其他短期问题的同时，建立发展一项家庭保暖计划，为缺少燃料的老年人提供长期的解决方案。

## 目标

除了为老人们解决取暖燃料问题，向他们提供免费购买燃气的兑换券，并捐赠部分购买取暖用品、使用日间护理服务和设备维修服务所需的资金外，该项善因营销活动的目标还包括：

- 提升公司品牌形象。
- 吸引客户的参与并提升他们的忠诚度。
- 保持竞争优势。
- 在社区内为英国燃气公司塑造一个领先务实的全新形象。
- 将投资社区建设的行为与实现企业商业目标的行为更好地结合起来。
- 发动和鼓励员工参加募捐和志愿参与公益活动。

## 持续时间

围绕着这一善因营销项目开展的合作伙伴关系将持续至少两年，这一期限在双方签署的协议中得到明确落实。正如社区商业组织在《善因营销指南》中所强调的那样，企业与慈善团体的合作期限必须在合作协议中予以体现。

## 善因营销项目的整个流程

1. 选择公益事业

社区商业组织编写的《善因营销指南》中概括介绍了多种企业在寻找适合的善因营销合伙人时可以所使用的方法。森特理克公司的案例显示出，我们可以将多种方法进行综合运用，以确保挑选合作伙伴的过程能够顺利完成。森特理克公司首先在消费者中开展了针对性调查，调查活动包括安全、居住环境、教育和赞助体育运动等可能的合作领域。在调查活动中，老年人问题和相关的居住环境是否温暖安逸的问题，屡屡出现在受访民众的调查问卷中。森特理克公司由此判断，参与解决老年人问题的公益活动将会得到消费者的积极回应。

经过一个包括其他慈善团体参与的甄选过程，森特理克公司选择了与老年扶助组织进行合作，这一方面是因为该组织所倡导的主题与公司服务客户的主张相互吻合；另一方面，则是因为该组织还拥有一套有效的运营管理机制。

2. 排他性

对任何善因营销项目而言，考虑与合作伙伴之间的关系是否存在排他性，都是一个十分重要的问题。社区商业组织编写的《善因营销指南》概括介绍了将排他性列为正式合作协议条款时所应考虑的若干要素。在本案例中，森特理克公司将是老年扶助组织为帮助老年人解决取暖燃料问题和安居问题而发起的筹款募捐活动的惟一企业赞助商。

## 合作方式

森特理克公司与老年扶助组织之间的战略合作伙伴关系体现为一系列互惠互利的具体行为，其中包括：

- 森特理克公司提供主要资金，赞助老年扶助组织开展若干其他的公益活动。
- 利用向消费者邮寄账单或其他产品说明材料的机会，对新开展的善因营销活动进行宣传。

- 在英国燃气公司的客户服务中心和老年扶助组织设在各地的办事机构，开展募捐活动和纪念章义卖活动。
- 森特理克公司将开通免费或低收费的捐款咨询热线，向公众传播捐款活动的信息。
- 由企业在公司内部和外部发起善款募捐活动。

## 支持

善因营销活动得到森特理克公司集团总部的大力支持，其中包括介绍吸引供应商的参与和为捐款活动提供产品支持。公司还将动用多个市场营销渠道，对这项活动进行宣传。此外，公司还鼓励员工积极地参与捐款活动，并定下了在两年多的时间里为扶助长者组织募集25万英镑的目标。

## 监测与评估

森特理克公司对衡量活动成功与否的标准进行了定义，其中包括：

- 公司在1999年定下的消费者捐款目标为80万英镑，员工捐款目标为10万英镑（两年达到25万英镑）。
- 通过MORI公司进行的同步调查来测量企业形象和品牌得到提升的程度。
- 在1999年，计划让50%的员工参与募捐活动。
- 通过同步审计来让员工放心满意。
- 其他的权益人对活动是否满意。
- 能够让多少老年人在活动中得到直接的帮助。
- 通过固定的指标（例如留住现有消费者的情况），衡量消费者忠诚度的变动情况。

## 成效

森特理克公司与老年扶助组织间的合作伙伴关系开始于1999年1月，目前正在取得成效。募捐筹集的资金将会通过老年扶助组织现有的渠道，以下列形式发放到目标对象的手中：

- 向最有需要的长者发放紧急取暖兑换券。
- 为了解决老年人孤独寂寞的问题，向他们提供参加日间活动中心和午餐俱乐部所需的资金资助，同时为老人们提供煮热的食物。
- 为老年人及看护人员服务热线提供资金援助。
- 出资推出一项名为“Handy Van”的计划，为老年人提供能够在家完成的安全的工作，使老人们在经济上能够保持独立，不对社区产生依赖。
- 森特理克公司还筹集了大笔的资金，帮助为上千户家庭安装节能设施，帮助人们减少燃气消耗，从长远上解决老年人燃气缺乏的问题。这项新举措将会与节能企业共同开发完成。

> 我们已经宣誓全身心地投入这段合作伙伴关系。除了直接募捐之外，我们还要带领我们的20000名员工、我们的商业伙伴以及1600万消费者共同参与到这项活动中来，使该项活动长期地保持发展下去。
>
> **英国燃气公司企业事务部主管 Charles Naylor**

> 老年扶助组织和英国燃气公司的合作，将会给急需帮助的老年人带来温暖——不论是在现在，还是在将来，这都是一项关于老年人生命的重要工程。
>
> **老年扶助组织常务主管 Michael Lake**

**案例分析五： 英国电讯公司的善因营销策略**

英国电讯公司（BT）是一家重量级的电讯企业。公司的产品繁多，市场广大，拥有各式各样的消费者团体和相关权益人团体。因此，公司所面临的挑战是，应该如何在适合的市场里发现和发展适合的善因营销合作伙伴关系。英国电讯公司的案例揭示了各种类型的企业和慈善团体，在对善因营销作出共同承诺的情况下，建立和发展合作伙伴关系的过程。

## 背景

英国电讯公司在 1996 年 12 月推出了“社区合伙人计划”（Community Partnership Programme，简称 CPP）。推出该计划的主要目的，是鼓励英国电讯公司内的各部门开展善因营销活动，以此作为企业参与社区建设和履行善因营销承诺的具体表现。公司承诺开展善因营销活动，是因为它能够同时为企业和社会带来利益。具体地说，英国电讯公司推出 CPP 计划的主要目标是：

- 在全公司范围内推广善因营销概念。
- 为正在考虑是否参与善因营销活动的员工树立良好的榜样。
- 加强对社区有利的市场营销预算，建立和强化公司与社区间的联系纽带。
- 对公司的核心业务产生可量化的影响，例如提升公司的销售业绩等。

## 动机

英国电讯公司希望通过 CPP 计划，在与外部的企业或慈善团体结为合作伙伴关系的基础上，开展对改善公司经营所在地民众生活和造福社区的善因营销活动；以此来建立和保持公司的声誉；令公司员工对自己的工作感到自豪；同时，提升公司的经营业绩。可以说，如果策划管理得当的话，任何一项善因营销活动都有能力帮助企业实现上述的目标。

## 善因营销的整个流程

英国电讯公司通过一整套完善的程序，对共同开展善因营销活动的合作伙伴进行了仔细地挑选。首先，英国电讯对消费者希望公司支持的公益事业和社区真正需要得到支持与赞助的问题进行了分析比较，并列出一张初步审核符合条件的慈善和公益组织的名单。在这张名单的基础上，英国电讯又根据下列的标准，对希望与之合作的慈善团体进行了最后的筛选确认：

- 是否适合企业的产品和服务。
- 是否有能力配合英国电讯公司开展公关工作。
- 能力范围是否能够覆盖全国或公司希望开展善因营销的地区。
- 在招标活动中提交的计划书的质量和实际表现是否能够满足英国电讯公司的要求。
- 英国电讯公司与参加甄选的慈善团体以往和目前的关系如何。

在确定了合作对象后，英国电讯会与该慈善团体签订正式的合作协议书，并指派一名项目经理对未来的善因营销项目实施管理。

## 目标

英国电讯在当前希望实现的主要目标是：

- 使更广泛的社区受益。
- 在企业内部和外部同时提高人们对公司参与社区建设的认知度。
- 增加产品或服务的销售额。
- 提高英国电讯公司的声誉。

## 实施手法

英国电讯公司目前已经开展了许多善因营销项目，其中包括：英国电讯公司通过 Big Button 电话促销活动与国立皇家盲人研究会（RNIB）进行的合作。

该项目的目标是：

- 配合 Big Button 电话产品的推出。该产品是“触摸式”电话系列的首发产品。
- 增加 Big Button 电话的销量。
- 于圣诞节之后的这段时间里，在公司各地的零售网点内展开一系列富有吸引力的宣传攻势。

- 将英国电讯的善因营销活动与产品的销售挂钩。
- 为 RNIB 募集 10 万英镑的资金，用于支持该组织新开通的求助热线。

该项目的合作方式：

英国电讯公司每销售或出租一台 Big Button 电话，就将向国立皇家盲人研究会认捐 1.5 英镑，直到通过这种方法筹集到 10 万英镑为止。Big Button 电话的促销价是 24.99 英镑，月租费为 4.99 英镑。

该项目的成效：

- 产品投放市场的活动取得了巨大的成功。在圣诞节后的淡季期间，完成了一次有趣的店内促销活动。
- 在短短两个月内，实现了原定需 12 个月才能完成的销售目标。
- 产品和善因营销宣传活动在社会上和市场上的知名度得到了大幅提高。
- 提升了产品在老年人和残疾人市场的形象。
- 通过在英国电讯公司的零售网点及其他场所开展的产品促销活动，使国立皇家盲人研究会为更多的消费者所认识和了解。

## Whizz－Kids 与英国电讯移动电话业务部的合作

该项目的目标是：

- 提升 BT Businessconnections 业务项下的移动电话的业务量。
- 募集 5 万英镑，为慈善团体 Whizz－Kids 提供 2 0 辆专用轮椅。
- 使善因营销活动成为英国电讯公司长期开展的活动项目之一。

该项目的合作方式

- 在 1997／1998 财务年度的第四季度（1998 年 1 月到 3 月）期间，英国电讯公司每签下一个客户，就会为慈善团体 Whizz－Kids 认捐 4 英镑。
- 为了宣传这项善因营销活动，公司向大约 17.5 万名商业客户发送宣传邮件，同时也借助新闻报道和发行内部员工简报的方式，在公司内外同时对项目的开展进行了宣传。
- 所有的市场营销和推广活动是由英国电讯的业务部门出资赞助。

该项目的成效：

- 为 Whizz – Kids 筹集到购买 20 辆专用轮椅的 5 万英镑。
- 对该项善因营销活动进行的宣传获得了 5%的积极回应，这一数字远远高于预期的 1.5%的回应率。

## 世界野生动物保护基金和英国电讯电话通讯业务部的合作

该项目的目标：

- 提高电话通讯业务的销售额。
- 调动“英国电讯商务联通服务”计划销售人员的积极性。
- 为世界野生动物保护基金会募集 2.5 万英镑的资金。

该项目的合作方式：

- 在 1997/1998 财务年度的第三季度（1997 年 10 月到 12 月）期间，每签下一位使用 1 到 5 条商务线路的客户，英国电讯公司就将向世界野生动物保护基金会捐款 1 英镑，捐款上限为 2.5 万英镑。
- 以直邮的方式向大约 20 万商业用户发送善因营销项目的宣传材料。
- 另外，公司以简报、录像和海报的形式，向全英国的销售人员传达了活动开展的信息，并同时设立了相应的员工奖励机制。
- CPP 为世界野生动物保护基金会提供了所有的宣传资金。
- 英国电讯的商务业务部资助了所有的市场营销和推广活动。

该项目的成果：

- 为世界野生动物保护基金会募集了 2.4 万英镑。
- 活动期间销售额增长了 26.2%。
- 这项活动刺激了英国电讯公司的其他部门去了解和思考善因营销项目。
- 销售人员的工作热情得到了激励，调查反馈显示，99%的员工表示支持公司在今后开展类似的活动。
- 通过市场营销活动和世界野生动物保护基金会和英国电讯公司所发行的刊物，起到了吸引媒体关注的作用。

## 支持

通过以上的案例我们可以看到，虽然英国电讯在每一个善因营销项目中所采用的手法和目标市场各不相同，但都可以借用相同的内部和外部宣传渠道，对活动进行宣传。可以利用的宣传渠道和宣传工具包括：

- 电话销售；
- 直邮；
- 员工简报；
- 录像；
- 海报；
- 英国电讯内部的员工新闻通讯。

在全国各地推广善因营销概念的活动中，公司上下做了大量的工作，其中包括：为员工通讯所撰写的文章，在集体会议上介绍善因营销的概念，通过电子邮件和电话与客户的市场营销主管建立联系等。刊登在员工通讯上的文章，有时会招来许多员工对善因营销项目进行探讨和提出建议。

**监控和评估**

公司要求对所有已开展的善因营销项目都建立起一套独立的商业档案，档案中需要包括：正式签署的合作协议、项目执行情况的报告、日常总结和全面彻底的事后评估。具体地说，针对每一项活动，公司都采用了下列的手法进行监测和评估：

- 在活动进行期间，定期与合伙的慈善团体对活动的进展情况进行总结。
- 通过媒体调查公司 Impacon 和公司的财务报告了解项目的媒体曝光度。
- 通过活动表现评估表和其他广泛的调查方式，了解公司员工对善因营销项目的看法。
- 撰写详细的项目总结报告，就资金募集情况、产品销售情况、媒体报道情况、公众满意情况以及其他方面的信息进行归纳总结。
- 将活动表现评估表同时递交给参与活动的慈善团体，了解它们对活动和英国电讯公司的满意程度。

## 成效

英国电讯公司发起的善因营销活动在各自的目标领域里都产生了应有的效果。例如，正如我们在前文中所描述的，Whizz - Kids 很快便募集到了足够购买 20 辆专用轮椅所需的资金。从世界野生动物保护基金会和英国电讯电话通讯业务的合作中募集资金，将被野生动物保护基金会用来提升商业企业保护大自然和野生动物的意识。合作总是能够帮助英国电讯和相关的慈善团体提升各自的声誉和媒体曝光度。

## 预算

每年，英国电讯公司开展的善因营销活动都能为参与活动的慈善团体筹集到 15 万英镑以上的资金。这还不包括为宣传和推广善因营销活动而投入的资源。

## 经验总结和未来的计划

英国电讯公司参与的善因营销项目给我们提供了大量有学习价值的信息，其中包括清楚地传递宣传信息和促使企业内部更多部门参与此项活动的重要性。除此以外，公司在公关活动中的表现和吸引员工参与活动的做法，也十分值得我们借鉴。

关于英国电讯与 RNIB 的合作：

> 最初听英国电讯提起 Big Button 电话销售计划的时候，我感到兴奋不已。从这段合作伙伴关系中所募集的资金将能够使 RNIB 的求助热线每天应答超过 200 个有关视力丧失问题的咨询和求助电话。英国电讯的支持将会完全改变那些有严重视力问题的人士，他们的家人、朋友和看护人的生活。
>
> **RNIB 的求助热线主管　Jean Harding**

关于英国电讯的移动通讯业务部与 Whizz Kids 的合作：

> 与 Whizz Kids 联手推出的合作项目反响热烈，广受赞誉。我们对于该活动实现了 5 万英镑的捐款目标感到十分高兴，希望能看到这些资金能够给 Whizz Kids 赞助的孩子们带来更多的行动便利，使他们拥有更多的信心和自由。
>
> **英国电讯公司社区合作项目主管　Stephen Serpell**

> 我们十分感谢英国电讯公司和其移动通讯业务的商业客户对我们的筹款活动给予的巨大帮助，我们的筹款活动即将达到 4500 万英镑的大关。
>
> **Whizz - Kids 的首席执行官　Michael Dickson**

关于英国电讯电话通讯业务部与世界野生动物保护基金会的合作：

> 通过这项善因营销活动，英国电讯和世界野生动物保护基金会之间的合作关系变得越来越好。项目募集资金的数目，员工的热烈反响以及种种其他的证据都表明，这项活动取得了巨大的成功。
>
> **世界野生动物保护基金会企业合作部主管　Paul King**

## 案例分析六：　Adams 童装公司与拯救儿童组织的合作

这个例子展现的是建立亲密无间的合作伙伴关系所带来的好处。在这里，我们很难看到究竟是哪一方在合作过程中处于主导地位。

## 背景

Sears Group 集团旗下的 Adams 童装公司，是一家专门从事 10 岁以下儿童服装的零售商。Adams 的品牌定位和品牌特征十分明确，那就是俏皮、有趣和新潮。公司与著名的儿童福利组织“拯救儿童组织”进行合作，可谓是天造地设的一对绝配。双方有着共同的价值观念、相同的市场目标和强大的品牌，使慈善捐款活动充满乐趣，这是活动取得成功的关键。

自 1988 年以来，双方的合作一直十分成功。1995 年，Adams 童装公司提升了它与拯救儿童组织的合作伙伴关系，使其成为公司新的品牌定位童装概念店的一个整体组成部分。1997 年，Adams 童装公司加入了拯救儿童组织推出的企业会员计划，承诺在三年时间内每年为该组织捐款 10 万英镑。

## 目标

Adams 童装公司支持拯救儿童组织的主要商业目的是，在激烈竞争的市场环境中，通过与慈善团体的合作提升 Adams 的品牌价值，并通过相关的公关活动，使本公司的产品显得与众不同。

其他的次要目标还包括：通过与拯救儿童组织联手开展店内促销活动，增加客流量和客户的忠诚度；通过组织集团公司或本公司员工参加捐款活动，激励员工的工作热情，增强和改进员工的内部交流。此外，Adams 童装公司也希望通过开展善因营销活动，确保公司的核心商业活动能够与社会道德规范相吻合。

## 合作方式

Adams 童装公司使用了包括在新开的概念店内推出促销活动，在销售网点摆放宣传材料，以及推出了以下的筹款活动：

- 所有 330 家零售店中销售印有公司和拯救儿童组织标识的徽章，以换取消费者对拯救儿童组织的捐款。
- 销售印有拯救儿童组织标识的商品，包括 T 恤衫、海报、气球等。

- 特别制作了3英尺高的善款收集箱。
- 资助每年十二月份举行的圣诞音乐会，即邀请每个零售店所在地区的学校在其店面外举行音乐会。

## 支持

1. 该项目的人力动员

这项善因营销合作伙伴关系成功的关键是Adams童装公司高层管理人员的鼎立支持，这种支持包括公司主管Michael Hobbs亲自在活动中担任形象大使。这种来自高层的支持调动了公司中每一位员工的积极性，使参与相关的善因营销活动成为他们日常工作的一个组成部分。为了让每位参与活动的员工都感觉轻松愉快，公司制定了内部交流活动成果的计划，并采取了相应的奖励制度。

吸引员工的参与，是Adams童装公司与拯救儿童组织合作成功的关键。大部分筹集到的资金来自于员工自身捐款和员工对相关商品的推广活动。

2. 项目的协调

Adams童装公司在善因营销活动中的工作重点在于建立实实在在的合作伙伴关系。

邀请拯救儿童组织参加公司的月份计划会议和工作发展讨论会，已经成为Adams童装公司市场营销活动的一部分。此外，公司还会定期与拯救儿童组织召开会议，在会上讨论新提出的活动建议，这类的讨论经常会超出双方进行善因营销合作的范围，例如：某些建议只是针对如何提升Adams童装公司的经营业绩而提出，而有的建议则只与拯救儿童组织未来应该采取什么样的方式开展活动有关。

Adams童装公司的例会会专门讨论与拯救儿童组织合作的话题，公司有时会在各个分店间围绕与拯救儿童组织有关的善因营销活动展开竞赛活动，并且会在公司开展的某些公关活动中介绍拯救儿童组织，或展示它们的标识。

拯救儿童组织为Adams童装公司的员工特别设计了捐款宣传材料，宣传材料的内容包括捐款活动的背景资料、相关的法律建议和推广指南，并且列明了对在捐款活动中表现出色的员工给予奖励的方式方法。

通过每周的员工通讯和其他内部通讯工具，及时向员工们通报活动的进展情况。

拯救儿童组织在 Adams 童装公司地区员工会议上多次向公司员工介绍了公司赞助孩子福利事业的活动，并多次组织 Adams 童装公司的员工参观了相关的赞助项目。另外，在 Adams 童装公司每月召开的总部会议上，公司的高层管理人员也会对公司与拯救儿童组织合作的最新进展进行汇报总结。

除了自身致力于社会福利事业之外，Adams 童装公司同时也向同一供应链上的其他企业积极地推广善因营销活动；而拯救儿童组织也把 Adams 童装公司介绍给各地参与慈善活动的其他企业或社会团体。

3. 供应链的利用

Adams 童装公司十分积极地把与拯救儿童组织合作开发的善因营销项目介绍给供应链上的其他企业，这将使拯救儿童组织有机会获得额外的支持和收入。

> 当你开始把你所参与的善因营销项目介绍给其他人，你会发现更多的募集资金和发展合作伙伴关系的机会。对我来说，没有比最近一次在香港参加供应商会议时的经历更能让我感到高兴的事情了。我甚至还没有机会开始介绍我们支持的公益活动，我们在当地的中国供应商就送给我一张 4.5 万英镑的支票，他们告诉我，他们希望这笔钱能够被捐赠给一项十分优秀的公益事业。
>
> **Adams 童装公司主管　Michael Hobbs**

**成效**

每一年 Adams 童装公司都会为拯救儿童组织募集更多的资金。在过去的 10 多年里，Adams 童装公司已经为拯救儿童组织募集了超过

100万英镑。这段合作伙伴关系之所以开展的如此顺利，是因为两个组织有着相似的价值观，有着同样的目标市场，各自拥有强大品牌，因此他们的结合注定十分完美。

拯救儿童组织的“FunRaiser”形象被有效地融入Adams设在各地的零售店中，形成一个符合儿童特性和十分健康的街头形象，为公司的品牌提供了一个十分有效的竞争优势。借助Adams童装公司的宣传，拯救儿童组织也人气大增。相关的店内促销活动和善因营销推广活动也极大地调动了员工们的积极性，巩固了公司与消费者的关系，提升了消费者的忠诚度。

员工的士气和Adams童装公司的内部交流体系也通过开展善因营销活动得到了增强。除此之外，当相关的善因营销活动需要供应商们的参与，如为募捐产品和宣传材料供应免费油漆、艺术品和设计方案时，公司与供应商的关系也得到了极大的增强。

善因营销活动使公司在各地的媒体曝光率也大大增强，其中包括价值5万英镑的、媒体对公司组织的圣诞节合唱音乐会的宣传。1998年的Mintel营销调查报告（Mintel Marketing Intelligence Report）显示，双方结为合作伙伴关系的知名度在当年上升了7%；而在同年，双方的合作关系也获得了社区商业组织颁发的杰出成就奖。

Adams童装公司的目标市场是十岁以下的儿童、母亲和其他家庭成员，而所有在捐款活动中所筹集到的资金都被用于拯救儿童组织所从事的公益事业。该儿童组织服务的对象恰好是与Adams童装公司目标客户年龄相仿的儿童和家庭。

## 监控与评估

为了了解善因营销活动的效果和进展情况，Adams童装公司对各种不同的指标进行了调查监控，其中包括人气指数、消费者认知度、销售额和募捐金额等。拯救儿童组织几乎已经被认作是Adams童装公司的一个分支，并因此而受到公司长期不断地监控。在合作过程中，Adams童装公司不断地向拯救儿童组织提出新的建议，其中的一些随后确实得到采用，而其他的建议也被运用在拯救儿童组织的其他活动中。正如 Adams 童装公司主管 Michael Hobbs 所描述的那样：

> 你必须召开日常总结会议，你必须使对方对与你的合作感到满意，同时你也必须关注资金的募集情况。你必须时时问自己在合作过程中的表现得如何？从公共关系的角度看，我们得到了多少？对于合作开展的善因营销活动我们还能多做些什么……更重要的是，我们必须推出新的创意——对于提升企业经营业绩和慈善团体未来工作有所帮助的创意。但是不要忘记，在对活动成功与否进行监控评估时，还必须建立起必要的奖励机制，这将有助于我们保持提高的动力。也正因为我们对上述工作的重视，我们与拯救儿童组织结成的合作伙伴关系可以说非常牢固，有时连我们自己也很难判断某一项具体的活动项目究竟是由我们哪一方最先提出的。
>
> **Adams 童装公司主管　Michael Hobbs**

由于双方的合作伙伴关系已经融入了 Adams 童装公司的所有商业计划中，所有的市场营销伙伴也会定期就善因营销活动的进展情况进行讨论，Adams 童装公司和拯救儿童组织有能力对合作项目是否成功作出正确地判断。在内部，Adams 童装公司会通过重点调查和员工态度调查问卷，了解员工们对合作伙伴关系的看法。

此外，Adams 童装公司还会根据公司公关活动所取得的广告效果，来评估善因营销活动的开展情况，判断的依据是公关代理机构按月出具的调查分析报告。

作为它自身的内部审计活动的一部分，拯救儿童组织也在对合作关系成功与否进行评估，并会将结果传递给 Adams 童装公司的员工。

> 善因营销活动为我们募集到大笔资金，也通过各种公关和店内宣传展示活动提高了我们的社会知名度和媒体曝光度，而 Adams 童装公司

的员工和志愿者也为各类善因营销活动投入了大量的时间、给与了大量意见……除此之外，我认为，我们在维持和发展合作伙伴关系的过程中共同学习提高的经历，也是我们所获得的一笔宝贵的财富。我们把这些心得运用到我们新的合作伙伴关系上，这种感觉对于我们的员工和我个人来说，都有着极大的鼓舞作用。我们甚至还得到了一位愿意为拯救儿童组织进行义务宣传的大使，他十分高兴地把我们介绍给他的商业伙伴。而最重要的是，Adams童装公司切切实实地为社会作出了贡献，它们不仅改变了成千上万名英国儿童的生活，同时也正在使越来越多的海外儿童也开始享受到社会关爱的温暖。

**拯救儿童组织募捐负责人 Clare Mulley**

## 案例分析七：贝尔法斯特茶叶公司与抗癌基金会的合作

这个前所未有的案例表明，无论公司的规模有多小，都可以作出与众不同的贡献。它显示了企业应该如何充分地调动和利用现有的资源开展力所能及的善因营销活动。例如，厂家可以为了把10万个募捐所用的丝带包装到展示箱里，而在当天将产品生产线全部停顿下来。本案例突出地表现了协作精神和注重承诺在善因营销活动中所能发挥的巨大力量。

### 背景

贝尔法斯特茶叶公司是北爱尔兰主要的茶叶供应商。贝尔法斯特的品牌是北爱尔兰销量第一的茶叶品牌，也是最成功的本土品牌之一。但公司本身是一个只有三处经营场所、35名员工的小公司。

### 原理

北爱尔兰是世界上乳癌最高发的地区，因此，乳癌一直是一个显著的社会问题。在最近的三年里，由于抗癌基金会的大力宣传，人们对乳癌的关注上升到了一个新的高度。抗癌基金会是北爱尔兰的一家主要的慈善团体，该组织将粉红色的丝带作为国际性对抗乳癌的标志。在每年的十月，抗癌基金会都会对外发送10万条粉红色丝带，并随丝带附送建议人们定期进行乳癌自测和早期预防的卡片。该组织在募捐活动中筹集的资金将被用来进行乳癌的早期预防诊断以及其他的帮助咨询服务和治疗研究工作。

## 概念

从善因营销的角度看来，贝尔法斯特茶叶公司和抗癌基金会属于天生的合作伙伴。作为一家当地的慈善团体，抗癌基金会和贝尔法斯特茶叶公司一样拥有灵活的商业头脑，而且与贝尔法斯特茶叶公司拥有同样的目标客户群。双方的市场营销团队拥有很强的互补性。

贝尔法斯特茶叶公司在飞速发展的市场竞争中所获得的营销经验，能够有效地帮助抗癌基金会解决在宣传工作中遇到的很多问题；具体地说就是，它能够帮助抗癌基金会提高社会知名度，鼓励人们积极进行乳癌自测和参与抗癌基金会举办的募捐活动。

1998年4月，贝尔法斯特茶叶公司与抗癌基金会签订了合作协议，正式将大规模宣传抗癌基金会的善因营销项目列入公司的各项市场营销活动中。

## 目标

贝尔法斯特茶叶公司和抗癌基金会经过协商，就合作关系达成了下面的目标。

该项目的合作目标是，双方建立合作伙伴关系，以实现多个目标，其中包括：

- 设计推出一个尽可能利用贝尔法斯特茶叶公司来实现公共关系预算，并且能够与公司的其他市场营销活动相互配合。
- 找到一个能够反映企业造福社会、乐于承担社会责任的整体价值观的解决方案。
- 表现出温暖、舒适、轻松的品牌价值主张。

● 以16到60岁年龄段的“家庭主妇”为主目标客户群体，以及年龄在20到35岁为次要目标群体，制定一个强有力的营销策略。

● 将慈善捐助量化为具体的投资回报，而不是仅仅成为特别的赞助商。

● 找出一个活力十足和公共关系能力优秀的合作伙伴，帮助解决贝尔法斯特茶叶公司内部公共关系资源有限的压力。

● 造福当地社区。双方协商规定，所有在活动中获得的收益，都必须用于北爱尔兰本地的项目。

双方在项目宣传方面希望实现的目标包括：

● 通过一系列的媒体报道，使善因营销活动全面融入到贝尔法斯特茶叶公司所有的市场营销活动中。

● 在乳癌宣传月开展后，提升贝尔法斯特茶叶公司的媒体曝光度。

● 向挑剔的消费者宣传贝尔法斯特茶叶公司赞助乳癌宣传月的原因和支持程度。

● 确保所有的宣传活动都将同时给贝尔法斯特茶叶公司和抗癌基金会带来好处。

### 合作方式

双方共同设计推出了一系列有利于双方利益的活动。其中包括推出10万个特别设计的畅销茶叶包，从每包的销售收入中提取5个便士给抗癌基金会。

### 支持

通过资产审计，抗癌基金会和贝尔法斯特茶叶公司发现了许多因为合作伙伴关系而产生的，有利于双方品牌建设的大好机会。例如，下边是这些超越传统“促销活动”的 宣传活动：

● 贝尔法斯特茶叶公司出资赞助了乳癌宣传月的电视广告，这是该项活动在北爱尔兰第一次出现在电视广告中。

● 作为一种直销工具，公司特别设计推出了印有乳癌宣传月活动信息和相关捐款信息的茶叶包。

● 贝尔法斯特茶叶公司在当地的知名会议场所主持了乳癌宣传月的新闻发布会。除此之外，公司还在现场向参与活动的民众，抗癌基金会和乳癌宣传月活动的义工免费提供茶水，作为该公司积极参与此项活动的又一个令人印象深刻的表现。

在公司业务经理的领导下，生产线上的员工们特别停产一天，以便能够完成宣传产品的包装工作。这一行为很好地说明了公司对此项善因营销活动的全力支持。包括公司经理人员在内的所有员工，需要将10万条丝带装入2000个活动宣传展示箱内。它不仅仅真实展现了公司的价值观，而且也为抗癌基金会成功主办宣传月的活动作出了极大的贡献——因为同样的工作，抗癌基金会的员工和志愿者们一般需要花费几周的时间才能完成。停工的这一天也为所有来自抗癌基金会和贝尔法斯特茶叶公司的员工提供了一次面对面交流的机会。

这里我们再一次看到参与善因营销活动的商业企业与慈善团体是怎样相互支持，互相帮助的。在贝尔法斯特茶叶公司的帮助下，抗癌基金会顺利地解决了在全省范围内储存和发放2000个宣传展示箱的难题。首先，贝尔法斯特茶叶公司腾空了部分自己的仓库来摆放宣传展示箱，并且为日后展示箱的发放工作留出了足够的空间。接下来，贝尔法斯特把展示箱统一发送到它在全省内现有的配送网络，并特别安排了一辆货车来确保派送工作能够按时完成。

## 监控与评估

除了对媒体的监测和报道的进行数量分析以外，贝尔法斯特茶叶公司还通过一项进行中的品牌跟踪项目，来了解和掌握人们对公司与抗癌基金会结为合作伙伴关系的看法。另外，一项由MRBI在Great Belfast地区开展的独立调查显示，在300名受访者中，有57%的人立即表示对乳癌宣传月活动的宣传有印象。

## 成效

在某些方面，这段合作伙伴关系所产生的成效还在继续观察研究之中。但截至目前，合作双方都明确表示合作取得了成功，也产生了实际的效益；而且，双方正在计划合作开展下一年的项目。

企业所获得的利益有：

- 这段合作伙伴关系是对企业和品牌价值观的完美展现。
- 它提升了公司在自身的市场上和在主要权益人眼中的形象。
- 进一步提高了公众对公司的看法。
- 员工和供应商与企业的关系都得到了加强。
- 在品牌追踪调查活动中，有 29% 的受访者表示，贝尔法斯特是他们所喜欢的茶叶品牌——这一调查数据与公司的市场份额相吻合。然而，在同一项调查活动中，有 61% 的受访者表示，乳癌宣传月会是他们希望支持的慈善公益事业——这一比例是前者的一倍。

公益事业所获得的利益有：

- 与贝尔法斯特茶叶公司结成合作伙伴关系的第一年，抗癌基金会就募集到超过 20 万英镑的资金，这一金额是它们往年筹款金额的一倍，也远远超出了它们的预期。
- 结成合作伙伴关系和运用新的市场营销技巧的结果是，抗癌基金会和它们所运作的慈善项目的知名度都得到了大幅的提升。
- 从 10 月 1 日到 12 月 31 日，抗癌基金会的支持服务部收到了 949 个咨询电话，与往年的统计数字相比增长了 24%。除此之外，在这一期间有 393 人到抗癌基金会设立的治疗中心造访。
- 由于知名度的增加，抗癌基金会特别推出了额外的夜间和双倍的门诊服务来满足不断增加的需求量。与往年相比，前来进行乳癌检测的人数稳步增长：10 月份的门诊人数上升了 2.5%，11 月份增长了 18%，12 月份增长了 19%。
- 由于贝尔法斯特茶 09 公司在宣传产品的生产制作和配送上的支持，抗癌基金会节省了 1000 英镑的资金和三周的包装工作时间，并大幅降低了宣传品发放的成本。除此以外，由于宣传展示箱单位制作成本的降低，抗癌基金会得以制作更多的宣传用展示箱来推广乳癌教育。

双方共同获得的利益有：

- 双方之间的密切合作对乳癌宣传月的成功起着至关重要的作用。

从企业市场营销的角度，以及慈善团体筹集捐款和提升社会知名度的角度来说，贝尔法斯特茶叶公司和抗癌基金会之间的合作伙伴关系都取得了超出预期的成果。双方合作成功的关键可以归纳为因整合双方的资源而产生的所谓“协作能量”。

- 1999 年 2 月，贝尔法斯特茶叶公司和抗癌基金会因为贝尔法斯特茶叶公司所展现的社会责任感、双方对社区的影响和贡献以及共同推出的善因营销项目的创新性，被北爱尔兰志愿者委员会（NICVA）授予最佳合作奖（Link Award）。
- 在北爱尔兰，有 82%的家庭主妇观看了贝尔法斯特茶叶公司出资为抗癌基金会制作的广告。人们观看该广告的频率是每人平均四次。
- 贝尔法斯特茶叶公司与抗癌基金会的合作伙伴关系得到了广泛的媒体报道。
- 合作双方在共同学习的过程中都受益匪浅。
- 两个组织的员工都为乳癌宣传月取得的成功感到自豪。

> 这是本公司所能开展的涵盖最广的市场营销活动。从提升公司和品牌形象以及增进企业内部各部门的交流的角度看来，公司此项投资取得了很好的回报。最重要的是，它使我们的社区和客户——购买我们茶叶的北爱尔兰妇女——能够直接在活动中受益。
>
> **贝尔法斯特茶叶公司主管 Brian Davis**

> 我们真的为贝尔法斯特茶叶公司和它的员工们所感动，这不仅是因为它们给我们提供了财务上的帮助，也是因为他们个人对于预防乳癌事业所表现出的极大热情。乳癌宣传月活动获得了圆满的成功…… 贝尔法斯特茶叶公司及其员工们的支持把活动推到一个新的高度，我们盼望在今后继续与他们保持密切的合作关系。
>
> **抗癌基金会代理首席执行官 Janet Stevenson**

## 案例分析八：　宝莹品牌与慈善组织 Comic Relief 的合作

这个案例研究展示的是善因营销的战术运用。在全心投入和合理协调的情况下，善因营销活动能够为提升双方的品牌形象、提高双方员工的工作热情和造福公益事业作出重要的贡献。从本案例中我们还可以看到，企业和慈善团体会如何通过调整现有的宣传策略，以适应善因营销合作伙伴关系的需要。

### 背景

长久以来，宝莹品牌一直被消费者视为是一个安全和值得信赖的品牌。利华兄弟公司曾经参与了包括 Persil Funfit 活动（获得年度奖的 Comfort Health Visitor）、Jif Community Challenge 活动等在内的许多善因营销活动，它们希望在善因营销领域有所建树。

### 原理

宝莹是一个著名的、在市场上处于领先地位的消费品品牌。一项众人瞩目的善因营销推广活动对宝莹来说，是在吸引相关权益人参与和赞助慈善团体的同时，巩固其市场领袖地位的良机。

作为一个受到公众信赖的知名慈善团体，Comic Relief 具有强大的品牌优势和为众多优秀的慈善公益事业募集大笔资金的辉煌历史，这使它成为帮助宝莹进行品牌定位的最佳合作伙伴。Comic Relief 的宗旨与宝莹情感取向（口号是："因为如此，没有人对您的关心超过宝莹"）和品牌特征（欢乐/愉快、关心、自信、主流）相吻合。

宝莹品牌的系列产品中，Persil Colour Care 被选中作为利华公司与 Comic Relief 合作的主打产品。为了与 Comic Relief 的标志色——红色——相配搭，利华兄弟公司为一款专门用于清洗彩色服装的产品选择了红色作为包装主色调；也正是在红颜色的基础上，利华公司和 Comic Relief 提出了"支持红色的 Comic Relief，支持红色的宝莹彩装洗衣粉"的宣传口号。

## 概念

为了与 Comic Relief 的红鼻子品牌形象进行搭配，宝莹特别选用了红色的产品包装色。红色不仅突出了产品品牌与 Comic Relief 之间的合作伙伴关系，同时也使产品在货架上显得与众不同。

## 目标

- 树立宝莹的总体品牌形象。
- 提升彩装洗衣粉 Persil Colour Care 的知名度。
- 以新颖有趣的方式宣传彩装洗衣粉 Persil Colour Care 产品的好处。
- 为 Comic Relief 募集至少 25 万英镑的资金。
- 增加宝莹普通洗衣粉的销量。

## 项目合作时间

双方的合作开始于 1999 年。促销装的产品从 1999 年 2 月 15 日就到达各家零售店内，并一直供应到 3 月 12 日 Comic Relief 的活动日。

利华兄弟公司与 Comic Relief 间的第一次会议召开于 1998 年初，双方正式决定开始执行这项活动的时间是 1998 年 10 月。

## 合作方式

利华兄弟公司向 Comic Relief 提供的捐款来自于印有“红鼻子”标识的特别版宝莹洗衣粉的销售收入，捐款的金额依包装的大小而定：每销售一包 1.35 公斤的洗衣粉，利华公司会相应捐款 5 个便士；每销售一包 2.7 公斤装的产品，利华公司会相应捐款 10 个便士；每销售 4.5 公斤装的产品，捐款额为 25 便士；而售出 6.75 公斤装的产品，捐款额为 40 便士。

其他赞助方式有：

- 利华兄弟公司还印制了一批宣传 Comic Relief 所主办的“红鼻子日”捐款活动的宣传材料，其中包括鼓励人们为 Comic Relief 捐款的各类信息，以及一张购买宝莹牌洗衣产品的折价券。

● 宝莹还出资开设了“红鼻子日”捐款活动的查询热线，并将热线电话号码印制在宝莹普通洗衣粉外包装的背面。

## 支持

预算内广告有：

● 利华兄弟公司在市场营销预算内制作了宣传公司与 Comic Relief 之间合作伙伴关系的电视广告，广告突出地表现了公司将通过产品销售为 Comic Relief 募集捐款的行为。由于宝莹品牌的产品经常性地在电视屏幕上曝光，Comic Relief 所从事的公益活动也越来越为公众所了解和认识。

● 利华公司同时也刊登了大量杂志广告，以鼓励人们参加 Comic Relief 组织的“红鼻子日”慈善捐款活动，并传递出购买宝莹彩装洗衣粉就是支持 Comic Relief 的信息。

● 从二月份到“红鼻子日”当天，公司还在通过各地的独立电台在全国范围内播出两个不同版本的广播广告，协助 Comic Relief 开展“红鼻子日”的宣传行动。

包装广告有：

● 除了在外包装上突出宝莹与 Comic Relief 的关系之外，特别版产品包装的背面还介绍了应该如何获取其他的捐款宣传材料，以及应该如何组织开展为 Comic Relief 募捐的其他活动。

进行的内部宣传有：

● 为了鼓励员工们积极参与 Comic Relief 在“红鼻子日”举办的捐款活动，利华兄弟公司在三个主要的办公地点安排了多项活动。这些活动包括在员工食堂使用红色的菜单、系列有奖小测验、向员工派发红指甲化妆品以及将公司前台和食堂装点为红色等。

● 通过印制海报和在公司公告栏上发布消息的方式宣传“红鼻子日”活动，鼓励员工们参加内部新闻通讯的有奖征文活动，奖品包括参加在 3 月 12 日举行的电视转播活动的门票。

● 通过内部新闻通讯和内部广播，向员工们通报所有活动的最新动态和资金的募集情况。

为了宣传宝莹与 Comic Relief 之间的合作伙伴关系，利华兄弟公司展开了大规模的公关活动，其中包括：

- 出席 1999 年“红鼻子日”的启动仪式。
- 在红色的房间内召开记者招待会。
- 给妇女杂志和当地出版物的读者提供产品购买优惠。
- 在 14 个电台推出名人现场访谈节目。
- 在电台推出名为“画红城市”的宣传活动，举办有奖问答竞赛——奖品是前往红海旅行的船票。
- 号召各报刊媒体的编辑们穿着红色的服装，并把照片刊登在他们所工作的媒体上，以此换取利华兄弟公司以宝莹彩装洗衣粉名义，向 Comic Relief 进行捐款。
- 在红鼻子日当天的现场电视报道中，公布利华公司在宝莹品牌名下为活动捐献的大额资金。

零售商的特别行动有：

- 为了配合宝莹的公关宣传活动，零售商 Sainsburg 公司也在“红鼻子日”当天推出了“洗衣机红鼻子”促销活动。
- 50 家零售商店也在“红鼻子日”开展了相应的宣传展示活动。

## 监控和评估

社区商业组织编写的《善因营销指南》中，结合其他市场营销项目，重点突出地论述了对善因营销活动进行监控与评估的重要性。有效的监控与评估工作，使利华兄弟公司得以对围绕宝莹品牌洗衣粉所展开的善因营销活动是否取得成功以及与其他的市场营销活动相比有何优势或劣势，作出准确地判断。

利华兄弟公司主要针对以下信息和数据进行了评估：

- 宝莹系列产品和彩装洗衣粉产品的销售情况，市场份额和市场渗透情况。
- Comic Relief 对合作的满意程度。
- 宝莹品牌知名度的变化情况。
- 对公关报道进行评估的结果。

- 随宣传材料派送的优惠券的兑换情况。
- 电话热线的反应。
- 捐款活动推出的时间和预算使用情况。

## 成效

- 产品销售额上升了25%。
- 活动共为Comic Relief筹集了26万英镑。
- 电视广告获得了良好的反应。
- 漂亮的公关报道。
- 通过联手，进一步提升了品牌的知名度。
- 进一步增强了与Sainsbury百货公司的关系，该公司是宝莹系列产品与利华兄弟公司的重要客户。
- 在利华兄弟公司内部营造出所谓的“好感因素”，即令公司的员工增强了自豪感和对公司的好感。

## 预算

这项活动总的预算为150万英镑左右，其中包括：

- 支付给Comic Relief的慈善捐款。
- 支付给Comic Relief的活动经费。
- 购买媒体版面的开支。
- 投入公关项目的支出。
- 生产特别版产品的生产成本。
- 开通热线电话所产生的成本。

对善因营销项目进行有效的管理，是项目成功的关键要素之一。对所有多角色参与的市场营销和慈善募捐活动来说，知道如何通过各方共同努力去达成最好的结果是关键中的关键；否则，即使是最适合的善因营销合作伙伴关系也会失败。利华兄弟公司从与Comic Relief的有关的善因营销宣传活动中学到的主要经验是：合作双方必须了解彼此的目标，理解将两个品牌相结合的意义，并且制订出一套切实可行的行动方案。

以旗下宝莹品牌的名义帮助 Comic Relief 进行慈善募捐，对利华兄弟公司来说取得了巨大的成功。宝莹品牌所提倡的关爱生命的主题，与 Comic Relief 的价值观配合得可谓天衣无缝……筹款活动不仅提升了宝莹的品牌形象和增加了产品的销量，同时也帮助 Comic Relief 募集到大笔的慈善捐款。此外，筹款活动也为员工们提供了参与慈善公益活动的机会，增强了他们的自豪感和对公司的好感。

**利华兄弟公司企业和消费者事务部主管　John Ballington**

Comic Relief 很高兴能与利华兄弟公司的宝莹系列产品携手举办 1999 年的"红鼻子日"筹款活动。作为英国的两个知名品牌，宝莹与 Comic Relief 的配合相当完美，利华兄弟公司对"红鼻子日"筹款活动进行宣传与推广的力度实在令人赞叹不已……通过产品包装广告和其他赞助活动，关于 Comic Relief 和"红鼻子日"的信息被广泛地传递给购买宝莹产品的消费者和 Comic Relief 的支持者。我们与宝莹品牌的合作产生了街知巷闻的轰动效应，同时也为我们在英国和在非洲开展的慈善项目募集到一笔数目可观的活动经费。

**Comic Relief 组织市场营销主管　Amanda Horton - Mastin**

## 案例分析九：　科芬园汤料公司的善因营销项目

这个案例说明，围绕善因营销活动结成的合作伙伴关系，能够给相关各方——消费者和供应商以及公益事业——带来巨大的利益。它也显示了在合作伙伴关系结束时，加强交流与沟通的重要作用。

### 背景

在 1988 年的英国汤料市场上处于领军地位的科芬园汤料公司，

规模并不算大，只有160名员工。公司产品的核心定位是：新鲜天然的成分和所谓的“家庭风味”。

科芬园汤料公司自成立以来，就一直与慈善组织“Crisis”——一家全国性的、为无家可归人士提供服务的慈善团体——保持着良好的合作关系。它们之间的合作方式是，科芬园汤料公司免费向受Crisis组织照顾的无家可归人士提供生产剩余的汤品。除此以外，科芬园汤料公司还与另一家公益团体“国民信托组织”就赞助事宜进行了讨论。国民信托组织是一家致力于环境保护的慈善公益组织，遍布英格兰、威尔士和北爱尔兰的超过60万英亩的海岸和乡村，上百间的乡村房屋和花园、农场、磨房以及矿山，都在该组织的监督管理范围之内。

科芬园汤料公司与上述的慈善团体开展善因营销合作，其主要目的是提高自身品牌的知名度，并刺激消费者尝试和购买公司的产品。科芬园汤料公司清楚地知道，在与任何慈善团体进行合作的过程中，都必须在强化自身品牌价值的同时，也使对方能够从中受益。

### 科芬园汤料公司与国民信托组织的合作

在就赞助事宜与国民信托组织进行讨论之后，科芬园汤料公司和国民信托组织以在产品包装上印制宣传广告的方式，展开了能够使双方同时获利的善因营销活动。这也是科芬园汤料公司有史以来第一次参与善因营销项目。

科芬园汤料公司在新出品的“野蘑菇”汤的包装上，详细介绍了国民信托组织准备修复“芬顿堡”（Fenton House）的情况。公司之所以选择支持芬顿庄园的修复计划，是因为这座国民信托组织名下、始建于1693年的芬顿堡靠近Hampstead Heath，而Hampstead Heath则以出产各种野生蘑菇著称。通过与国民信托组织的合作，科芬园汤料公司成功地使自己的产品显得与众不同，并且进一步巩固了自身的品牌价值。此外，通过与国民信托组织的合作，科芬园汤料公司还找到了一个在新产品正式投入大批量生产前，对市场反应进行测试和了解的有效途径。而国民信托组织则在与科芬园汤料公司的合作中募集到大笔的资金，并使双方的合作伙伴关系上升到一个新的层次。

合作双方商定，在三个月的推广期内，科芬园汤料公司每卖出一盒汤品，就会向国民信托组织提供一笔捐款，最低捐款额设定为4万英镑。公司在汤品的外包装上整整使用了一个版面来介绍相关的信息，而国民信托组织的名称则被清楚地印制在包装的前后两面。在新闻发布会上，每一家到会的媒体都能从科芬园汤料公司得到一份外观设计为芬顿堡形状的宣传礼包，礼包里面是一份汤品的样品、一包野生蘑菇、一本教授如何烹调蘑菇的书籍与一份《芬顿堡旅游指南》。

参与善因营销合作的这款汤品在几乎所有主要的杂货零售网点公开发售，其所产生的宣传效果远远超出了预期，而产品本身也成为同类产品中第二畅销的品种。

活动取得了大大超出预期的效果。在为国民信托组织募集到4万英镑的同时，也使该组织的名称和核心使命以一种全新的方式展现在新的观众面前。“野蘑菇”汤品不仅成为科芬园汤料公司核心生产线上的主打产品，同时也获得了该年度最佳新型素食产品奖。

在达成既定目标后，科芬园汤料公司并没有松懈，而是再一次利用产品包装对芬顿堡修复计划和国民信托组织进行了宣传。公司在产品侧面的包装上向消费者报告了项目取得的成绩，并感谢消费者在活动中给予的支持。善因营销活动的这一环节往往为企业所忽略，同样容易被忽略的还有对消费者和其他相关权益人的支持表示感谢。

善因营销为科芬园汤料公司提供了额外的市场营销空间。它巩固了企业的品牌价值和品牌特征；在一个高度竞争的市场环境下，它使产品显得与众不同，并大幅提高了品牌的媒体曝光率，强化了企业的公关形象。同时，善因营销活动使公司推出的新产品在时效和正式销售阶段都取得了令人瞩目的成绩。在善因营销活动取得成功的同时，科芬园汤料公司和国民信托组织之间的合作伙伴关系达到新的水平，善因营销不仅打响了合作双方的知名度，也为国民信托组织募集到可观的运营资金。可以说，合作双方开展市场营销活动、提高产品销量和募集慈善捐款等既定目标都令人信服地得到了实现。

我们对与科芬园汤料公司的合作取得成功感到非常高兴。能够与一家充满活力、勇于开创的公司合作，在超市这个特别的市场上提高我们的曝光度，对我们来说有着十分重要的意义。这段围绕善因营销项目展开的合作，在强化我们保护自然环境的核心宗旨的同时，也赋予了我们一个改革创新的新形象。

**国民信托组织企业发展部经理　Margaret Hopper**

## 科芬园汤料公司与 Crisis 的合作

在与国民信托组织的合作取得圆满成功的基础上，科芬园汤料公司对善因营销进行了更进一步地开发和运用，这次的长期合作对象是 Crisis。创立于 1967 年的 Crisis 组织，是一个旨在帮助单身的无家可归人士的慈善团体。该组织通常会以合作的方式与商业企业结为合作伙伴关系，为最需要帮助的无家可归群体提供援助，具体的援助形式则包括提供街头紧急救助、提供永久住所和重新安置地点等。

在开展向 Crisis 赠送礼品、提供部分产品和赞助救助车辆等合作项目的基础之上，科芬园汤料公司进一步把与 Crisis 的合作关系提升上一个新的台阶。在圣诞节期间开始的这个项目，是科芬园汤料公司与 Crisis 之间第一次以善因营销的方式展开的合作。此项活动的目的在于宣传 Crisis 的服务宗旨，并且以设立捐款热线的方式，为该组织设在全国的“开放屋”募捐 10000 英镑，以购买厨房设备。

这次的活动再次使用了推广汤品这个平台。科芬园汤料公司在即将推出市场的新型汤品的包装盒上，专门为 Crisis 辟出一个整面的空间，使它们能够利用这块空间，在接下来四个多月的时间里，利用在全国各地的零售店里出售的 20 万盒汤料产品，突出地宣传表现它们希望传递给社会和消费者的信息。

对于接受投资赞助的公益事业——本案例中的公益事业是指慈善团体 Crisis 所从事的、帮助无家可归者的慈善公益活动——来说，与商业企业开展合作的目标是明确的：那就是提升慈善团体和公益事业的知名度、宣传Crisis希望传递的信息、与科芬园汤料公司建立更深层次的合作伙伴关系以及募集资金。对科芬园汤料公司而言，其目的不只是为与之有长期合作关系的公益事业募集资金，也包括巩固企业的品牌价值、使自身的产品和形象显得与众不同以及拥有一个能够吸引媒体关注的平台。

合作双方的品牌是否匹配，对于合作能否取得成功有着决定性的影响。Crisis和科芬园汤料公司的品牌，与国民信托组织和科芬园汤料公司的品牌一样，有着极强的共通性。在本案例中，科芬园汤料公司提倡的用新鲜蔬菜烹调营养食品的主张，与Crisis提出的为无家可归人士提供营养食品的主张，在基调上是完全吻合的。

Crisis与科芬园汤料公司第一年的合作取得了巨大的成功，因此双方决定在第二年把这段合作的关系继续保持下去。新的合作开始于圣诞节过后的头四个多月，宣传活动的载体是另一款新推出的汤料产品。在该产品的包装上，公司用充满感情的语言对Crisis以往的艰苦工作进行了描述，同时还介绍了该组织的冬季计划。合作过程中，科芬园汤料公司向Crisis提供了可以为冬季庇护所购买一万多份食物的捐款。与上一次一样，公司在正式开展善因营销活动前，预先制定了完善的公关宣传方案。

在第二次合作过程中，科芬园汤料公司大部分借用了在上一次活动中使用过的宣传推广手法，但也进行了新发展。在第一次合作中，除了科芬园汤料公司向Crisis提供的捐款以外，消费者也通过包装上标明的捐款方式和电话热线为Crisis捐献了大笔额外的资金。在第二次合作中，利用汤品包装上的文字和印制在正反两面的Crisis组织标识，再一次向人们介绍了Crisis所从事的是一项在全国范围内开展、终年不断的慈善公益事业。

更为重要的是，科芬园汤料公司与它的合作伙伴Crisis还发现了这样一个为其他许多人所忽视的问题：善因营销同样可以用于加强商业企业与商业企业之间的联系，并同时使企业和慈善团体获利。对科芬园汤料公司而言，与零售商的关系是至关重要的。如果能够通过某种途径与零售商展开多层面的合作，那么双方的关系将会得到进一步地巩固和加强。

Crisis与科芬园汤料公司一起，以一种全新的方式开展了善因营销合作。它通过投资消费者、员工和商业团体最为关心的公益事业，在大幅提高了企业产品销量的同时，也极大地提升了企业的整体形象。

商品是否具有较高的附加价值，是零售商关心的另一个主要问题。在1996到1997年间，经营超级连锁超市的特易购公司为科芬园汤料产品额外增加了一排销售货架，原因就是，它们认识到科芬园汤料公司推出的善因营销项目能够为店内的产品销售创造附加价值。除了为每盒售出的产品认捐10便士之外，特易购还特别为科芬园汤料公司的货架制作了宣传条幅，以示对该善因营销项目的支持。Crisis与Sainsbury公司以往的合作经历也给科芬园汤料公司带来了好处。1998年，特易购公司和Sainsbury公司继续为科芬园汤料公司和Crisis联手推出的这项目善因营销活动提供了大力的支持，使科芬园汤料公司的业绩达到了新的高度。通过我们与Crisis联手开展的善因营销活动，无家可归人士、零售商、消费者和我们都获得了不同程度的收益。善因营销确实创造了四方全赢的局面。

**科芬园汤料公司市场营销部主管　Kate Raise**

在这个案例中我们看到，科芬园汤料公司与特易购公司的关系由于公司与Crisis合作推出的善因营销项目得到了强化。特易购公司也是Crisis的积极支持者之一，通过三方的共同努力，各方之间的合作伙伴关系都得到了加强。由于科芬园汤料公司与特易购公司之间的供应商—零售商关系，特易购公司同意在科芬园汤料公司为善因营销项目提供捐款的基础上，额外为每盒售出的汤品认捐10个便士。

以往的许多善因营销活动很少考虑到相关各方彼此协作所能产生的影响力。如果善因营销活动以产品促销的形式进行，很多企业往往很少考虑产品本身和慈善团体以外的其他因素对活动的影响。其他能够对项目的效果产生影响的相关权益人经常被忽视、轻视和未加充分利用。以本案为例，特易购公司的参与，使本来在科芬园汤料公司和Crisis两方之间建立的合作伙伴关系发展为十分成功的三方之间的合作伙伴关系，为供应商、零售商和慈善团体创造了三赢的结局。

本案例显示，只要能够多角度地对各种可能存在的机会加以利用，善因营销活动将会取得更大的成效。本案例同时也显示出，开展善因营销活动并不只是大型企业、公益事业和慈善团体的专利。科芬园汤料公司是一家仅有160名员工，年营业额不过1800万英镑的小型企业；而Crisis也只是一家只有30名员工，年收入469万英镑的小型慈善团体。在它们的合作过程中，双方共同拥有具有较强互补性的目标，能够对彼此的合作关系作出清晰明确的定位，同时对合作项目保持长期的热情，是该项合作能够取得成功的关键因素。良好的项目管理、新颖的合作方式以及各方之间的密切协作，使得这项善因营销活动在预算有限的情况下，取得了巨大的成果。

> 善因营销已经成为我们市场营销策略的一个有机组成部分，我们已经计划采取更进一步的活动。
>
> **科芬园汤料公司市场营销部主管　Kate Raise**

## 第三节 国际案例分析

### 案例分析一：西尔斯罗巴克公司的善因营销策略

#### 背景和原理

西尔斯罗巴克（Sears Roebuck）公司是世界上第二大零售商，年销售额超过1100亿英镑。同时，西尔斯罗巴克公司也是世界上最大的零售广告客户，每星期的广告观众多达两亿人。公司在美国和加拿大拥有1000家百货商店和21000家其他类型的零售商店，员工人数超过30万人。

五年前，西尔斯罗巴克公司在新任首席执行官亚瑟·马丁内兹（Arthur Martinez）的领导下，业绩开始出现转机。公司改革的声势浩大，新的部门相继成立，以往的一些管理不善的项目则被中止。正如市场营销高级副总裁Bob Thacker所说的那样："如今的西尔斯罗巴克公司，已经成为零售行业佼佼者。"西尔斯罗巴克能够如此脱胎换骨，很大一部分原因在于公司的品牌和形象在美国已经深入人心。Bob Thacker将他的工作深刻地解读为："通过清晰地向客户宣传我们的经营宗旨，来开展战略性营销和相关的促销活动。"除了宣传西尔斯罗巴克公司是一个购物、工作和投资的最佳场所之外，"我们希望让他们（客户）知道，西尔斯罗巴克公司深切地关心着社区建设、关心着每一个家庭。"

西尔斯罗巴克公司深信"一室不扫何以扫天下"的格言。西尔斯罗巴克公司以一种非常认真的态度对待公司所承担的社会责任，而且非常清楚这其中所蕴含的商业利益。正如Bob Thacker所说："我们的盈利水平与我们在经营所地的每个社区所负担的社会责任直接相关。我们知道只有整个社区繁荣兴旺时，我们的业务才会兴旺。"

对西尔斯罗巴克公司来说，善因营销是一个新的营销策略，但它处于宣传企业价值观和完善企业造福社会工作的核心位置。Bob Thacker对此进一步解释道："善因营销是一种将商品推销计划与企业支持赞助公益事业的活动相结合的新的营销手段。"它为商业企业提供了一个新的、充满活力的、高度有效的回应社区需求的手段："我们认识到它（善因营销）将在我们的发展壮大中发挥重要作用，而我们也准备采取更加强有力的措施为我们所在的社区作出更大的贡献。"

## 西尔斯罗巴克公司善因营销项目的目标客户群

西尔斯罗巴克公司的主要目标客户群是年龄在25岁到54岁之间

的妇女，她们拥有与孩子们住在一起的房子。西尔斯罗巴克公司善因营销项目的设计正是围绕着这些目标客户群而展开。

Bob Thacker 认为："善因营销是与相关各方加强联系的纽带。"也正是因为如此，西尔斯罗巴克公司决定将社区中的草根阶层作为善因营销活动的目标群体。

## 西尔斯罗巴克公司的目标

显然，每个善因营销项目都有不止一个的既定目标，但就该项目而言，西尔斯罗巴克公司主要目标是帮助客户和他们所在的社区强化家庭关系、提供妇女所需要的服务和保持发扬文化的多样性。在开发这个新的善因营销项目时，西尔斯罗巴克公司每一种可能出现的情况都进行了周密的考查和评估。

## 西尔斯罗巴克公司的善因营销项目

1. 西尔斯罗巴克公司与吉尔达俱乐部（Gilda 's Club）的合作关系

吉尔达俱乐部的伦德纳（Radner）是一位颇受欢迎的美国电视喜剧演员，她 1998 年死于卵巢癌。在逝世前她产生了一个想法，就是希望能有一个地方让癌症患者和他们的家人和朋友相聚在一起，使大家能够一起参加社会活动，一起欢笑，使癌症患者得到情感上的慰藉。这个想法在伦德纳的丈夫、演员 Gene Wilder 和伦德纳的癌症精神理疗师 Joanna Bull 的努力下成为现实。吉尔达俱乐部是一个非营利组织，它为所有年龄层次的人们提供众多的本地聚会场所。每个俱乐部都备有联谊人群的名单，并会免费提供讲座和活动场所。

2. 目标

西尔斯罗巴克公司开始与吉尔达俱乐部建立合作伙伴关系是在 1990 年。在起初的三年里，善因营销活动共为在全国建立俱乐部会所筹集了 300 万美元。

3. 合作方式

西尔斯罗巴克公司与吉尔达俱乐部为了提高俱乐部的社会知名度

而联手开展的活动包括：现金捐款、产品实物捐赠、召集组织志愿人员和善因营销活动等等。其中，善因营销活动包括：

- 西尔斯罗巴克公司号召全国名流人士捐赠其设计的领带和围巾，将销售价格中的1%捐献给俱乐部作为经费。
- 在吉尔达俱乐部所在城市与Levi's达成捐献550条牛仔裤的协议。
- 说服DieHard车队在纳什维尔举办的卡车超级杯赛中为俱乐部进行捐款：每一个圈捐赠1美元，总金额为1.5万美元。
- 以吉尔达俱乐部的名义举办名为Home Fashions的高尔夫室外公开赛的活动。这项活动在1997年和1998年，分别只用了一个下午就为俱乐部筹集到6.1万美元和10万美元的捐款。
- 通过制作和销售一盘介绍98个节假日的光盘，在一个月内为俱乐部筹集了23.7万美元。

4. 其他支持活动

1998年，西尔斯罗巴克公司为配合与吉尔达俱乐部联手开展的善因营销促销活动投放了更多的商品，同时举办了更多体育竞赛活动，并增强了对杂志广告和店内广告的投入。此外，西尔斯罗巴克公司还赞助吉尔达俱乐部开设全国培训中心的活动。开设培训中心的主要目的是帮助其他人了解如何在他们自己所在的社区里建立吉尔达俱乐部。

5. 企业的成效

- 除了加强和宣传了西尔斯罗巴克公司的企业价值观并与客户建立了更紧密的关系之外，西尔斯罗巴克公司在几个月内就售出10万条领带和3万条围巾，同时还提高了各家零售店的客流，激发了客户的兴趣和购买热情。
- 与Levi联手展开的550条牛仔裤义卖活动，使参加活动的零售店内的销售额增长了56%，而那些没有参与这一项目的零售店，同期的销售额只增长了16%。可以说，这项活动给Sears、Levi和吉尔达俱乐部都带来了相当大的利益。
- 提高了员工的荣誉感，这一点尤其表现在吉尔达俱乐部所在城市的市场上和目前正在开发的市场上。

6. 公益事业的成效

善因营销活动带给吉尔达俱乐部的好处可谓数不胜数。例如，从领带和围巾销售中获取的捐款；从 Levi 义卖 550 条牛仔裤活动中取得的收入；从 DieHard 车队得到的 1.5 万美元的捐款；通过广告和其他活动而提高的社会知名度，以及从各种活动中取得的收益（其中包括通过室外高尔夫球赛而在一个下午就筹得的 10 万美元和 Sears 公司对设立全国培训中心的赞助支持）。从一个默默无闻的非营利机构，变成一个为千家万户所了解的颇有盛名的慈善组织，对吉尔达俱乐部来说，这也是一个重大的收益。俱乐部从与西尔斯罗巴克公司的合作中获得的其他好处还包括：店内进行的签名活动，使每星期日派送的宣传材料可以传递到 5000 万户家庭；每年 11 月 25 日到 12 月 24 日都可以在相关媒体上刊登一版介绍俱乐部概况的广告等。

> 西尔斯罗巴克公司与吉尔达俱乐部的联手合作创造了一个三赢局面。吉尔达俱乐部得到了大量的捐款并提高了社会知名度；西尔斯罗巴克公司在业内取得了自豪感和成就感，并赢得了消费者的好感；而我们所在的社区得以在消费者自己、他们的朋友和家庭成员患有癌症时，给予他们亟须的社会的和情感支持。
>
> **西尔斯罗巴克公司社区关系部经理　约翰·康诺利**

## 西尔斯罗巴克公司的“回报”项目

1. 背景

西尔斯罗巴克公司将这项活动视为公司 112 年历史上最大规模的善因营销项目。活动的启动时间是每年学校开学的季节（9 月）。在美国，许多孩子都被要求穿着校服，因此开学期间是西尔斯罗巴克公司在销售上仅次于圣诞节期间的第二个销售旺季；这时，也会有一些为人父母者因为没有能力将孩子们打扮得体而感到紧张不安。

2. 目标

西尔斯罗巴克公司认为每个孩子都应该穿着得体，并据此推出了这项善因营销计划。它发生在每年学校开学的季节。

3. 概念

通过这个名为“Get Back Give Back”的项目，西尔斯罗巴克公司和与其合作的其他商家和“帮助贫困孩子组织”（Kids In Distressed Situations，简称KIDS）联手，推出了这项旨在为100万有需要的孩子提供校服的善因营销活动。帮助贫困孩子组织是一家非营利组织，它与各地的非营利组织合作，经常把合适的公司商品捐赠给各地急需的贫困孩子。

4. 合作方式

在1998年7月26日到9月6日期间，西尔斯罗巴克公司每销售一件童装，就会把销售金额中的一个百分点捐献给该项目。在1998年其余的时间里，西尔斯罗巴克公司和它的商业伙伴为该项目提供捐款的活动一直都不中断。在项目所获得的所有商业捐款中，有一半来自于西尔斯罗巴克公司的捐赠，另一半则来自于其他西尔斯罗巴克公司的商业伙伴。

5. 企业取得的成效

项目创造了西尔斯罗巴克公司金额最大的一笔捐赠，也为公司提供了提升企业形象的机会，同时也强化了企业与合作的商户及非营利组织的关系。

6. 公益事业取得的成效

“回报”项目为帮助贫困孩子组织带来了实实在在的好处：在1998年全年，世界各地的贫困孩子一共收到将近100万件由西尔斯罗巴克公司及其商户捐赠的衣物。

> 这个项目将筹集到自西尔斯罗巴克公司成立112年以来最大的一笔单项捐款。它强化了公司关注美国家庭的形象，并且进一步巩固了西尔斯罗巴克公司与帮助贫困孩子组织（KIDS）的合作伙伴关系。
>
> **西尔斯罗巴克公司社区关系部经理　约翰·康诺利**

> 我们的企业规模注定了我们有能力在为贫困孩子提供衣物方面作出巨大的贡献。为了救助贫困孩子的理想变成现实，公司所有孩子用品部门的员工展开了通力协作。正是由于西尔斯罗巴克公司在帮助贫困孩子的公益事业上所表现出的决心，公司现在已经被视为业界的领军企业。
>
> **西尔斯罗巴克公司童装部副总裁、帮助贫困孩子组织理事 桑德福特**

> 我们为贫困孩子提供校服的工作一直以来都进展得十分缓慢。而与西尔斯罗巴克公司结为合作伙伴关系意味着我们的梦想将会加速变为现实。在获得充足物资支援的情况下，我们特别辟出一块场地作为“西尔斯罗巴克公司服装屋”，在这里，所有衣物上的价格标签都将被去掉，孩子们和他们的家长可以尽情地挑选他们喜欢的新衣服来迎接新的学年。
>
> **佩吉慈善团体“救世军”(Salvation Army)**

## 案例分析二： 家乐氏公司和孩子救助热线项目

### 背景和原理

孩子救助热线（Kids Help Line）是澳大利亚唯一一家24小时运营，为5~18岁的孩子和青少年提供免费电话咨询服务的机构。澳大利亚有360万年龄在5~18岁之间的孩子和青少年，每年孩子救助热线都会接到超过150万通咨询电话。由于资金紧缺，每两个电话中只有一个会被接听。因此，孩子救助热线所面临的关键问题，就是要筹集足够的资金，以确保超过半数的求助电话能够得到应答。

该热线尽管在孩子们当中享有很高的知名度，但真正有能力捐款的公众却对它知之不多。孩子救助热线认识到，有必要提高该项服务的社会知名度，并依靠社会的广泛支持来解决资金需求不足的问题。

于是，孩子救助热线开始将与商业企业联手开展善因营销活动作为未来筹集资金的一个重要渠道。同时，除了筹集资金之外，善因营销也是一条提高电话咨询服务的社会知名度和提醒人们重视孩子及青少年问题的重要途径。

家乐氏公司计划开展善因营销活动时，并没有随意选择诸如“救世军”等知名的慈善团体作为合作伙伴，而是认认真真地展开了有针对性地调查活动。家乐氏要求合作对象不仅要是一家能够真正帮助社会解决迫在眉睫的棘手问题的慈善团体，而且其价值取向与家乐氏自身的价值取向也必须非常接近。

1998 年，孩子救助热线与家乐氏澳大利亚公司达成了赞助协议。此次合作为孩子救助热线带来了大笔资金，大大提高了孩子救助热线的社会知名度，也形成了一批稳定的捐款人团体。在为孩子救助热线提供赞助的过程中，家乐氏动用了全部资源，其中包括广告、公关活动和促销宣传活动等等。在澳大利亚，家乐氏与孩子救助热线的合作是当地善因营销活动的一个里程碑，其内容和影响力远远超出了以往以产品促销形式举行的任何一次善因营销活动。

## 目标

围绕家乐氏的赞助筹款计划，双方分别确定了各自的主要目标。

1. 儿童救助热线的主要目标

- 筹集大笔资金，以增加孩子救助热线接听咨询电话的次数。
- 提高社区和捐款人群对这项服务的认识，同时提高人们对该项缺乏足够资金支持的认识。
- 提高孩子们对这项服务的认识。
- 提高公众对孩子问题和孩子教育问题的认识。
- 寻找和发现提供名称使用权以换取捐款的机会。
- 寻找和发现与其他企业建立合作伙伴关系的机会。
- 为孩子救助热线建立一个捐款人团体数据库。

2. 家乐氏公司的主要目标

- 以提供捐款的方式帮助孩子救助热线接听更多电话。
- 向消费者宣传家乐氏公司致力于帮助澳大利亚家庭解决孩子/青少年问题的决心，从而提高公司在消费者心目中的形象。

- 在承担社会责任方面取得业界的领军地位。

## 合作方式

这个项目是多层面全方位的，显示了通过全部营销组合发挥项目效用的价值。该项目的主要合作方式包括：

- 与孩子救助热线签订赞助协议，为其提供现金捐款。
- 在全国范围内推出电视、报纸和杂志广告，宣传孩子救助热线并呼吁公众提供捐款。
- 开展全国性的筹款活动，包括在超市派发100万个宣传捐款活动的书签。
- 在700万个麦片产品的包装盒上宣传孩子救助热线。
- 在全国范围内开展公关活动，引发了平面媒体和电子媒体的广泛报道。
- 组织举办了名为“Beating the Blue”的名人摄影拍卖活动，以筹集资金和提高合作双方的社会形象。
- 聘请 Kylie Minogue 作为孩子救助热线的“官方大使”。

## 策略

1. 广告策略

- 制订了一套内容广泛的广告策略，以满足合作双方的需要。
- 家乐氏公司制作了两则电视广告。第一则30秒钟的广告旨在宣传家乐氏公司参与赞助孩子救助热线的公益活动，目的在于提高消费者对为相关善因营销项目而设计的特别产品包装的认知。第二则30秒钟的广告则旨在宣传善因营销项目的筹款活动，目的在于从各个社区为孩子救助热线筹集捐款。
- 孩子救助热线也制作了一则30秒钟的宣传筹款活动的电台广告，在全国范围内向听众播出。
- 孩子救助热线设计制作了号召公众捐款的报纸广告，并散发给全国各地的报社，请求他们为广告提供免费的空间。
- 家乐氏制作了一则整版的杂志广告，并利用它们与媒体的关系，使广告刊登在各地主要杂志的显著位置。

● 家乐氏还制作了一则在全国性报纸上刊登的付费广告，广告的内容是宣传公司赞助公益事业的行为，并号召公众为孩子救助热线捐款。

● 家乐氏公司在700万盒麦片产品上印制了宣传孩子救助热线的广告：麦片包装盒整个背面的空间被用来向孩子们介绍孩子求助热线的服务内容，包装盒的一个侧面则被用来向成年人介绍这次善因营销活动，并呼吁他们为孩子救助热线捐款。

● 家乐氏公司与一家大型超市联合制作了宣传孩子救助热线的海报。公司还制作了100万张单价分别为2澳元和5澳元的书签，通过在各地的超市中出售这些书签，为孩子救助热线筹集额外的资金。

2. 在对外发布赞助关系时所使用的媒体和公关策略

● 家乐氏公司选择了在孩子救助热线成立五周年的庆典上，聘请社会知名人士宣布公司与孩子救助热线展开合作的消息；同时，合作双方使用了大量切中要害的调查数据告诉人们，如今的孩子正面临着越来越多的问题，而救助热线所接到的咨询求助电话也越来越多。

● 在接下来的7月13日到19日的孩子救助热线周中，双方对彼此的合作关系进行了进一步地宣传。家乐氏公司同时组织举办了名为“Beating the Blues”的名人摄影拍卖活动，聘请了包括凯莉·米洛在内的20位澳大利亚一线社会名人为孩子救助热线进行义卖捐款。凯莉·米洛最终更是成为孩子救助热线的官方大使。

3. 筹资策略

为孩子救助热线筹集资金的活动包括：

● 家乐氏公司在赞助关系建立的第一年承诺向孩子救助热线捐赠50万澳元。

● 家乐氏公司组织举办了名为“Beating the Blues”的名人摄影拍卖会。

● 利用公司的早餐会筹集资金。

● 开展号召公众捐款的广告行动。

● 在全国范围内销售为孩子救助热线特别设计的书签。

## 支持

1. 内部承诺

家乐氏公司内部对于与孩子救助热线的合作作出了郑重的承诺。公司（亚太）地区总裁琼·科宾甚至出任了孩子救助热线理事会理事一职。家乐氏公司主管大卫·麦凯也在鼓励社区和其他企业加入为孩子救助热线募捐的活动中，积极地发挥了个人的影响力。

2. 赞助项目的延伸

除了自身为孩子救助热线提供捐助外，家乐氏公司还从事了大量鼓励其他合作伙伴，如零售商、媒体和商业伙伴等，参与此项公益事业的工作。

## 成效

1. 广告的效果

- 电视、广播、杂志和报纸等媒体纷纷延长了宣传广告的播出和刊登时间。
- 家乐氏制作的杂志广告连续数周被热门杂志免费刊登，有些甚至以显著的位置刊登在封面内页。

2. 媒体和公共关系策略取得的成效

- 利用名人效应来谈论人们所关心的青少年问题，这一双管齐下的营销策略非常成功地吸引了广泛的媒体报道。
- 全国的 13 家报纸撰文报道了项目的启动情况，其中悉尼的一家主要报社更是在第 3 版的显著位置刊登了报道文章。同时，全国性电视台和地方电视台都在新闻节目中报道了家乐氏公司与孩子救助热线展开合作的消息；公司同时接受了 28 家广播电台的专访，其中包括全国知名的广播电台。
- 一家专门报道超市信息的专业杂志，以封面故事的形式报道了家乐氏公司与孩子救助热线的合作。
- 宣布委任琼·科宾作为活动的宣传大使和推出孩子救助热线周活动，这些都产生了巨大的媒体效应。

● 相关的电视广告和电视报道出现在包括商业新闻、娱乐节目和有线电视节目在内的所有电视节目中。

● 在率先就孩子救助热线提出的青少年忧郁症问题进行了相关报道的24个小时内，91个介绍家乐氏公司与孩子救助热线合作项目的广播采访和新闻节目陆续在全国范围内播出。

● 地方报纸继续报道了孩子忧郁症的问题，同时琼·科宾宣布家乐氏公司与孩子救助热线展开合作的消息。

3. 筹款成效

● 从家乐氏公司提供的直接赞助和组织举办的相关筹款活动中，孩子救助热线共筹集到超过55万澳元的捐款，而且这一数字还在不断增加。这笔捐款将使孩子救助热线在来年将可以多接听超过15.6万咨询求助电话。

● 因为宣传活动的开展和琼·科宾的参与，孩子救助热线目前正与另外两家有兴趣提供赞助的企业展开洽谈。

4. 社区回应

因为参与了赞助孩子救助热线的活动，家乐氏公司受到客户、业界人士和员工的一致好评。各种赞誉的言辞令人目不暇接。

自从特别为宣传孩子救助热线的麦片产品投放上市以来，有12%新打进电话的孩子或家长表示，他们是从家乐氏的麦片包装盒上第一次听说这项电话咨询服务的。大约40%在项目推广期打进电话的人表示，电视广告是他们获取相关信息的来源。

在双方开展合作之前，家乐氏公司已经就社会公众对孩子救助热线的认识和企业的了解情况进行了市场调查。后续调查显示，由于此项善因营销活动的开展，不仅孩子救助热线在成年人眼中已经上升为重要性排名第一的慈善团体，消费者对家乐氏公司积极参与社区建设的认知度也得到了大幅提升。

## 未来计划

1. 教育活动

除了在经济上给予孩子救助热线以大力支持之外，家乐氏公司还计划以其他的方式，积极地向澳大利亚的年轻人宣传孩子救助热线的服务，并在全国范围内向家长们散播与关于青少年教育的有用信息。在这项计划启动的前几个月内，公司会将有关面向年轻人宣传孩子救助热线的信息印制在公司出品的500万个麦片产品的包装盒上。

在今后的几个月里，一组精于家庭问题的专家将借助麦片产品的包装盒，为家长提供一系列关于青少年教育的有用信息。由于全国40%的家庭都会购买家乐氏公司的产品，那么印制在产品包装盒上的信息将会给每一个有需要的家庭提供巨大的帮助，同时也会帮助孩子救助热线实现教育公众的重要目标。

## 案例分析三：　美国VISA卡公司的讲故事活动

### 背景

自1996年起，美国VISA卡公司与慈善团体Reading Is Fundamental（简称RIF）合作开展了一个目标在于提高阅读水平的善因营销项目。VISA卡公司认识到，在价格和质量相同时，投资公益事业将成为判别企业高下的关键。为了进一步探究这个理论，VISA卡公司在持卡人中间开展了一项调查，结果发现，超过70%的持卡人认为阅读很重要，如果VISA卡公司支持这样一项公益事业，将会影响他们使用信用卡的决定。基于这一调查结果，VISA卡公司制定了相应的善因营销策略。

与美国运通卡所开展的善因营销项目一样，VISA卡公司的善因营销活动也是在每年的10月到12月的第四季度中展开。阅读问题之所以受到关注，是因为在美国有38%的孩子从来没有听家人讲过故事，而超过30%的美国家庭“生活在没有书本”的世界里。VISA卡公司之所以选择RIF作为开展慈善营销的合作伙伴，不仅因为《为人父母杂志》的一篇报告将其列为最值得信赖的慈善团体，还因为该组织同时还被《慈善事业年鉴》评为切实为孩子提供帮助的十大慈善团体之一。该组织在1996年已经在全国范围内拥有超过21.9万名义工和大量正在进行中的慈善项目，与这样一个慈善团体合作所能产生的能量是巨大的。双方的第一次合作是在1996年，此后，为了进一步提升公司的知名度和善因营销项目的曝光度，VISA卡公司又陆续对合作的内容进行了部分调整。

## 合作方式

消费者每次使用VISA卡时，VISA卡公司就会向RIF提供一定金额的捐款。在某些地方，VISA卡公司还会将捐款的金额加倍，或是向在办公地点张贴有VISA卡标识的RIF组织提供免费的书单。这一做法不仅令RIF从中受益，也提高了VISA标识被浏览的机会。VISA卡公司向RIF作出的最低捐款承诺是100万美元，如果VISA卡公司的收入因为活动的开展而有所增加时，提供给RIF的捐款也相应增加。

显然，除了鼓励消费者使用VISA信用卡这一主要商业目标之外，VISA卡公司还通过参与解决一个公众普遍关心的重要问题，加深了与各家商户的联系，同时强化了公司的价值观，并使公司与消费者和其他权益人之间的关系上升到一个新的层次。

## 支持

为了支持这项善因营销活动，VISA卡公司拨出2000万美元的广告预算，以电视广告、电台广告、购物现场广告的形式，展开大规模的宣传攻势。在这总额为2000万美元的广告预算中，有超过400万美元被用于与合作商户共同推出的广告宣传活动，由此我们也可以看出，与商户之间的关系对VISA卡公司有着何等重要的作用。与其他信用卡公司一样，商户是VISA卡公司推销VISA卡服务的主要途径。除了上面提到的广告宣传方式外，善因营销活动还随信用卡账单向信用卡用户发出了超过5000万份广告传单；同时使用的宣传手段还包括：在银行内摆放宣传材料，在向客户提供客户服务信息的同时向他们透露活动的信息，参与社区举办的活动，以及主办各种邀请会员参加的活动等等。具体的活动项目包括讲故事活动，化装成故事中的人物帮助项目进行宣传等等。除此之外，VISA卡公司还向100万家小商户寄出了含有免费宣传标牌的邮件，宣传公司与金融机构联手推出的、鼓励不活跃的持卡人积极使用 VISA 卡消费的促销项目。参与这项联合宣传活动的商户包括 ACE Hardware、Applebees Restaurants、Kmart、Target、Toys RUs、United Airlines、Waldenbooks、WinnDixie 等等。由此，我们可以清楚地看到善因营销在建立和巩固企业与企业之间合作关系方面所发挥的重要作用。公司与商户的合作还自行演变出多种具有独特风格的合作方式和广告方式，其中包括飞行录像广告、电台广告、标牌广告、销售现场广告及其他宣传材料等等。善因营销的合作双方甚至还创作了一出戏剧表演来支持“讲故事”活动，并在美国顶尖的 24 座城市上演，这自然吸引了更多当地媒体的报道，并进一步发展了 VISA 卡公司与各地商户和消费者的联系。在活动进行过程中，大型购物中心被用来作为讲故事的场所，购物中心和 VISA 卡公司联合制作了相关的广告，以增加购物中心的人流。这一举措再一次巩固了 VISA 卡公司与商户的关系，同时促进了以提高美国民众读写能力为目的的公益事业。综上所述，我们不难得出这样的结论，即活动开展期间，各方面的资源得到了协调使用。

### 公益事业的收获

显然，在各方通力协作的基础上，在年轻人中提倡读书活动的主张得到了 VISA 卡公司以外的许多其他企业的支持，正是由于这些在早前就与 VISA 卡公司建立和合作关系的企业的参与，使得活动的信息能够传递给更多的民众。事实上，VISA 卡公司不仅是这项善因营销活动的主要合伙人和信息传播者，同时也是活动的促进者和推动者。VISA 卡公司的参与，极大地提高了活动的影响力，使 RIF 所希望表达的信息得以成功传递给之前难以想象的广大人群。

### VISA 卡公司的收获

项目对提升 VISA 卡的品牌形象产生了重要影响。VISA 卡公司长期进行的信用卡使用情况跟踪调查显示，Best Overall 卡的持有率上升了 7%，创造了 62%的历史纪录。在 1996 年的同一个季度里，VISA

银行卡的市场份额从65.9%上升为66.3%。1997年11月，VISA卡的销售总额比1996年同期上升了16.9%，交易数量上升了18.9%。在1997年，有20%的消费者表示听说过这项善因营销活动，这一比例比1996年增加了82%。在知道这项善因活动的消费者中，有64%表示VISA卡公司的这一做法十分有意义。从活动宣传的角度看，相关调查显示，活动的宣传广告均衡地传递了公益事业和商业企业的信息，这一点十分重要。在观看过相关广告的人群中，有73%的人表示，使用信用卡能够起到帮助他人的作用。听说过这项善因营销活动的持卡人中，有7%的人表示他们明显地增加了对VISA卡的使用；而直接观看过相关广告的消费者，有34%的人表示他们增加了对VISA卡的使用。

围绕这一善因营销项目而建立的合作伙伴关系对企业、公益事业和更广泛社区的利益不言自明。

> VISA卡公司的讲故事活动取得了十分令人满意的成效，它有利于VISA的业务发展，有利于我们的社区，也有利于每一个曾经亲身参与该项目的个人。
>
> **营销服务部高级副总裁　Bob Pifke**

## 案例分析四：　美国标靶百货公司的善因营销策略和项目

标靶百货公司（Target Stores）在美国拥有超过850家分店。公司在为慈善团体捐款和投资社区建设方面，作出了令人瞩目的贡献。在过去的10年里，公司每周通过各种善因营销活动为慈善事业提供的慈善捐款一直在100万美元以上。

前任标靶百货公司市场营销部高级副总裁Bob Thacker，在1998年7月于英国发表的一次演讲中说道，虽然标靶百货公司在出资赞助慈善事业方面有着悠久的历史，“但是在25年间，那些贡献大多是以匿名方式进行的。普通消费者对标靶百货公司的利润中有多少贡献给了社区并没有概念。而另一方面，我们的竞争对手却用少得多的慈善捐款换来多得多的荣誉。”关于提高企业社会知名度的问题，我们在前文中已经进行过讨论。Bob Thacker 清楚地知道，开展善因营销活动能够帮助标靶百货公司改变公司在人们心目中的印象。

标靶百货公司的善因营销策略是，首先找到适合与之合作的慈善团体，然后再与相关的商户建立联系，寻求实现三方之间的密切合作。在标靶百货公司协调努力下，它们最终可能会与生产婴儿用品的厂商和防止虐待儿童的慈善团体就善因营销活动实现合作；可能会与生产蜡笔和文具用品的厂商和教育领域的慈善团体实现合作；也可能会与出版商和提倡提高读写能力的慈善团体实现合作。Bob Thacker 对于标靶百货公司与各方开展的合作描述道：“我们发现，善因营销提高了商户的销售业绩，使提高了它们的知名度，这些成绩是它们仅依靠自身的能力所无法取得的。”

标靶百货公司促销部门主管 Rod Eaton 认为，善因营销是强化企业的核心价值观和经营理念，并进一步创立品牌效应的有力工具。正如 Rod Eaton 所描述的，标靶百货公司的宣传口号是“得到更多，花费更少”。而公司面临的问题是，如何才能让这一口号真正焕发出生机与活力。正是在这样的情况下，善因营销开始进入标靶百货公司领导层的视线。

Rod Eaton 知道，要想使企业的经营策略和善因营销活动取得成功，需要选择一个独特的、与众不同的角度进行切入。与其介入一项别人也在参与的公益事业，不如让相关权益人认识到，“没有人在从事标靶百货公司所从事的慈善公益事业，或者没有人能够比标靶百货公司做得更好。”

在找到合适的公益事业或需要标靶百货公司帮助解决的社会问题之后，摆在 Rod 和他所率领的工作团队面前的主要问题便成了：“还有谁会参与这项公益事业（善因营销活动）？除了金钱之外，标靶百货公司还能给此项公益事业带来些什么；能否实现跨企业、跨组织的促销宣传；简单地说就是，相关各方之间是否能够就相关的善因营销项目进行通力协作?”

到目前为止，与标靶百货公司结成过善因营销合作伙伴关系的慈善团体包括：

- 田纳西州孟菲斯市的圣裘德儿童研究医院（St. Jude Children's Research Hospital）——双方的合作开始于1995年。
- 一项与Hashey Chocolate公司合作开展的名为Helping Hugs的善因营销项目，具体的公益活动是为受伤的儿童提供礼物——玩具熊。
- 出资支持华盛顿纪念碑的修复工程。
- 提取客户信用卡业务的部分收入支持教育事业：School Fundraising Made Simple^SM项目。

**标靶百货公司与圣裘德儿童研究医院的合作**

1. 背景

位于田纳西州孟菲斯市的这家儿童医院，因为其在儿童癌症及其他致命疾病上的研究成果而举世闻名。它免费接待所有的病人，为病人家属提供交通和住所。基于这个背景，标靶百货公司联合了几家健康产品和药品经销商，发起了为圣裘德医院提供帮助的善因营销项目。

2. 目标

从商业角度来看，此举有助于提升消费者对百货公司内出售药品、健康产品和美容产品的各部门的认识，同时也为社区建设作出了贡献。

3. 合作方式

各方和合作方式十分简单明了。标靶百货公司和药品、保健品经销商向圣裘德医院承诺，将会从健康产品和美容产品部门的销售额中提取一个百分点，作为善款捐献给圣裘德医院。标靶百货公司同时还启动一个名为“标靶屋”的项目，给接受长期治疗的孩子们的家人提供住宿。

标靶百货公司通过在店内派发宣传手册和摆放宣传招贴画的形式，对公司与圣裘德医院的合作项目进行了宣传。此外，公司还邀请了包括 Amy Grant、Marlo Tomas、Skaters Scott Hamilton 和 Ekaterina Gorderra 在内的各界名人，为活动提供支持。其中，Ekaterina Gorderra 也像标靶百货公司一样，从演出收入中提取出一个百分点，捐献给圣裘德医院。而以 Amy Grant 命名的“Amy Grant 音乐教室”将成为“标靶屋”的主要标志。

4. 成效

在不到三个月的时间里，这项善因营销活动为圣裘德医院筹集了超过 300 万英镑的捐款，而名人的参与，提升了这项公益事业的社会知名度，也增加了标靶百货公司这个主要的零售品牌的影响力和影响范围。标靶百货公司从中也同样获得了巨大的商业利益。强化品牌价值取向的目标和提高消费者对百货公司药品、健康产品和美容产品销售业务的认知等目标都顺利地得以实现；各家参与活动的商户的销售额和社会知名度也大幅提升。Amy Grant 为该项活动所支持更可谓是完美无缺的，使每一个相关人士都得到了好处。而消费者也因此成为英雄，因为通过在标靶百货公司购买商品，他们为圣裘德医院提供了切切实实的资金援助。

## 标靶百货公司的 Helping Hugs 项目

1. 背景

这是针对受伤儿童而设计推出的善因营销项目，具体地说就是经急救室的外科医生的手，送给因事故而受伤的儿童一只玩具熊——一个虽然简单，但可以帮助儿童在恐怖环境下有效舒缓紧张神经的小技巧。这一创意最早来自于一家地方的慈善团体，它们请求标靶百货公司为医院的这项活动捐献一些玩具熊。当意识到在全国还没有类似的公益活动时，标靶百货公司便着手与 Hershey Chocolate 公司建立了合作伙伴关系，而 Helping Hugs 项目由此诞生。为了宣传这个项目的内容，公司还特别在情人节举办了一系列促销活动。

2. 合作方式

这又是一个简单的善因营销活动。消费者只需购买 Hershey 公司的产品，就会产生相应的捐款。

3. 支持

作为情人节促销活动的一部分，标靶百货公司通过开展店内签名活动，以及派发每周产品目录（该产品目录将被传送到全美的4000万个家庭）和举行对外媒体发布的形式，对Helping Hugs项目进行宣传报道。

4. 成效

自从项目创立以来，标靶百货公司已经向紧急救护人员捐献了成千上万只玩具熊，使他们能够转送给那些最需要安慰的孩子们。这一行为在提升标靶百货公司的品牌，强化公司的核心价值观，与客户、供应商和更广泛的社区建立更稳固的关系等方面所带来的好处，是显而易见的。Hershey公司同样从活动中获益匪浅，同时公司每年的销售额也获得了大幅的增长。

> 因为我们的许多客人是家有幼儿的妇女，Helping Hugs无疑是一个能够轻易为她们所接受的慈善项目。Helping Hugs的另一个优势是它是一个在全国范围内开展的公益活动，我们的每一家分店都有机会参与到项目的推广和落实活动中。事实上，正是我们各分店的员工亲自将玩具熊交到急救室的外科医生们手中。
>
> **标靶百货公司创意服务主管 Eric Erickson**

**标靶百货公司与华盛顿纪念碑修复工程**

1. 背景

华盛顿纪念碑是美国最古老和最知名的爱国教育的圣地。历经一个多世纪的洗礼，纪念碑的大理石外墙内部的展览区和电梯都需要进行广泛的修缮。标靶百货公司通过与国家公园基金会（National Park Foundation）和国家公园服务组织（National Park Service）这两家慈善团体联手，共同筹集了修缮纪念碑所需的500万美元资金。另外，公司还为修缮内部的展览区额外捐献了维修经费。标靶百货公司同时聘请了国际知名的建筑师Michael Graves参与这项工程，负责外部脚手架的设计搭建和内部展览区的修缮工作。工程预计于2000年7月完工。

2. 合作方式

作为项目的主赞助商，标靶百货公司为了筹集足够的项目建设基金，积极地展开了寻找合作伙伴的工作。首先，它们与目前与公司有业务往来的企业进行了联系，其中包括VISA卡公司、柯达公司、3M公司、百代唱片公司等等。最终，许多企业参与了这个项目，并以销售提成（VISA卡、柯达）和由标靶百货公司社区关系部直接捐赠的方式，圆满地完成了集资活动。

3. 支持

标靶百货公司给予华盛顿纪念碑修缮工程的支持是广泛的。在过去的3年里，标靶百货公司发动了各种形式的宣传攻势，其中包括：举办店内签名捐赠活动，在《今日美国》、《时代杂志》和《纽约时报》等全国性的报刊刊登广告，制作播出电视广告，赞助华盛顿特区7月4日的烟火表演，在学校开设爱国教育课程，在教师中举办选派老师前往华盛顿特区参观的教学竞赛，制作相关的宣传网站和光碟，在明尼阿波利斯市和洛杉矶市张贴户外广告等等。

4. 成效

标靶百货公司成功地筹集到项目动工和完工所需的资金。新闻媒体对标靶百货公司的行为给予了充分的认可，并且在全国范围内对公司的捐款活动进行了充分的宣传和曝光。作为介绍Michael Grave参与纪念碑修缮工程的一个副产品，Grave先生最近为标靶百货公司设计完成了100多种在标靶百货公司专卖的家用产品。

> 这标志着一种即将飞速发展的新型合作伙伴关系的诞生……它向我们展示了真正的广告可以取得什么样的效果，因为在标靶百货公司制作的广告中，我们可以看到，广告的对象是全体美国人民。
>
> **美国内政部长就标靶百货公司为支持华盛顿纪念碑修缮工程而制作的全国性广告所发表的评论　Bruce Babbitt**

## 标靶百货公司对教育事业的支持

1. 背景

客户调查显示，对标靶百货公司的消费者而言，教育是一个重要的话题，也是他们希望看到自己的捐款能够得到充分利用的领域。在决定投资教育事业的同时，标靶百货公司推出了它自己的信用卡——标靶来宾卡（Target Guest Card）。在“School Fundraising Made Simple”的概念下，标靶来宾卡的持卡人能够通过捐款为全美国的学校造福。

2. 目标

- 将标靶百货公司的信用卡与其他商家所发行的信用卡和银行发行的信用卡区分开来。
- 将标靶百货公司投资教育的活动，发展成一项更具影响力和号召力的事业。

3. 项目开展方式

持卡人可以指定任何一所幼儿园或是高级中学，作为自己提供赞助的对象。当他们使用标靶来宾卡时，购物金额的一个百分点就将捐献给他们所选择的学校。有些情况下，参与活动的商户还会向同一所学校捐出另外三个百分点的收入。名为 School Fundraising Made Simple 的这项筹款计划，适用于任何公立、私立或者教会学校。标靶百货公司将购物记录按学校进行分类，并在每年的 3 月和 11 月将捐款分配给被消费者指定捐款的各家学校。

学校可以任意分配他们从 School Fundraising Made Simple 项目中获得的资金。某些学校用这笔资金更新了计算机软件，有的学校则用它购买了操场上使用的运动器材或是其他各种教具。

4. 支持

标靶百货公司对于此项活动提供了大量的支持，其中包括制作播出电视广告、组织举办店内签名活动、在教育期刊上刊登杂志广告、召开新闻发布会、刊登报纸广告、在商业展会上进行宣传展示、制作网站、直接向消费者邮寄宣传广告、组织举办其他特别的社交活动等等。在电视广告上出现的儿童演员已经成为这项活动的一个标志性偶像，甚至还因此受邀在 Jay Leno 主持的热门电视节目“今晚出镜”上出镜。

在标靶百货公司内销售产品的商家还推出了特别的奖励计划，使购买其产品的消费者有机会为他们所选定的学校捐献更多的资金。奖励计划的内容每月都会发生变化，而每一位使用标靶来宾卡进行结算的客户，都有可能中奖。

5. 成效

全美共有 8.6 万多家学校积极参与了此项名为 School Fundraising Made Simple 的筹款活动。到目前为止，已经有超过 200 万持卡人登记参与该项目。在 1998 年标靶百货公司捐献给教育事业的 900 万美元中，有 300 万来自于信用卡项目筹得的资金。

> 标靶百货公司赞助支持教育事业的行为，说明了公司一直在不断地寻找能够使其产品与服务与众不同的途径——即便是在这个竞争高度激烈的市场环境中，标靶百货公司也没有放弃寻找突破的机会。
>
> **标靶百货公司创意服务部主管 Eric Erickson**

## 案例分析五： 雅芳公司对抗乳癌的圣战

### 背景

雅芳公司（Avon）成立于 1886 年的纽约，是首家早在妇女们赢得投票权的 34 年前，就已经开始给妇女提供工作机会的企业之一。雅芳是世界顶尖的美容及相关产品直销商，公司在超过 135 个国家拥有 280 万名独立的销售代表，即国际知名的“雅芳小姐”。

在 20 世纪 80 年代粉碎了无数次的收购企图之后，雅芳作为一个独立的上市公司顽强地生存了下来。在确定无后顾之忧以后，公司重新诠释了它的一项基本原则：对支持它的公众给予回报。雅芳阐明并加强了它的理念："成为一个最能理解和满足全球妇女对于产品、服务和实现自我价值之诉求的企业"。

1992年，为更好地了解女性的需求、兴趣和行为动机，雅芳公司在英国针对客户和销售代表展开了一次全面的调查。调查结果清楚表明，乳癌是当今女性最为关心的问题。这一结果促使英国雅芳公司在同一年稍晚的时候，发起了雅芳对抗乳癌的圣战，并使美国雅芳公司也于1993年发起了旨在提升女性和广大公众预防乳癌意识的圣战。这两项活动的目的都是希望能够提高公众对预防和研究治疗乳癌的慈善团体的认识和关注，并帮助雅芳的销售代表通过销售特别设计的集资产品，为从事乳癌预防治疗活动的慈善团体筹集资金。

7年前首次由英国雅芳创立的善因营销模式现在已成功地输出到世界上其他的26个国家，雅芳之前在这些国家已经设有支持妇女健康的项目。以上所提到的这28个项目统属于"雅芳女性健康世界基金会"，截止到目前，该基金会已经筹集和分配了5000多万美元的捐款。雅芳公司宣布，公司在2000年之前还将再筹集5000万美元，使全部捐款的金额突破1亿美元。

### 雅芳公司最初在英国发起的善因营销项目

一个名为"突破乳癌"（Breakthrough Breast Cancer）的慈善团体于1992年在英国成立，并被英国雅芳公司发起的对抗乳癌圣战活动选为适合的合作伙伴。当时，该慈善团体正在为一项总预算为1500万英镑的项目寻找企业或私人赞助人，以筹集前期的活动经费100万英镑。

雅芳公司的筹款方式是销售一款标价为1英镑的徽章别针和标价为2英镑的钢笔，并以"雅芳掀起对抗乳癌的圣战"为标题，在公司制作的宣传材料上对此项活动进行了连续的报道。遍布全英的16万名销售代表参与了徽章和钢笔的销售活动，而雅芳制作的产品目录上也对这项义卖活动进行了宣传报道。雅芳公司的产品目录每次印刷的数量都会达到300万份，而一年会制作印刷达18次之多。由此可见，通过公司产品目录发布的活动信息将会产生多么大的广告宣传效应。

活动开展的第一年就筹集到了所需的100万英镑，而且在社会上产生了巨大的反响。雅芳公司的销售代表对于此项活动十分投入，而前期活动取得的成功也促使雅芳公司与英国最大的癌症护理慈善机构Macmillan Cancer Relief建立和合作关系——向该组织提供资金援助，使它们能够额外聘请3位为乳癌患者提供特别护理服务的护士。在圣战发动后的第6个月进行的一项市场调查表明，每10位客户中，就有一人能够准确地说出雅芳公司为该项活动筹款的最新金额。

### 英国雅芳公司善因营销项目的扩展

6年后，英国雅芳公司已经为乳癌预防和治疗工作的慈善团体筹集到530万英镑。从赞助慈善事业的角度看来，该项目无疑已经取得了成功，但公众对雅芳支持公益事业的认识也已经开始减弱；而与此同时，雅芳的竞争对手们却纷纷开始运用善因营销的手段来获取商业利益，如改变消费者对企业的看法，提高他们对品牌的忠诚度和获取市场份额等等。

在这样的情况下，英国雅芳公司决定改变策略，使该活动在继续为公益事业筹集资金的同时，也能够满足企业自身的商业需要。公司本着塑造公司新形象和吸引新客户的目的，以一种新的形势对“对抗乳癌圣战”活动进行了宣传。为了实现这一目标，英国雅芳成为Fashion Targets Breast Cancer的赞助商——一家由美国时装设计师创立的慈善团体，其宗旨是为美国的乳癌研究项目筹集资金。1997年，Fashion Targets Breast Cancer开始走向国际，也就在那时，英国雅芳成为该组织的赞助商，并指定“突破乳癌组织”成为赞助活动的受益人。

### 雅芳对Fashion Targets Breast Cancer的赞助

作为赞助Fashion Targets Breast Cancer活动的一部分，英国雅芳公司重新设计了用作筹款义卖的别针，并出资生产了印有雅芳公司名称的T恤衫，作为筹资义卖品在各大时装店中售卖。同时，公司还赞助了在10个大型购物中心及其他公众场所举办的时装秀。公司在这些时装秀上进行了化妆表演，并向观众大量派发印有介绍乳房自测方法的免费化妆品。此外，公司还专门设立了一条热线电话，使女性朋友们可以随时来电查询有关乳癌和 Fashion Targets Breast Cancer 的有关信息，或是订购义卖 T 恤。在产品目录上，雅芳公司用大篇幅对 Fashion Targets Breast Cancer 进行了宣传报道，并邀请名模 Yasmin Le Bon 作为宣传活动的代言人出现在雅芳产品目录的封面上。这一营销手法引起了媒体的广泛报道，也在消费者中引起了激烈的反响，以至于公司不得不在通常 300 万份的印量上又加印了 12.5 万份产品目录。

**雅芳赞助 Fashion Targets Breast Cancer 所取得的成效**

通过这一新合作关系的建立和新一轮宣传活动的展开，雅芳公司的品牌形象和与乳癌预防和治疗相关的公益事业的利益都得到了极大的推动。正如英国雅芳公司的总裁兼总经理 Sandy Mountford 所说：“与 Fashion Targets Breast Cancer 合作的决策实在是很正确。我们继续在为乳癌预防研究这项女性朋友们普遍关心的问题筹集资金和进行宣传；而同时，我们的经营活动也通过这种方式的合作受益匪浅。真正有效的公益活动就是应该能够达到这样的效果。”

在英国雅芳公司的赞助支持下，Fashion Targets Breast Cancer 获得了价值约 20 万英镑的免费平面媒体广告；而由雅芳公司出资制作的 1000 张在伦敦地铁站张贴的海报广告和 3000 张在公车站候车亭广告板上张贴的海报广告，总价值预计也超过 30 万英镑。公司设立的热线电话共收到超过 1196 个电话，许多来电者表示有兴趣购买雅芳产品，而她们之前从未这么做过。在为 Fashion Targets Breast Cancer 制作的平面和电视广告中，有 3/4 提到了雅芳公司在此项公益事业中扮演的角色，而与前年同期相比，公司的销售业绩也出现了可喜的增长。在一项消费者调查活动中，雅芳公司为 Fashion Targets Breast Cancer 提供赞助的行为所产生的效果得到了进一步的证实。调查显示，认为雅芳公司大力支持赞助乳癌预防研究事业的公众人数得到了显著的增加。最后，作为雅芳公司在英国与 Fashion Targets Breast Cancer 进行善因营销合作的受益人，英国的慈善团体“突破乳癌组织”获得了超过 40 万英镑的捐款。

## 雅芳公司在美国开展善因营销活动的使命

雅芳在美国发动的对抗乳癌圣战活动，是雅芳女性健康世界基金会所开展的规模最大的活动项目。这项活动的目标是为全国各地的相关慈善团体提供资金援助，使妇女，尤其是那些正在接受治疗的女性，能够获得各种关于乳癌预防和治疗的信息，并为她们提供低成本或免费的乳癌早期检测服务。到 1999 年 1 月，雅芳公司已经在抗癌圣战的大旗下，通过独立业务代表销售粉红缎带的方式，为 300 多家相关慈善组织筹集了超过 3200 万美元的资金。

## 雅芳公司在美国结成的合作伙伴关系

为了普及乳癌教育和提供乳癌早期检测服务，雅芳公司在美国与全国乳癌组织联合会（National Alliance of Breast Cancer Organizations，简称 NABCO）、国家癌症研究协会（National Cancer Institute，简称 NCI），以及美国疾病控制预防中心（The Centers for Disease Control and Prevention，简称 CDC）结成了合作伙伴关系。

雅芳公司在 1993 年与全国乳癌组织联合会建立了合作伙伴关系，后者拥有一个由 375 家会员机构组成的庞大网络。根据双方签订的合作协议，雅芳公司将委托全国乳癌组织联合会管理雅芳公司设立的乳房健康基金，而设立这项基金的目的在于为女性提供各种乳房保健服务，其中包括委派专家顾问到各相关机构，协助对方开展乳癌检测工作等等。

国家癌症研究协会是美国政府首屈一指的从事癌症研究、教育、诊断、早期检查和治疗工作的专业机构。国家癌症研究协会与雅芳公司的合作开始于 1993 年，合作内容包括协助国家癌症研究协会派发乳癌教育材料，以及为癌症信息服务热线（Cancer Information Service Hotline，简称 CIS）——这是一条遍布全国各主要地区的癌症问题咨询热线——提供赞助。

雅芳与美国疾病控制预防中心的合作始于 1993 年。后者是美国卫生及公共事业部的一个下属机构。雅芳与美国疾病控制预防中心的合作主要集中在为各地的社区提供乳癌宣传教育和预防服务。1996年4月，雅芳公司与美国疾病控制预防中心联合召开了一次跨社区的电话会议，会上重点讨论了从雅芳公司赞助的五项乳房保健活动中吸取的主要经验。

## 雅芳公司最初在美国发起的善因营销项目

雅芳公司以抗癌活动的名义，于1993年10月到12月间在美国推出了第一款义卖产品——两美元一支的雅芳粉色缎带别针。随别针一起派发给消费者的，还有一份有关乳癌早期检查和雅芳抗癌圣战活动的宣传资料。在1993年的这三个月的时间里，别针销售一共创造了570万美元的净收益。从那时起，雅芳公司每年都会引进一款新的粉色缎带产品，并且自1995年开始开始向那些能够取得销售佳绩的业务代表赠送一款特别设计的别针和钢笔。

在活动开展的第一年，雅芳公司制作了一期名为“乳房保健测验”的特别电视节目，并于1993年10月15日同时在全美的各大主要电视台进行了播放。此外，公司还以抗癌活动的名义，与人共同赞助制作了一期名为“别的流行病”的商业电视特别节目，并于1993年9月14日正式播出。这个一小时的精彩电视节目介绍了每个女性都应该知道的乳癌知识，以及幸存者的以身说法。雅芳公司为宣传“别的流行病”而制作的宣传广告，则是雅芳公司第一次制作的30秒电视商业广告，广告中介绍了雅芳公司的抗癌圣战活动，并鼓励女性观众积极了解更多关于乳癌的信息。

## 美国雅芳公司在1998年举办的特别活动

1998年，美国雅芳赞助举办了多项特别的宣传活动。首先，在这一年的10月份，雅芳公司赞助举办了一项名为“雅芳乳癌3日游”的户外行走的筹资活动。活动共有2400人参加，每位参与者在3天内沿着南加利福尼亚海岸行走了60英里，总共筹集到500万美元的慈善捐款。募集到的款项将被分配给美国各地义务提供乳癌检测服务的慈善机构。通过平面广告以及电台和电视媒体的报道，有超过

7000 万人了解了这项活动和它所传递的信息。由于活动的成功举行，雅芳公司计划在 1999 年另行组织 4 次类似的 3 日游活动。

另外，10 月是美国的全国乳癌宣传月。为了配合乳癌宣传月的活动，鼓励女性进行乳癌早期检查，雅芳公司在 1997 年和 1998 年的 10 月，出资赞助了名为“在网页上为妇女佩戴粉色缎带（Wear the Pink Ribbon For Women on Your Web Page)”的活动。结果，有数 10 家一流的企业网站和数百家的其他类别的网站，在它们网页上的显著位置“佩戴”了雅芳公司宣传抗癌活动的粉色缎带。这项活动在每年的 10 月都会令超过 320 万网站的浏览者对乳癌宣传月活动留下深刻的印象。

在 1997 ~ 1998 年间，雅芳公司将乳癌宣传活动的目标对准了一个新的群体：儿童。雅芳公司举办了名为“来自孩子的关爱”的作文竞赛。负责该项活动宣传工作的，是雅芳公司遍布各地的业务代表，而作文的内容是请孩子们写出他们将如何向自己最喜欢的阿姨们提出健康方面的建议。最终有 16 位小朋友的作文获奖，他们每人都收到了一张价值 1000 美元的储蓄债券。同时，以获奖小朋友的名义，雅芳公司分别向 16 位小朋友所在地区的非营利乳房保健组织提供了一笔 5 万美元的经费。获奖的小朋友、获得赞助经费的乳房保健组织代表，以及推荐获奖小朋友参加作文竞赛的雅芳公司销售代表，被邀请参加了 1998 年 3 月 19 日举行的颁奖典礼暨雅芳销售代表日活动。此外，一位在作文竞赛中获奖的小朋友还应邀参加了在 1998 年 10 月播出的“The Rosie O’Donnell Show”——这是一个美国最流行的电视脱口秀节目，每天的观众人数高达 500 万。

## 雅芳公司在美国开展的善因营销活动所取得的成效

在最近一次进行的全国性调查中，当受访者被问及哪家企业的哪项活动对乳癌预防和治疗工作作出了杰出贡献时，他们毫不犹豫地将雅芳的抗癌活动列为首屈一指的公益活动。

## 雅芳女性健康世界基金会

雅芳公司全球善因营销部主管 Joanne Mazurki 在总结雅芳女性健

康世界基金会的成功经验时曾说道：

> 雅芳公司在全球开展的28个善因营销项目和雅芳女性健康世界基金会的工作之所以能够取得成功，是因为我们充分发挥了自身作为商业企业的优势：我们设立在各地的直销体系和遍布全球的销售代表所作出的巨大贡献，是我们能够成功的主要原因。没有任何一家公司能够像雅芳那样对女性健康问题给予如此之大的帮助，因为其他公司不具备我们所拥有的特殊资源。我们的成功之处还在于，我们清楚地知道哪些是我们自己所独有的特点和优势，我们所依赖的相关团体——包括消费者、非营利机构、政府部门和媒体——都相信我们的努力是真诚的，而且能够贯穿始终。在此我要建议其他对善因营销感兴趣的企业，应该设法寻找发现、并充分利用它们自身所特有的经营优势，只有这样，才能使善因营销活动产生更大的效果。

## 案例分析六：　美国添加利发起的对抗艾滋病自行车环游活动

### 背景

帝亚吉欧公司旗下的添加利是一个销售进口杜松子酒的独立品牌，负责进口业务的，是帝亚吉欧公司的另一个分支机构美国 Schieffelin & Somerset 公司。对添加利来说，通过某种方式切入主要目标市场，与目标客户建立更加紧密和更有意义的联系，是品牌在市场上取得成功的关键。

### 原理

添加利品牌需要通过一个创新的、有针对性的营销活动在目标市场上建立品牌的领先者形象，从而强化它与消费者的关系。在对目标市场进行调查研究之后，添加利公司发现了若干值得考虑与之发展合作伙伴关系的公益事业和慈善团体。巧合的是，在同一时间里，对抗艾滋病自行车环游活动的发起人向美国的200家公司发出了求助信，希望各家商业企业能够为 1994 年首次举行的这项活动提供赞助。只有添加利公司对来信作出了回复！添加利公司认为，品牌自身的目标与这项公益事业的目标相互吻合，因此它们顺利地结成了善因营销合作伙伴关系。

**概念**

善因营销的基本概念是，以高调对抗艾滋病自行车环游活动提供赞助为基础，为美国各家防治艾滋病的慈善团体筹集资金，同时提升添加利品牌的目标客户群对该品牌的注意力，并鼓励他们参与这项有意义的慈善募捐活动。

**目标**

项目的主要目标是：

- 通过创新和有针对性的善因营销活动来增加添加利杜松子酒的销量。
- 通过支持一个能够打动消费者的公益事业来切入目标市场。
- 通过举办能够在情感上和精神上打动目标客户群的社会活动，吸引 21～34 岁的非洲裔美国人和普通的市场消费者对添加利品牌的关注。对 25～44 岁的美国人来说，艾滋病是排名第二的杀手，比癌症更具杀伤力。
- 为添加利品牌创造出一个新的品牌价值，树立其在赞助公益事业方面领先业界其他企业的形象，从而增强品牌与客户的密切联系。
- 为美国的艾滋病慈善团体募集大笔资金。
- 提高美国民众对艾滋病教育及预防工作的意识。

**时机**

1994 年，添加利公司作为首席赞助商，支持赞助了在加利福尼亚举行的首届对抗艾滋病自行车环游活动。从那以后，每年的该项活动都是由添加利公司出面提供赞助。

## 合作方式

对抗艾滋病自行车环游活动是一项分别在美国 10 个城市举行，全部由添加利公司及其合作伙伴提供赞助的公益活动。这项活动没有以竞赛的方式进行，活动的宗旨是鼓励人们积极参与和为艾滋病慈善团体筹集资金。这项 1994 年在加利福尼亚举办的一站式活动，到 1997 年已发展到在全美举办的五站式自行车环游活动。

## 支持

在对抗艾滋病自行车环游活动期间，添加利公司还组织了一系列活动，配合主要活动的开展，其中包括：

- 鼓励当地的经销商参与相关的有奖销售计划及其他活动。
- 欢迎和鼓励贸易伙伴提供志愿服务，或是报名参加环游活动。
- 举办大量的宣传活动，在会场免费提供添加利牌杜松子酒，供来宾品尝。
- 组建所谓的“添加利团队”，一个由添加利公司员工组成、为自行车环游活动提供各种帮助的团体，相关的经费完全由添加利公司提供。
- 组织举办了 600 个名为“对抗艾滋病自行车环游活动宣传夜”的活动。

作为首席赞助商，添加利公司的标志以显著的位置出现在所有为对抗艾滋病自行车环游活动而举办的宣传活动、宣传广告和其他间接的宣传材料上。此外，添加利公司还提供了以下的赞助：

- 协助制作对抗艾滋病自行车环游活动的网站。
- 协助制作对抗艾滋病自行车环游活动的橱窗展示。
- 协助举办对抗艾滋病自行车环游活动摄影比赛。
- 出资制作含有对抗艾滋病自行车环游活动内容的招聘录像带。
- 邀请名人推广对抗艾滋病自行车环游活动。
- 协助制作在街道电线杆上张贴的对抗艾滋病自行车环游活动标语。

- 成立以宣传对抗艾滋病自行车环游活动为宗旨的名人委员会。
- 为对抗艾滋病自行车环游活动制作宣传条幅。

添加利公司为了宣传对抗艾滋病自行车环游活动，展开了积极的广告宣传活动。广告宣传用添加利公司的广告代言人詹金斯先生，作为对抗艾滋病自行车环游活动的广告宣传形象大使。印有詹金斯先生的宣传品和户外广告覆盖全国，涵盖了所有添加利公司的目标市场。另外，为了招募参加环游活动的自行车骑手，添加利公司在全国200个城镇散发了印刷广告。活动结束后，添加利公司直接向36.5万位以自行车骑手、工作人员、志愿者和捐款人的身份参与活动的各方人士表达了感谢。

### 监控和评估

自1994年起，添加利公司一直坚持对参与自行车环游活动的骑手和市场上的目标客户群进行定量和定性调查，调查结果显示，活动取得了许多相当积极的成果：

- 添加利品牌与参与活动的人群之间形成了坚强的情感纽带。
- 这些年来，公众对添加利品牌参与社会活动的认知度获得了显著提高。
- 购买、消费和向他人推荐添加利品牌产品的人数越来越多（每一项指标自1994年以来都实现了稳定的增长）。
- 绝大多数人对添加利公司赞助对抗艾滋病自行车环游活动的行为都表示认同，并且表示，他们对添加利品牌的好感也因此而增加。

### 成效

添加利品牌在美国赞助对抗艾滋病自行车环游活动的行为，被认为是美国最重要的为艾滋病慈善团体筹集捐款的善因营销活动。这项活动为生活在AIDS和HIV阴影下的人们筹集到破纪录的慈善捐款，而且大大地提高了公众对艾滋病教育及预防工作的重视程度。

自1994年以来，3万多名自行车手、成千上万的工作人员和志愿者，以及无数的捐赠人参与了对抗艾滋病自行车环游活动。自第一次活动以来，添加利公司赞助的对抗艾滋病自行车环游活动已经为美国60多个艾滋病服务机构筹集到超过1亿美元的慈善捐款。

活动在每年所取得的成绩如下：

- 在1994年于加利福尼亚举办的第一届对抗艾滋病自行车环游活动中，共有450多名自行车骑手报名参加，活动共为洛杉矶的艾滋病服务机构筹集到150万美元。
- 1995年，在加利福尼亚举办的第二届对抗艾滋病自行车环游活动中，共筹集到550万美元。
- 1995年，从波士顿到纽约的对抗艾滋病自行车环游活动吸引了来自全美和其他5个国家的3800名自行车手参加，共筹集到650万美元。
- 1996年，在加利福尼亚举办的第三届对抗艾滋病自行车环游活动筹集到850万美元，共有2183名自行车手报名参加。
- 在1997和1998两年间，每年五站式的对抗艾滋病自行车环游活动分别筹集到超过3000万美元的捐款。
- 截止到1999年3月，对抗艾滋病自行车环游活动已经累积筹得1亿美元的慈善捐款。
- 1999年将再次举办五站式的自行车环游活动。

通过举办对抗艾滋病自行车环游活动，添加利牌杜松子酒获得了大量的媒体曝光机会，取得了普通商业广告很难实现的宣传效果。仅在1997年，添加利公司就通过印刷品和电子媒体，创造出超过2.75亿个媒体曝光机会。从《今日美国报》的头版到美国广播电台的“晚间新闻”，添加利公司赞助对抗艾滋病自行车环游活动的宣传报道覆盖了全国，也同时以各种形式出现在美国各大媒体的报道之中。

添加利公司在1995年向对抗艾滋病自行车环游活动提供的赞助，在《Brandweek Magazine》和《Inside PR Magazine》每年举办的营销和宣传评奖活动中，被授予“善因营销”金奖。此外，添加利公司还主办了600多个“对抗艾滋病自行车环游宣传夜”活动，使公众对该品牌的认识得到进一步的加强。除此之外，此项善因营销活动还有效地提高了杜松子酒的消费量，这一点具体地反映为添加利公司产品销量的大幅增加。

## 预算

每年，添加利公司都会向活动的主办方直接提供大约 90 万美元的现金，用以抵消自行车环游活动的开支。此外，为了提升此项活动的社会知名度和招募参加活动的车手，添加利公司还会拨出将近 300 万美元用于广告宣传、公关活动、宣传材料的制作以及举办相关的社交活动。

## 吸取的经验和未来的计划

合作各方都从活动中吸取了宝贵的经验教训，包括如何使活动发展壮大，如何协调使用各种市场营销手段，以及合理地分配使用手边的资源对于项目管理的重要性等等。

> 我们最大的希望是在不久 AIDS Rides 的需求能够不复存在。我们特别自豪于我们的赞助行为，作为历史上最成功的 AIDS 筹资者而感到荣幸。
>
> **Schieffelin & Somerset 公司总裁兼首席执行官 J. Penn Kavanagh**

> 对抗艾滋病自行车环游活动给我们的工作带来了巨大的影响。它使我们能够向艾滋病患者提供保障他们身体健康所需的营养。我们所做的工作无人可以替代——但如果没有自行车环游活动提供的大笔捐款，我们的理想将无法变成现实。
>
> **慈善团体 Food & Friends 执行理事 Craig Shniderman**

## 第四节 应该吸取的经验教训

> 企业总有一天要与慈善团体结成某种形式的善因营销合作伙伴关系，如果对这一点判断失误，将会对企业和慈善团体的形象造成极大的损害。无论将来的发展情况如何，善因营销一定要做得恰到好处。
>
> 自由撰稿人 Robert Gray

正如我们在本书前文所提到的那样，善因营销有助于提高企业和品牌的声誉，提升客户的忠诚度，强化客户关系和增加销售额；它能极大地提升企业、慈善团体的社会知名度，使企业的市场营销活动和公关活动显得与众不同。但是，如果处理不当，它也可能把事情搞糟。

> 商业企业和慈善团体联手开展善因营销活动可以取得非凡的宣传效果，但是如果慈善团体不能恰当地评定合作伙伴的核心价值观——在此之前它们当然需要首先明确自身的价值观何在，善因营销活动也有可能会引火烧身。
>
> 慈善事业年志（Chronicle of Philanthropy），1998 年 10 月 30 日

得益于对善因营销活动发展情况的了解，社区商业组织在英国倡导善因营销活动时一直在试图建立和维护善因营销活动的完整性，使其既有利于企业的经营业绩，也有利于更广泛的社区的利益。也正因为如此，社区商业组织正在探索着对开展善因营销活动所应遵循的基

本原则进行归纳总结。

此项工作的一个重要组成部分，也是善因营销推广活动的一个核心组成部分，就是社区商业组织对有史以来第一部《善因营销指南》的编写和完善。虽然《善因营销指南》的编写工作主要参照的是发生在英国的案例，但该指南中总结出的基本原则却放之四海而皆准。事实上，唯一可能需要因地制宜的地方是对正式协议和税务问题的处理，而在这些方面，无疑需要参照各国具体的规章制度和法律条款。但不管怎样，这些放之四海而皆准的基本原则无论在哪里都不会改变的；因此仍然可以说，社区商业组织编写的《善因营销指南》为人们提供了一个思考善因营销问题的高起点。

因为善因营销活动在美国开展的时日较长，从美国已经发生的案例，我们可以了解到如果善因营销活动出现了问题结果会怎样。例如，最近传出的新光公司和美国医疗协会（American Medical Association）之间的合作关系的恶化，估计将造成990万美元的损失。同时，关节炎基金会（Arthritis Foundation）和McNeil消费产品公司（McNeil Consumer Products）也因为它们彼此之间的善因营销伙伴关系而饱受公众和媒体的批评。商业企业与教育机构之间的合作伙伴关系如何开展在大西洋两岸都引起了业界人士的普遍关注，类似刊登在英国的《金融时代》（Financial Times）里，以“恼人的合作伙伴关系”（1998年10月27日）为标题的头条新闻也正在变得越来越常见。

## 新光公司和美国医疗协会（AMA）的合作

> 美国医疗协会于不久之前与新光公司看似完美的结合，以及现在双方分道扬镳的惨淡结局，对那些希望从商业企业那里获得收入的慈善团体来说，应该时刻引以为戒。
>
> **慈善事业年志（Chronicle of Philanthropy）**
>
> 1997年10月30日

这个签约期长达5年的排他性的合作伙伴关系开始于1997年8月。从基本特征上判断，这个项目属于一个特许授权或共用品牌的善因营销项目，AMA的名称和标识会出现在新光公司推出的9类家庭健康产品的包装上，作为AMA对该类产品的背书。作为回报，新光公司将随产品派发AMA的教育材料，并将根据双方签署的合作协议，把部分产品销售利润捐赠给AMA，以资助其开展的医疗研究工作——这一条款将有可能带给AMA数以百万计的捐款收入。AMA不仅可以从这项活动中获得巨额的捐款，而且也将大大地提高自身的社会知名度。当然，从新光公司的角度来说，这项活动可以为公司的产品赢得专业医疗研究机构的支持，并且令公司从活动所产生的光环效应和AMA这个受到人们普遍认可和尊敬的非营利组织所拥有的社会效应中获益匪浅。

根据新闻报道，在双方将合作的消息对外宣布的短短数天之内，就有人数众多的消费者、医师、报刊主编、AMA成员和其他各方人士站出来，大声反对这项合作，指责AMA是在出卖它的标识。据报道，距离双方对外公布合作关系还不到两个星期，AMA执行副主席John Seward便公开表态宣称：

> 如果不对与新光公司的合作细节进行修改，包括改变产品包装以消除AMA为产品提供担保的暗示和取消AMA向新光公司收取名称和标识使用费的条款等等，双方的合作关系就将无法延续下去。
>
> 《美国医疗新闻》
>
> 1998年8月17日

正如《慈善事业日志》1998年8月6日的评论文章中所说的那样，“由于无法承受外界对AMA没有进行产品测试便与新光公司达成合作协议的压力，美国医疗协会最终决定中止合约。”

到了9月的第一个星期，也就是双方公布合作项目仅仅三个星期之后，AMA理事会投票决定完全中止与新光公司达成的交易。几天内，新光公司递交了索偿2000万美元的法律诉讼，控告AMA违反合约——这项指控在稍后被修改为追偿新光公司为此所蒙受的间接损失。

这一事件尘埃落定之后，AMA展开了一次内部反省。协会讨论成立了特别工作小组，其任务就是，针对日后协会与商业企业的关系，制定标准化的行为准则。反省活动的最终结果是，协会制订出一套行为准则，而3位AMA高层管理人员辞职，其中包括协会的首席执行官。在1998年7月，距离AMA与新光公司对外宣布展开合作仅仅不到一年的时间，AMA宣布将动用储备基金向新光支付990万美元，以了结因善因营销项目而产生的这场法律纠纷。

这个案例中值得我们吸取的教训实在是太多了，以至于我们很难决定应该从何开始加以评述。正是由于这么一个令人不可思议的故事，相信其他商业企业和慈善团体在考虑彼此之间潜在的合作机会时，会因借鉴AMA的经历而变得更加谨慎。

在这里，我要借用《善因营销指南》中所提供的思路，对这一案例带给我们的经验教训加以总结。

开展善因营销活动所应遵循的基本原则是：正直、透明、真诚、互相尊重和互利互惠。我确信总是有人会绞尽脑汁地想要找出在实际操作中，哪些原则属于必须遵守的原则，哪些原则从自身的利益出发应该加以回避。能够正确解答这些问题的，当然应该是那些参与磋商和讨论的双方代表。显然，谈判代表不应该由那些对善因营销活动缺乏经验，或理解不足的人来担当。事实上，凡是涉及到企业声誉的谈判，商业企业和慈善团体都应该选派确实有能力、有经验的人来充当谈判代表。如果企业或慈善团体自身缺乏这样的经验或知识，就应该寻求专家的指导，这一点是绝对必要的。

### 计划和准备

这是包括善因营销在内的任何一项活动的先决条件。所谓“种瓜得瓜，种豆得豆”。在计划和准备阶段，无论是商业企业还是慈善团体，必须自问是否已经清楚地理解了潜在合作伙伴的主张、价值观和目标，以及提议的合作意向的性质、潜在含意、有无潜在的意见分歧等等。

正如《慈善事业年志》在 1997 年 10 月的一篇社论文章中所提到的："AMA 只要对新光公司的经营策略进行一番认真的审视……就能够立刻发现其中潜在的危险信号。”文章接着对新光公司的用人策略和它们之前所从事的慈善项目提出了质疑。

问题的关键在于，那些参与项目计划和准备的负责人员需要对潜在合作伙伴的价值观和实际表现进行调查了解。案头调研的作用在于从积极和消极的两方面，发现任何在合作过程中存在的潜在问题。也许在这个案例中，AMA 为合作所进行的调研工作本应该对双方建立合作关系的潜在可能提出严厉地质询。

从外界报道来看，似乎合作的双方都很清楚它们想从这段合作伙伴关系中得到什么，而且对善因营销活动在宣传手法上能够做到均衡双方的利益感到满意。显然，AMA 还没有完全透彻地考虑到，或是没有完全认识到这项交易的潜在含意。慈善团体在每个善因营销项目中都应该质疑双方计划结成的这种合作伙伴关系对自身的品牌和声誉是否会带来积极的或有害的影响，毕竟慈善团体的品牌和声誉是神圣的。慈善团体有必要像企业一样进行风险分析和媒体测试。在作出担保某个产品、某个项目或者某家企业的决定之前，慈善团体有必要考虑到这一决定是否将会危害到自身的品牌和声誉。

《美国医学新闻》（American Medical News）1998 年 1 月 5 日的新闻报道中写道：“当 AMA 与新光公司于去年 8 月签订合作协议时，公开发布的合作意图让人很难有所挑剔：通过向公众提供健康产品和健康信息来提高公众的健康水平。至于不常为双方所提到的合作意图——增加 AMA 的捐款收入，考虑到 AMA 需要为科研和公益工作投入大量资金，也是情有可原的。但是，AMA 为了获得特许授权费而允许新光在产品包装上使用 AMA 的标识，则属于一种极不恰当的行为。”

互惠互利——这个开展善因营销活动所必需遵守的基本原则——无疑建立在潜在合伙人讨论和同意的基础之上。我们不可能通过“立法”解决所有的问题，因为每一段围绕善因营销而结成的合作伙伴关系及其所处的环境都是独一无二的。没有人会比那些实际参与合作协商和掌握实际情况的人，对活动的性质和特点知道得更多，但是正如刊登在《美国医学新闻》上的报告中所指出的，在这个案例中，双方就互惠互利达成的协议事实上极不平等。

参与善因营销项目谈判的有关人士有必要从所有当事人的角度来理解合作关系的远景、所主张的价值观和目标，理解什么是可以协商的和什么不可以协商的，同时也确实有权代表各自所在的组织进行协商。

从新闻报道中看来，AMA 在获得内部高层和广大相关权益人支持方面所做的工作，可以说是遭到了彻底的失败。伊利诺伊州 AMA 分部的执行主管 Ann Marie Dunlap 坚决拥护她所在的分部作出的抵制 AMA 为新光公司的产品提供背书的决议。她说道，“没有会员大会的允许，我们没有卖掉广为人们所喜爱的、有巨蟒环绕在权杖上的协会徽章的权力。出卖协会的标识完全是理事会和部分高级职员未经授权而自行其是的无效行为。”

《美国医学新闻》1998 年 6 月 29 日的另一篇报道，将新光公司事件的责任大部归咎于 AMA 参与项目策划谈判的员工。报道指出，他们要么是因为忽视，要么是因为根本就未能认识到新光公司的合约条款与 AMA 以往所推行的政策有着明显的抵触之处。

获得高层管理人员和主要权益人团体的认可和支持，是发展有效的善因营销合作伙伴关系的一个关键因素；毕竟他们将成为宣传或反对善因营销项目的主要力量。鉴于善因营销活动存在着如此之多的潜在风险，赢得这些相关人士或团体的认可、批准和支持是必不可少的。征询他们的意见不仅将有助于合作伙伴关系的顺利开展并节省大量不必要浪费的时间，而且还将会使可能出现的主要问题从一开始——而不是在媒体和公众的强烈关注下——就能够引起注意，并得到妥善的回答和解决。

## 合作伙伴关系的协商

正如我们在前文中已经提到的那样，参与协商谈判的人是否就谈判进行了大量的计划和准备工作，是否拥有类似协商谈判所必须具备的技巧和授权，对于合作伙伴关系能否取得成功有着决定性的影响。首先，双方一定要就合作的共同目标达成一致；在确定合作所能创造的价值时，重要的是全面考虑所有可能发生的事情。在定义活动的性质时，不仅应该考虑善因营销活动本身是否富有创意，活动的实施手法和所涉及的产品范围；更应该仔细斟酌双方在合作中的利益是否均衡，是否存在潜在的风险。

在建立合作伙伴关系之前，相关各方进行独立的全面风险评估是至关紧要的。风险可以包括影响企业和慈善团体声誉的风险、在执行协议条款时所面临的风险，以及相关的财务风险等等。AMA 与新光公司对声誉风险和财务风险的评估可以说是彻底失败，自然也就更谈不上对协议执行风险的评估效果了。

## 正式协议

合作各方就善因营销项目签署正式协议是一项必要的程序。英国 1992 年颁布的《慈善组织法》清楚地规定，慈善组织和商业企业之间，必须以正式书面协议的形式确定双方的善因营销合作伙伴关系。书面协议的作用在于，以书面记录的形式落实双方经过协商而达成的共识。如果合作伙伴关系进展顺利，双方自然没有理由反复查阅协议的内容。但是，当合作出现问题时，正式协议的作用就会显现出来。显然，在这个案例中，合作双方签署了正式的协议；所以，当有一方违反协议条款的时候，就不得不付出巨额罚款的代价。

明确双方的职责和责任是任何契约关系中的一项基本内容。在英国，相关的基本法律条款包括：《1992 与 1993 年慈善团体法》、《1994 年慈善机构（筹资）法规》、《英国广告和促销条例》、《1968 年商品说明法》、《1988 年误导性广告管理条例》、《1976 年彩票和娱乐法》。各个国家都会存在类似的法律法规，问题在于相关各方需要了解自己的在合作伙伴关系中所扮演的角色和职责。

企业和慈善团体的名称是无比珍贵的。它是企业和慈善团体为人们所认知的标识，也是人们判断企业和慈善团体声誉的依据。

> 在这个信息和关系网络遍布全球的世界里，你不可能也不应该奢望完全控制你所在的公司和慈善团体在公众心目中的形象，你所能做的就是尽可能地从正面引导人们的看法。
>
> **E. Dyson**
>
> 1997 年

因此，企业和慈善团体的董事和理事们在决定所在组织名称的使用情况时，必须格外地小心谨慎。在签署正式的协议之前，合作双方必须确保它们的合作关系是适当的，并不会对彼此的声誉造成损害。即便是那些以名称授权的方式来筹集资金的慈善团体，也需要通过制定清楚明确的合同来确保它们的名称不会被滥用，有权在对方使用自己名称的情况感到不满时，阻止对方进一步使用自己的名称。根据《慈善事业日报》1998 年 8 月 6 日的一篇报道，AMA 似乎是没有对它们所要提供背书的产品进行检测。这种情况是完全不应该出现的。

如同其他任何一段契约关系一样，就善因营销活动所签订的协议也不可等闲视之。如果一方违反了合同，就要付出代价。AMA 与新光公司的合作伙伴关系发展到要对簿公堂的地步是令人惊讶的。如果事前进行了全面的案头调查工作和计划准备工作，如果进行了风险分析，如果进行了“媒体测验”，那么任何人都会知道，这个灾难性的结果本来是可以避免的。

## McNeil 消费产品公司（McNeil Consumer Products Company）和关节炎基金会（Arthritis Foundation）的合作

AMA 和新光公司的善因营销伙伴关系从来就没有真正地启动过，

在它离开船坞起航之前就已经沉没了，而导致这一结局部分原因我们在前文中已经进行了简要的阐述。在另外一个善因营销合作伙伴关系遭遇问题而最后被迫中止的案例中，存在的问题开始并那么显而易见。

本案例所涉及的，是 McNeil 消费产品公司所生产的 4 款在柜台直接销售的关节炎止痛产品和关节炎基金会（the Arthritis Foundation）之间达成的合作关系。这项活动的宣传基点是，消费者在购买这种在显眼位置印有慈善团体名称印记的产品时会得到一定的折扣，McNeil 消费产品公司会将部分所得捐献给关节炎基金会，而消费者还将得到关节炎基金会为期一年的免费会员资格。销售这些品牌的零售商也得以有机会参与到一系列的产品推销活动中，从而也调动分销系统的力量。

在这个案例中，关节炎基金会不仅从产品销售活动中获得了大笔捐款，而且通过产品和促销活动，大大提升了自身的社会知名度。换言之，广告和其他形式的宣传活动极大地提高了关节炎基金会的社会知名度，并带来了数额巨大的捐款，零售商也从一系列激动人心的促销活动中获得了不小的收益。消费者在获得折扣的同时，还可以免费成为关节炎基金会的会员。而 McNeil 消费产品公司则通过这项活动使自己的产品在与其他产品的竞争中脱颖而出，并同时提升了自身的社会知名度，强化了与零售商的关系，也有效地增加了产品的销量。

依照经典的善因营销理论，这段善因营销合作伙伴关系似乎创造了包括企业、慈善团体、零售商和消费者在内的四赢局面。既然所有参与活动的各方都能从中得到诸多的好处，那么问题究竟出在哪里呢？

在前面的案例中，我们提到了正直、透明、真诚、相互尊重和互利互惠的基本原则。而在这个案例中，似乎正像双方所辩解的那样，它们感到彼此之间的合作伙伴关系是非常恰当的。关节炎基金会的宗旨是为公众提供减轻关节疼痛的专家意见，而 McNeil 消费产品公司所推出的产品也正是为了要消除关节炎带给人们的痛苦。

关节炎基金会因为与 McNeil 消费产品公司开展合作伙伴关系而

遭到批评的原因很多。有些人认为，关节炎基金会与生产某种关节止痛产品的商业企业建立如此密切的合作伙伴关系，损害了它们就所有能够帮助人们缓解关节疼痛的手段提供客观意见的立场。有人提出质疑说，如果关节炎基金会如此紧密地将自己的利益与某个特定产品生产商的利益捆绑在一起，又如何能够公平地介绍其他止痛产品或某个替代疗法的优点和缺点呢。还有一些人指责关节炎基金会出卖了自己的灵魂，而这正是关节炎基金会竭力否认的一项指责。关节炎基金会和 McNeil 消费产品公司都极力辩解说，它们之间的合作关系能够保障双方的利益，因此是合法的。但问题是，究竟应该由谁来对此作出结论呢？

## 在法庭上，原告方对 McNeil 消费产品公司与关节炎基金会联手开展善因营销活动提出了指控

● 宣传印有关节炎基金会标识止痛产品的广告，在宣传中没有刻意强调善因营销项目本身的特点，反而直接声称或向消费者暗示说，配合活动进行销售的止痛产品是一种新推出的产品。

● 广告声称，关节炎基金会曾经为产品的研制工作提供了“帮助”，而事实并非如此。早在 McNeil 消费产品公司与关节炎基金会结成合作伙伴关系之前，该产品已经面市，而且通过了美国食品和药品管理局（the United States Food and Drug Administration）的批准。

● 广告明显暗示，产品之所以有效，是因为关节炎基金会（the Arthritis Foundation）参与了产品的研制和生产，并且愿意为产品的质量提供担保。事实上，它们并不比其他柜台直接销售的同类产品更加有效。

● 广告直接声称或暗示说，消费者每一次购买相关产品，都将对关节炎基金会从事关节炎的治疗研究工作作出贡献。实际上，不论消费者是否购买产品，McNeil 消费产品公司都会根据双方签订的商标授权协议，向关节炎基金会支付 100 万美元的名称及商标使用费。

● 广告声称产品是受到“医生推荐”的，而事实上，只有产品中的部分特殊成分，而不是产品本身，受到医生们的推荐。

来源：明尼苏达州 Ramsey 郡地区法院法律文件。

1996 年 10 月 16 日

从项目计划和协商的执行过程来看，确实存在一些疏忽之处。对协商的内容，协商双方的价值观和对项目的支持程度达成内部协议，无疑是至关重要的。在这个案例中，虽然合作双方的管理层对合作伙伴关系达成了强烈的共识，然而却违背了相关各方之间都应该相互尊重、互惠互利的基本原则，没有考虑到相关的权益人团体、媒体，以及公众对项目的看法。

了解一项创意是好是坏的一个好办法，就是试着把项目的原理解释给予此事完全无关一个小孩或一位老人听。如果你需要花费好几分钟的时间才能让对方明白你的意思，并且发现自己不得不咬文嚼字地来费力证实自己的观点，那就说明这项提议可能存在严重的问题。

如果所计划的方案有可能产生争议，那么正确地做法是请主要的权益人团体对这项提案发表意见。这一做法将会使你发现提案中潜在的问题，也有可能导致提案遭到否决，或是在提案通过的情况下，使你更好地认清相关各方所关心的各类问题。将提案交由主要相关权益人进行讨论，有助于开诚布公地获取各方的意见和建议，从而摆脱合作双方在一开始就需要不停地向有关各方解释合作目的和意义的尴尬局面。

宣传（你宣传善因营销活动的方式，信息的均衡性和宣传的透明度）对于善因营销活动能否有效进行，起着极其重要的作用。对此，我们将在以后章节中进行详细的讨论。在这个特定的案例中，产品包装和在广告宣传方式都存在着一些问题。首先，包装上醒目地标示出关节炎基金会的名称，并频繁地出现“新”这个字，意在暗示人们这个产品本身是最近推出的新产品。一些人甚至可能会想到关节炎基金会也与参与了产品的研发工作，而事实并非如此。

除此之外，有人还认为，产品的包装存在误导性。包装上写着：“每年，我们将从产品销售额中提取超过 100 万美元支持关节炎治疗的研究工作”。这实际上是在向消费者强烈地暗示说，他们购买该产品就等于是在为关节炎基金会捐款。事实上，在消费者购买产品和捐款产生之间并没有直接的联系。不论人们是否购买该产品，McNeil 消费产品公司都必须根据商标授权协议，将100万美元的款项支付给关节炎基金会。也就是说，购买行为并不能引发捐款。

人们的这些顾虑导致了在某些地区出现了媒体和公众抵制该项目宣传活动的情况，并最终导致McNeil消费产品公司和关节炎基金会放弃了这个项目，尽管合作双方都辩称该项目曾经是，并且现在仍是合法和适当的。此外，该项目还一度使美国大约18个州威胁要对McNeil消费产品公司提起诉讼。

最终，各方对围绕该项目产生的法律争议达成了一项决议，司法部长汉弗莱在决议中指出，“带有关节炎基金会标识的药品广告误导了消费者，使他们相信药品是由关节炎基金会研制的新药，同时错误地以为购买该产品会为关节炎研究活动提供捐款。决议要求McNeil消费产品公司在今后的广告里说明所关于产品的实际情况，应客户要求可提供退款，并且为消费者普及教育活动、关节炎研究活动和在整个法律争议过程中产生的费用支付将近200万美元的补偿费。”

从该例中可以吸取的另一个教训是对合作伙伴关系进行风险评估的重要性。风险可以包括影响企业和慈善团体声誉的风险、在执行协议条款时所面临的风险，以及相关的财务风险等等。一些企业对于分析评估潜在的风险有一套非常复杂的方法，但通过案头调查和相关权益人调查等基本手段，我们也可以发现潜在的挑战和问题，从而有机会采取相应的预防性措施，避免善因营销项目日后被公众和媒体所质疑。

如果通过分析风险发现了潜在的具有争议的问题，重要的是请相关权益人阐明他们的立场。事实上，与内部的合作伙伴和外部的相关权益人一起发现可能引起争议的问题，并明确权益人各自的立场，是对潜在风险进行初步分析评估的一个重要的组成部分。可以通过假想的方式找到可能会反对善因营销项目的相关权益人，然后再针对他们的态度和意见展开调查。企业、慈善团体可以投资设计和准备一份调查问卷，以便更好地从调查对象那里获得完整而准确的反馈意见。发现和了解相关权益人所关心的问题，是善因营销项目策划发起人与他们展开积极与附有建设性对话的开始。对话的范围越广，对话的内容越丰富，效果就会越好。毕竟，如果能设法通过对话为问题找到解决方案，将是每一个人的收获。

其他善因营销项目也受到过司法机构、媒体和公众的抨击，参与相关项目的包括戒烟产品制造商、抗癌组织、制造商和零售商，牵涉到与教育、儿童和学校相关的所有行业。批评意见包括制作误导性广告，与不恰当的企业、慈善团体合作，以及在项目宣传和执行活动中未能均衡体现各方利益等。

英国和美国一样，一直特别关注企业与学校之间的合作关系，关注在企业、学校和学生之间发展建立起一种什么样的关系才是恰当的。

为在事态扩大前发现和解决一些问题，全国消费者协会联合社区商业组织及许多教育学家和企业，编写了《企业赞助学校行为指南》(the Business Sponsorship in School Guidelines)，在书中提供了许多有用的指导意见和建议。企业和慈善团在处理有关事务和寻求建立合作伙伴关系时，可以参照《善因营销指南》和《企业赞助学校行为指南》这些有价值的参考信息。有了这些指导性意见和建议，我们将会知道应该怎样像美国某些地方的教师们所做的那样，在一天中的部分时间里，在教室内展示一些与企业有关的宣传信息，以作为企业免费向学校提供电视和电脑设备的回报。

当然，企业参与支持公益事业和解决社会问题的各类活动都有可能会遇到值得注意的问题和麻烦。因此，应该遵循《善因营销指南》中所列明的各项基本原则，以便更专业、系统和全面适当地发展和建立善因营销合作伙伴关系。

正如在人们在为“游戏计划”的调查活动中所发现的那样，如果善因营销活动处理不当，消费者就会对项目的宣传活动表示漠不关心，而最差的结局则是，消费者开始对企业、慈善团体产生怀疑和不信任，甚至开始批评它们的作法。如果一个善因营销项目在启动阶段就处于消极的守势，将注定在今后的日子里举步艰难，也很容易失败。既然只需通过一系列简单直接的手段的应用就可以及早地发现和解决潜在问题，又何必为了省去一点点麻烦而敢冒使自己日后陷入负面的漩涡里呢？只有发现了问题，才可以决定应该采取什么样的行动去解决问题，应该怎样在宣传活动中均衡各方的利益，真正做到防患于未然。

无疑，在一切工作都做得很好的情况下，消费者会全心全意地支持善因营销活动。消费者和其他权益人越来越成熟和越来越具有市场营销意识，他们拥有唾手可得的信息，而且随时准备采取行动。如果低估了他们关心的问题、低估了他们的智力、低估了他们的观察力和正义感，发起善因营销活动的企业和慈善团体将有可能付出惨重的代价。所以，对企业和慈善团体来说，当前面临的挑战是要积极地吸引所有的相关权益人加到善因营销项目的策划活动当中，尊重他们的智力、观察力和正义感，从而换回他们对企业慈善团体和善因营销项目的尊重。

如果你能设法把某个产品和某个慈善团体的宣传工作结合起来进行，达到提升国家精神或某个特定团体精神的目的，你就能做成任何事情，使人们心甘情愿地为公益事业付出自己的所有。

**参加 1997 年“游戏计划”调查活动的受访消费者发表的反馈意见**

只要在一两个项目上处置失当，就会使相关权益人对企业产生负面的反应和看法，使他们和媒体对所有参与项目的合作伙伴都产生抵触情绪或采取抵制措施。一个负面的善因营销项目将会使企业的经营活动倒退数年。误用或滥用善因营销活动不仅将会切断社区慈善公益事业巨大的资金来源，而且即使自私地从企业提高经营业绩的角度来看，它也会因为消费者由此对企业的声誉和价值观产生了不信任，而使企业的商业利益和盈利水平蒙受重大的损失。

一项运作良好的善因营销项目有利于提升我们的声誉，而良好的声誉有利于我们的商业利益。

**英国电讯公司主席　Lain Vallance 爵士**

美国医疗协会与新光公司之间，以及关节炎基金会和 McNeil 消费产品公司之间进行的失败的善因营销合作，并不是唯一一起，也不是第一起因为管理不善而引起的灾难性的善因营销事件。很不幸的是，它们也绝不会是最后一起这样的失败案例。我们衷心地希望，其他的企业和慈善团体能够从他人的身上吸取失败的经验教训，以社区商业组织编写的《善因营销指南》和其他有用的文件和经验为指导，尽量减少和避免类似灾难的发生。只有减少类似情况的发生，企业、慈善团体和公益事业才能在发起善因营销活动造福社区的同时，使自身的利益也能得到极大的满足。

# 第四章
# 趋向卓越——善因营销的原则和方法

## 第一节
## 一个假设的案例分析

> 善因营销现在仍是一朵娇嫩的花，需要我们的客户和慈善事业的精心呵护。我们一定要真心诚意地对待普通的赞助人，也就是消费者。
>
> **英国广告商协会总理事　John Hooper 爵士**

善因营销完全建立在正直、规范、公开、诚实、透明、真挚、相互尊重、互利互惠的合作伙伴基础之上。如果对善因营销活动进行精心策划、实施和宣传，它能为企业、公益事业、慈善团体和更广泛的社区带来巨大的回报。反之，如果做得很拙劣，则会给企业、公益事业、慈善团体，以及更广泛的社区带来重大的风险。正如我们在下面所要列举的这个假设的案例中所显示的那样，如果善因营销活动的规划、实施或宣传工作做得不好，企业试图通过与慈善团体和公益事业建立富有建设性、创造性的和互惠互利的合作伙伴关系来解决当今某些社会问题的可能性就会面临失败的危险。因此，参与善因营销活动的相关各方在充分认识到它所能带来巨大回报的同时，也必须考虑到可能发生的风险。

善因营销确实会给涉及其中的企业或慈善团体带来某些负面的影响。下面假设的案例表明，当善因营销活动与消费者、媒体或合伙人相冲突时，就会产生负面效果。

除了这些明显存在的风险之外，如果投入在策划、准备、实施和宣传等各个环节上的时间和精力不足的话，善因营销活动也会遭遇来自其他方面的挑战。

这里，我们不妨设想一下这样一个案例：在对比了开展善因营销活动的利与弊，并意识到以企业目前的经营表现来说，似乎永远也不可能从媒体那里得到任何正面的新闻报道之后，一家在生产过程中需要消耗很多诸如水和木材等自然资源的产品加工制造商决定通过与某个慈善团体结成合作伙伴关系，开始尝试对解决某些环境问题进行投资。某位参与公司决策讨论会的公司高级管理人员建议说，公司应该与某家在世界范围内积极活动的环保组织建立合作伙伴关系，共同完成项目的策划和推广。

根据这一原则，这家制造商选中了一家环保组织进行合作。在接下来的几个月里，它们与潜在的合伙人进行了会谈，并共同制定了一项善因营销宣传计划。双方商定，将利用电视广告、产品包装广告和企业销售人员的市场营销资料，对这项活动进行广泛宣传。同时，公司还会就这一项目在全国范围内展开巡回宣传攻势。公司还准备了大量弘扬环保意识的宣传材料免费派发给各地的学校，并在这些宣传材料和公司的网站上大肆宣扬它们和与其合作的环保组织的合作伙伴关系。此外，双方的 CEO 还准备在一个具有地标性的建筑内召开新闻发布会，公开宣传双方的合作关系。

发布会取得了巨大的成功，吸引了各大主要媒体到场。新闻通讯社以此为题进行了大篇幅的报道，使这个消息迅速地传遍了全世界。但是在几周之后，一份由某环保组织针对该企业在环境保护方面的实际表现所完成的独立调查报告却披露到，该公司在经营活动中对南美的原始雨林进行了乱砍滥伐，直接造成了当地一个村庄的毁灭，并使一个土著部落被迫进行迁移。由于该公司在生产过程中产生大量的环境污染物，在公司所在地，有许多家庭都患上了严重的皮肤瘙痒和呼吸困难等病症。

与该企业合作的国际环保组织驻扎在南美该企业工厂所在地的一个附属组织，是这项独立调查活动的调查小组成员，它们也参与了有关调查结果的发布活动。该附属组织召集了一次与该地区不同环保组织代表进行的座谈会。会上达成了一项行动计划，决定以该制造商为例，采取行动积极防止此类破坏环境的现象再次发生。为了更好地发布调查结果，该附属组织动用了所有形式的媒体和其他可以利用的渠道，包括世界上其他附属会员的资源和支持，展开了大规模的宣传攻势。

主导此项独立调查的环保组织还召开了一个新闻发布会。在会上，该组织向媒体播放了反映部落村庄和它们的周边环境遭到毁坏的影片，影片还展示了人们搬去新的村庄以及他们现在居住状况。环境污染所造成的问题在影片中随处可见，而记者们在影片中还可以看到因环境污染而患病的人们在医院临时病床上艰难地呼吸着，痛苦万状。

新闻发布会上最后所发布的信息是：

这家公司正在摧毁我们的家园，污染我们所呼吸的空气，强迫我们进行搬迁。而与此同时，它们却在英格兰乡村鼓吹对牧地进行投资开发的项目。这是一种多么卑劣的行为反差呀！

浏览我们的网站——亲眼看看这些破坏，参加我们的登记抗议活动，联合抵制他们的产品。马上行动起来。

第二天，国际性的报纸在头版头条的位置对新闻发布会进行了报道，在短短 24 小时内，成千上万人登陆了该环保组织的网站并参与了登记抗议活动。

虽然上述的这个案例是虚构的，但它突出了企业在开展善因营销活动时必须注意的两个要点。第一，这个世界的的确确正在变成一个地球村。所谓的“压力团体”有能力也有组织对企业破坏公益的行为采取行动；而消费者也有见识、有决心和有途径去表达他们对企业不良行为的不满和抗议。因此，任何一个团体必须保持言行的一致性，在其经营所在地的每一个市场中都要妥善地约束自身的行为和表现。要知道，在如今这个通讯高度发达的时代里，在北冰洋地区发生的某项企业行为，也有可能在短短的数小时，甚至几分钟内，远远地传播到非洲的津巴布韦。第二，这个假设的案例也向我们揭示出，在开展善因营销活动的过程中，坚持基本原则是多么的重要。在下面的章节中我们将要进一步展开讨论的是，在努力将善因营销推向趋向完美和卓越的过程中，我们需要遵循哪些基本的原则和具备哪些方面的基本要素。

正如 Chris Marseden 所写到的那样：

> 在如今这个全球通信高度发达的时代，一家跨国企业不论走到哪里，它的一言一行都将影响其在全球的声誉。

## 第二节 基本原则和方法

善因营销具有很多优点，但它不是救治百病的万灵药。它不能弥补企业、产品或服务存在的基本缺陷。有些人认为通过开展善因营销活动可以“买到”或营造出企业合法、诚信经营的光环；而当企业的基本经营表现极为低劣时，这一想法和认识水平是十分幼稚的。善因营销不是一株隐身草，确切地说，它是一个能够为现有经营表现良好的企业锦上添花的经营手法。善因营销的开展需要建立在一定的基础之上，而它自身并不提供这个基础。因此，商业企业自身良好的经营表现是善因营销取得成功的基石。潜在的合作伙伴关系必须建立在若干最基本的原则基础上，并透过一系列完整而符合逻辑的具体实施手段加以落实。开展善因营销活动只有先找到了活动的基础，符合了最基本的原则，才能谈得上落实过程中的远见、协同力、想象力、创造力、热情、精力、规划、实施、管理和承诺等问题。

### 基本原则

正直、诚实、透明、真诚、互相尊重、互利互惠是建立有效的善因营销合作伙伴关系的基本原则。不论最先提议发起善因营销活动的是商业企业、公益或慈善团体或它们的代理人，这些基本原则都同样适用。

顾名思义，所谓基本原则的意义就在于，在结为合作伙伴关系或将善因营销活动推向深入之前，相关各方都必须要考虑这段合作伙伴关系是否真正建立在正直、透明、真诚、互相尊重和互惠互利的基础之上。如果不是，那么就需要采取措施改变这种状况，或是决定放弃彼此之间的合作机会。

1998 年 7 月，社区商业组织出版了首部《善因营销指南》。社区商业组织出版该指南的目的在于帮助各家商业企业完善和提高善因营销活动的质量，为正在或打算发展健全善因营销合作伙伴关系的企业或慈善团体提供一个实用的参考工具。

为了编写《善因营销指南》，国际市场调查公司对 30 多个慈善团体、20 多家代理机构和超过 15 家企业进行了抽样调查，这些企业或慈善团体都具有参与善因营销活动的实际经验。

《善因营销指南》中所提出的观点并没有对善因营销的内涵作出明确的定义，更没有提出任何结论性的意见；相反，《善因营销指南》只是引发各方对这一问题展开探讨的一个起点。这是世界上人们在这样一个复杂的研究领域第一次尝试编写指南性的文字，该指南已在英国、欧洲大陆、美国和澳大利亚全面发行。社区商业组织清楚地认识到，对《善因营销指南》的内容进行发展和完善还需要时日，同时也欢迎每位读者都能够就相关的问题积极地提供反馈意见和补充建议；只有这样，指南的内容才能够得以不断完善。

事实上，从最初考虑将善因营销作为潜在的市场营销工具时，上述的基本原则就应该已经开始发挥作用。首先，企业或慈善团体就应该明确地考虑到，自己为什么要开展和参与善因营销活动，怎样才能使善因营销活动满足企业或慈善团体自身的整体经营策略和适应企业或慈善团体的经营管理方法，清楚地了解自身希望善因营销取得什么样的成效。企业或慈善团体通过内部交流与沟通，对善因营销活动的目的和手法达成统一认识是十分重要的。而在与潜在的合作伙伴和所有其他相关权益人建立和发展进一步关系之前，让他们也了解自身已经形成的共识，也具有同等重要的作用。相关权益人的范围包括自身言论在社会上能够产生影响的人士、消费者和各类媒体。正直、诚实、透明、真诚、互相尊重、互利互惠，是所有合作伙伴关系的基石。在善因营销活动中，企业与慈善团体之间是一种真诚的、可长时间持续发展的关系，它对公益事业、对解决当前的社会问题和对企业的经营表现都能带来切实的影响。

上述的基本原则是善因营销的核心。在商讨结成合作伙伴关系时，首要遵循的也是这些基本原则。如果能够遵循这些原则，未来的合作伙伴关系就将很有可能变得十分坚固，实际存在的问题也能够得到高质量和有效的解决，而各方的利益也将得到极大的满足。换句话说，如果能够将这些基本原则置于发展各方关系的核心，良好的善因营销合作伙伴关系就会产生。

在第一步确立了基本原则和核心动机之后，企业或慈善团体若想确保善因营销项目能够得到很好地规划、实施、完成、评估和发展完善，就需要采用一套设计完整的执行方案。下面是社区商业组织在《善因营销指南》中提出的，在落实善因营销项目过程中相关各方所应注意的六个要素，或应该按顺序采取的六个步骤：

- 规划和准备：这个过程包括寻找合伙人、划定合作伙伴关系的范围和与之进合作的持续时间以及获得对方的承诺。
- 合伙关系协商：包含协调目标、审计资产、定义活动性质、评估合作关系的价值、衡量合作关系的风险。
- 正式协议：明确双方所应遵循的法律法规和职业操守，以及双方的职责和责任。
- 项目管理：重点提出项目管理过程中的具体内容。
- 项目宣传：策划如何在媒体宣传中保持微妙的平衡，以及经受“媒体考验”的重要性。
- 监控、测量和项目评估：《善因营销指南》提出了解决监控、测量和评估的若干具体办法。

## 第三节 规划和准备

古语云：事不预则不立。这句话用在善因营销上再也贴切不过。在规划准备阶段所进行的投资，其所产生的价值是无法估量的。如果发起善因营销的商业企业不能非常清楚地理解开展善因营销活动的目的，无法充分了解合作伙伴的宗旨、主张和价值观，也就无法了解双方进行合作所必须具备的适当条件并在高层内部形成统一的认识和作出承诺；那么，轻则善因营销活动的开展将大费周折，重则将使善因营销活动完全失败，合作双方都将无法从中获取应得的利益。

## 主要目标

对结成善因营销合作伙伴关系的原因和主要目标进行清楚地定义是十分重要的。合作的主要目标可能包括巩固慈善团体、公益事业、企业或品牌的价值观和声誉；提升与新老相关权益人或目标团体的关系和忠诚度；增加产品或服务的附加价值，使其显得与众不同；提高公益事业、慈善团体或企业的社会知名度、形象，等等。显然，这些目标同时适用于慈善团体、公益事业和企业。无论合作双方究竟是出于什么目的走在一起，参与合作协商的每个人和作为协商代表的机构都必须清楚地了解双方合作的主要目标。真正明白合作目标的意义十分重大。它能让所有参与善因营销活动的各方人士清楚地知道每一方目的所在，从而决定是否有必要对建立合作伙伴关系进行进一步洽谈；决定应该通过什么样的方式与内部和外部的相关权益人进行沟通；决定应该怎样定义成功的标准，应该如何对营销活动能够的过程实施监控，以及如何评估合作伙伴关系所取得的成果。在明确目标的指引下，善因营销活动的实施过程将会变得更加公开、透明和诚实。一开始就明确合作双方的目标也会避免合作过程中可能出现的不愉快，而且使各方了解到彼此的合作是否有助于双方实现预期的目标；最关键的是，它将帮助合作双方认清，彼此之间的关系是否值得继续维持发展下去。

合作各方对于善因营销活动都要树立明确的目标，逃避这个现实只会造成内部和外部的相关权益人之间出现思想混乱，它还会导致消费者和媒体对于善因营销活动产生负面反应，使整个活动遭到相关权益人的抵制。

倾注相当的时间和精力对善因营销活动的目标进行理解和定义，

是寻找和建立清楚、公开、诚实透明的潜在合作伙伴关系必不可少的先决条件。

### 将善因营销活动的目标与企业的经营战略相融合

要想使善因营销活动发挥出最大的效力，重要的是要确保它成为企业整体经营战略的一个组成部分，使其在丰富企业的营销策略和提升企业声誉的同时，也为社区建设和人力资源的开发培养策略增添附加价值。善因营销不只能从提升企业形象和社会认知度的角度给企业或慈善团体带来许多好处，从合理利用和协调企业资源方面来看，善因营销也能发挥许多优点。

### 价值观是否吻合

在最终选定合作伙伴之前，必须确定你是否已经充分了解了对方的目标和价值观，而他们是否已经充分了解了你的目标和价值观。双方的价值观如果不相吻合，就不可能建立有效的合作伙伴关系。不能想当然地以为别人一定会了解你所在企业或慈善团体的主张、宗旨和价值观；也不应该想当然地认为，企业或慈善团体内部已经达成的共识能够与外部企业或慈善团体对你的看法相互吻合。重要的是要花时间向对方介绍自身的价值观和文化氛围，这样才有可能发现双方进行合作的契合点。

有时，一个表面上看起来有着密切关系的潜在合作伙伴关系在事实上却无法达到预期的目的。例如，生产某种特效药品的企业如果和某家旨在帮助不同病症患者的健康团体结成合作伙伴关系，就有可能会引起消费者的质疑。如果该企业与慈善团体的联系过于密切，人们难免会对该慈善团体能否对患者究竟应该采取哪一种治疗方法给出客观意见产生怀疑。人们也会担心这样的合作伙伴关系是否会在公益事业的利益和企业的商业利益之间造成冲突，并对双方都造成伤害。

因此，重要的是要了解企业或慈善团体自身在价值观上是否与潜在的合作伙伴相吻合。如果基本价值观不相吻合的话，就根本不可能建立起有效的合作伙伴关系，因为最终企业和慈善团体都不可能作出自身价值观和信念体系的让步。

## 建立明确而适当的联姻关系

在确定了建立合作伙伴关系的目标并发现合作双方的价值观和信念体系相互吻合之后，企业与公益事业之间，相关的项目、产品或服务之间需要建立一个明确的姻亲关系。准确的联姻关系与明显的联姻关系并不是一回事。某些明显的联姻关系在某种情况下太过紧密而会令其他相关权益人有所不安。例如，一家为研究某项医学难题而成立的慈善团体与一家提供减痛特效药的公司建立合作伙伴关系看起来似乎顺理成章，但可能却并不恰当。大量的事实证据说明，消费者和慈善团体的收益人可能会拒绝这种联姻，一如我们在前文中曾经提及的那个在美国发生的案例（参见第三章第四节）。这类合作伙伴关系被拒绝的原因之一就是，人们对该慈善团体在与该家企业结成合作伙伴关系后，能否继续就减痛药产品提供独立客观意见有所质疑。因此，就企业与慈善团体之间能否结成适合的联姻关系在目标客户和相关权益人之间进行测试，就显得十分重要。

找到一个合适的联姻对象是重要的，也是潜在合作双方的责任。关键是就合作伙伴关系进行协商的企业和慈善团体要理解各类相关权益人的观点。调查可以以民意调查、问卷调查、重点团体调查和对代表团体进行案头或电话调查的形式完成。不考虑相关权益人的意见可能会招致潜在合作伙伴关系的失败。

由此可见，企业与慈善团体之间在价值观上是否吻合，并不在于双方的经营规模是否匹配，也并不在于未来的合作针对的是哪一项公益事业，而是在于潜在的合作双方能否实现真诚和透明的沟通。

## 了解合作双方的组织结构

在理解了自身的主张和价值观，明确了自己的目标，并找到与自己的价值观和信念体系相吻合的潜在合作伙伴后，多花点时间了解合作双方的组织结构和经营管理方法就显得格外重要。

商业企业和慈善团体通常在运营的方式上有着很大的不同，因此合作的一方一定要了解对方的下列资料：

- 组织结构；
- 地理分布；
- 对方和它的员工、志愿者、支持者，甚至和受益人之间的关系；
- 工作风气和决策流程；
- 计划和投资周期。

上面提到的许多方面的信息，是在了解一个企业或慈善团体的运作方式时所必须掌握的。但是，令人吃惊的是，英国仍然有许多大型企业会突然间发现一个重要的慈善团体实际上在苏格兰和爱尔兰并没有业务。显而易见，对于一个在全国范围内开展的善因营销项目来说，这可以称得上是一个较大的瑕疵。了解慈善团体和它的员工、支持者、志愿者和受益人之间的关系也是十分重要的。例如，参加活动的志愿者和支持者应该是自愿，而非迫于上级的命令，来参加这项活动的。

在了解对方组织结构的基础上，发现哪些合作方式是可能的，哪些合作方式是很可能的，并且在与合作伙伴的交流中保持开诚布公和诚实的态度，是绝对重要的。如同其他任何一段成功的合作伙伴关系一样，在合作中，任何一方都不可以言过其实。

## 高层和内部参与

善因营销活动给合作双方带来的潜在回报是可观的，而潜在的风险也同样可能是巨大的。历经时日建立起来的声誉很可能毁于一旦。因此，围绕善因营销活动所展开的讨论和行为，始终应该在正直、规范、公开、诚实、透明、真诚、互相尊重、互惠互利的基础上进行。基于善因营销活动所能产生的巨大影响——包括正面的影响和负面的影响，企业和慈善团体的高级管理人员自始至终都必须要致力于了解、参与和支持围绕善因营销而展开的合作伙伴关系。

许多案例分析都证明，当善因营销活动能够得到企业、慈善团体高层和内部各部门、各位员工的支持时，为之而结成的合作伙伴关系将会发挥更大的效力。有了高层的支持，活动的开展将会更有力。事实上，高层管理人员和内部各部门的支持，会对合作伙伴的挑选过程产生根本性的影响。

除了能够让建立合作伙伴的过程进行得更加顺利之外，获得高级管理人员支持的另一原因是，与其他参与善因营销活动的人员相比，他们还将在合作伙伴关系中扮演亲善特使的角色。这些人最终需要对合作伙伴关系的建立负责，因此从一开始就应该让他们加入到合伙关系的建立过程中，让他们参与合作伙伴关系的策划工作。

员工、支持者、志愿者和受益人也是开展有效的善因营销项目的基本参与者，在整个活动进行过程中也发挥着重要的作用。特别是需要企业或慈善团体内部其他部门密切配合才能完成的项目上，应该特别认真地考虑员工、支持者的立场和所发挥的作用。

## 对合伙关系的深度进行定义

对合作伙伴关系的深度进行定义需要考虑到诸多方面的因素，包括善因营销创意的归属问题、关系的持续时间、退出策略的制定，以及各方在善因营销活动中所做的贡献等。

问题很早就出现在创意的提出和完善过程中，实际案例表明，有很多企业、代理人和慈善机构都会声称是它们“创造”了开展某项善因营销活动的主意。因此，不论是在建议书里加以陈述，还是在集体讨论会开始之前的参考条款中取得共识，合作各方从一开始就需要对这个问题进行清楚地说明。

关于合作伙伴关系的持续时间问题，可以说，一段善因营销合作伙伴关系究竟应该维持多久，并没有一个简便的参考标准。一个短期的战术性善因营销活动可能是颇具价值的。但一般来说，应该尽量避免快速“进出”的行为，这是因为建立合作伙伴关系而投入的精力和资源不会立即收到全部的回报；更重要的是，除非本着开诚布公的态度对宣传活动进行小心谨慎的处理，否则，短期的善因营销行为可能会引发外界对企业试图利用慈善团体达到自身不可告人目的的指责。正如许多成功的品牌创建活动所展示的那样，最好的善因营销合作伙伴关系多是建立在长期承诺的基础之上。

从最初考虑和计划建立合作伙伴关系时，潜在的合作双方就应该投入时间和精力考虑将来应该怎样结束彼此之间的伙伴关系。换句话说，双方对于制定退出策略，应该像制定进入策略一样倾注精力。这一点听上去似乎有点矛盾，但却是成功的合作伙伴关系所必须具备的特点。无论什么样的合作伙伴关系都会走到它们生命周期的终点，这是一个自然规律。因此，参与的各方和相关权益人都需要明白，为善因营销而结成的合作伙伴关系不是为终身设计的，比如像美国Dannon's Danimals和国家野生动物保护协会之间的关系。突然结束合作关系而没有向消费者和其他权益人一个交待，不但会错失利用全部的公共关系为各方进行宣传的大好机会，也会使类似的慈善团体感到不安，甚至招来外界的嘲讽。对发起和退出善因营销活动的宣传工作都需要实施全面的管理。

## 规划预算

在发现和确定潜在的合作伙伴前，企业需要从个人和部门角度来确认，与慈善团体或公益事业建立合作伙伴关系需要多少预算，其他部门能够为这项活动提供多少资金和支持（见图4-1）。

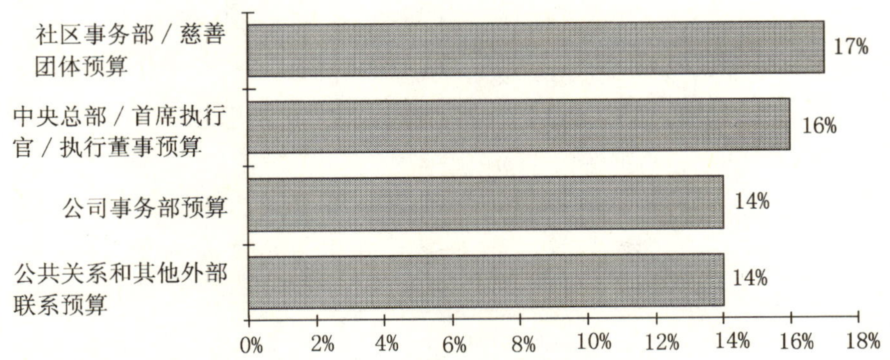


图4-1　其他各方可能为善因营销活动提供的预算占总预算的比例

资料来源：社区商业组织委托。调查基数：63位市场营销主管。

从商业社区组织委托国际调查公司完成的企业调查报告II中，我们可以看到，善因营销活动可以从多种渠道获得预算资金的支持，其中包括市场营销预算、社区事务预算、中央总部预算或首席执行官预算等。

在进行善因营销项目策划时，了解企业能够通过捐款和市场营销预算为活动项目投入多少资金，有着十分重要的意义。

## 合作伙伴的挑选过程

### 发现合伙人

越来越多的企业开始运用适合自身情况的固定方法来寻找善因营销活动的合作伙伴。一项最近在英国展开的调查发现，如今的商业企业在挑选善因营销合作伙伴时，主要使用的是以下这九种主要的方法：

- 以往的经验；
- 正式的制度；
- 现有的联系；
- 案头调查；
- 第三方推荐；
- 消费者/权益人调查；
- 外部代理；
- 招标；
- 慈善团体的自荐。

### 以往的经验

相对于继续维持一个老客户来说，企业往往要花费数倍的精力去吸引一个新客户。基于同样的道理，所有业已存在的企业和慈善团体或公益事业之间的合作关系，不论是否是围绕善因营销活动而结成的合作关系，只要现有的合作关系是良好的和互利互惠的，都是进一步发展建立善因营销合作伙伴关系的绝好机会。无疑，这将极大地节省企业即将投入的时间和其他资源，也将更加容易赢得消费者的信任；而与此同时，企业在宣传活动中也将占据更加主动的地位。

与那些已经和企业建立了某种联系，但可能还没有围绕善因营销活动建立关系的慈善团体，企业应该争取进一步发展与它们的关系。对那些已经与企业建立了善因营销合作伙伴关系中的慈善团体，企业要做的，就是进一步深化彼此的关系，使其为合作双方创造更大的利益。对那些还没有与企业建立起令人羡慕的合作伙伴关系的慈善团体，企业可以通过许多方法确认潜在的合作伙伴。

### 正式的制度

国际市场调查公司受社区商业组织委托完成的调查报告中，对于企业中究竟应该由哪个部门来制定寻找善因营销合作伙伴的规章制度，并没有清楚地作出规定。企业可以根据以往开展善因营销活动的经验制定相应的制度，也可以让公司的企业和社区事务部——该部门能够在依据基本原则建立合作伙伴关系的过程中发挥重要作用——负责这项工作。因此，企业的企业及社区事务专业人士可以参与到企业市场营销部的工作中，成为帮助企业确定将要与之合作的慈善团体和公益事业的一个至关重要的群体。

### 案头调查

进行案头调查之前，需要先弄清楚企业希望寻找什么类型的合伙人，潜在的合作伙伴应该具备哪些方面的素质；然后再利用所有的信息和服务渠道——包括利用当地图书馆资源和利用付费的网上信息服务——来寻找发掘符合资格的合作伙伴。这是一个有条理的排除过程，目的是发现价值观和密切程度与企业相吻合的潜在合伙人。鉴于企业对合作伙伴的理解程度和潜在合作伙伴的能力是否符合企业的甄选标准，有时以会议的形式与潜在的合作伙伴进行一番言语上的讨论，就可以作出很明确的选择。

### 第三方推荐

第三方的介绍或与企业有关联的某家企业或个人的推荐，是企业与新的合作伙伴建立联系的又一个途径。事实上，向企业推荐下一位适合的善因营销合作伙伴，可以成为企业的上一位合作伙伴结束与企业合作的退出条款中的一部分。显然，这是一个很有用的寻找新的善因营销合作伙伴的途径，但可能很少会被用到。

### 消费者/权益人调查

可以通过对企业员工、公益事业的支持者、受益人、消费者和其他权益人进行调查来发现潜在的善因营销合作伙伴。这是一个十分有效的方法，因为这个方法从一开始就能得到相关权益人的支持，并且往往建立在企业与合作伙伴现有的关系上，因此能够建立起相关各方的信任感。当然，企业可能还会用到案头调查或其他一些额外的评审方法，来缩小和确定最终的选择对象。

### 慈善团体自荐

某种情形下，企业、慈善团体或公益事业可以在完成案头调查后，以发送邮件的方式与潜在的合作伙伴建立联系。在强调互利互惠等基本原则的基础上，向目标对象发送富有说服力的项目建议书，将会产生意想不到的良好效果。这一点，我们从企业每年所收到的大量的善因营销项目计划书中就可以有所了解。

社区商业组织的调查研究发现：

- 79%的受访企业每月至少会收到一份关于善因营销项目的建议书；
- 61%的受访企业每月会收到 1 至 10 份善因营销项目建议书；
- 6%的受访企业每个月会收到超过 20 份善因营销项目建议书；
- 平均来说，每家企业每月会收到 7 份善因营销项目建议书。企业社区事务主管和市场营销主管所收到的项目建议书在数量上十分相近。

企业挑选善因营销项目合作伙伴的方法，会因为市场营销部主管和社区事务部主管的个人偏好而有所差异。

## 招标

企业对潜在的善因营销合作伙伴展开案头调查或其他形式的调查了解之后，可以以招标的方式，确定最后的合作对象。要想使招标过程更为有效，必须铭记若干基本的原则。

应该向每一家通过初审的慈善团体提供一份清楚明了的招标标准说明书。一开始让各家潜在的合作伙伴提供这些信息，有利于减少冲突、含糊和误解，从而保证招标工作的顺利进行。说明材料中应该包括：

- 企业的背景、性质、主张、价值观和目标；
- 一个有关企业的介绍；
- 关于项目背景的详细说明；
- 企业试图从合作关系中得到什么，是否需要实施一项特别的方案或活动项目等；
- 有什么限制；
- 预算、时间表和善因营销活动的过程是怎样的；
- 重要的事实和数据；
- 每一方所期望的经验、技术、义务、角色和责任；
- 招标的标准是什么等；
- 通过初审的其他慈善团体有哪些；
- 对慈善团体参加招标活动是否在费用上有所补偿、补偿的程度如何；
- 如果必要的话，应拟定一个保密条款；
- 一个能够回答有关大纲方面问题的联系人；
- 其他相关信息。

在这个阶段你能提供的细节信息越多越好。这不仅可以使将来的合作伙伴更加明确善因营销活动的目标，而且通过经历这样一个严格的招标过程，企业自身对善因营销活动的理解也会更加深刻。用招标的方式挑选潜在合作伙伴，要事先考虑好会发生什么成本以及谁将为此买单。此外，在招标的过程中，企业应该遵循既有的方针和规章制度。详情可参见《善因营销指南》。

决定以招标的方式挑选合作伙伴的每一个企业都需要十分清楚地了解自己的主张、价值观、目标和招标标准，以此来对潜在的合伙人、合作机会和项目建议书作出判断。

一旦决定选择哪家慈善团体作为合作伙伴之后，应该在通知媒体和其他第三方之前，先一步通知获选和落选的慈善团体。

正直、透明、真诚和互敬的原则必须贯穿合作伙伴招标的全过程。

显然，这是一个竞争的市场。为了能够脱颖而出，企业或慈善团体草拟的项目建议书一定做到精心筹划、有的放矢，而企业内部对于如何处理这些数量庞大的项目建议书则需要设立一套明确的程序。

不论用什么样的方法去寻找和发现潜在的合伙人，最成功的合作伙伴关系始终将得益于扎实的准备工作，以及对合作伙伴的理解和对基本原则的合理运用。

## 第四节
## 合伙关系协商

在选定合伙人后，下一步就是通过协商在善因营销活动的细节问题上达成一致。协商过程中，合作双方都需要秉承正直、互敬、透明、诚挚、互惠互利的基本原则。如果任何一方不坚持这些原则，就不可能有效建立高质量的合作伙伴关系，也不可能实现双方互利的目标。如果能够顺利地进行协商和达成最后的协议，那么所有各方都会为这段合作关系以及其所带来的共同利益而感到高兴。任何一方都不会有受到被剥削和利用的感觉。为了达到这样的目的，双方需要展开公开、诚实和坦率的讨论。

### 确立 SMART、集合目标

正如我们在前文中所提到的那样，合作双方从一开始就应该理解彼此参与善因营销活动的目标。发现双方的哪些目标可以融合在一起的，哪些不能，在合伙关系的目标上以及合伙关系所带来的相互利益上达成一致，这点十分重要。关于建立合作伙伴的基本原则，再怎么强调也不算过分。协商过程的起点当然是对你自己、对你的同事，然后对你的潜在合作伙伴诚实相待，以应得的尊敬来对待他们每一个人。

我们在设立善因营销的目标时，可以使用一些有用的简称。在合作双方围绕善因营销的目标展开讨论时，应该遵循一个所谓的SMART原则，也就是，善因营销的目标应该是简单的（Simple）、可衡量的（Measurable）、可实现的（Achievable）、现实的（Realistic）和有时间限制的（Time Limited）。

潜在的合作双方在协商过程中，应该清楚阐明自己的目标和资源，向对方说明哪些问题是可以讨论的，哪些原则则没有商量的余地。

## 资源审核

作为计划和准备工作的一部分，在协商合伙关系的过程中，双方应该对哪些资源和工具可以用于合作之中进行审核。这些资源不仅可以包括广告（通过媒体和在产品或服务上进行宣传）、直销、促销、赞助、公共关系等；也包括许多其他的工具，例如产品目录单或销售说明、有公司抬头的信笺纸、公告板、网站，再比如电子邮件、时事通讯和内部简报，以及销售人员、雇员和许多其他的宣传途径和工具等。

员工方面，上自高层主管、公司董事会主席和成员，下至所有其他的雇员，以及公益事业的支持者、志愿者和受益人，都将是为未来的善因营销活动进行宣传和提供援助的重要资源。

资产或潜在资源也可以包括实物赠品（如产品或服务），专业人员和志愿者奉献的时间、场地、零售店、仓库和其他场所，企业的优势和影响力，合作方吸引其他人、部门和企业的关系和能力，以及企业、慈善团体内部和外部的其他资源和资金（见第一章第八节）等。

关键要点是找到可以为善因营销活动所利用的潜在工具和资源，在互利互惠的合作伙伴协商中充分地对这些资源的利用展开讨论。

资产审核的对象：

- 其他部门；
- 员工、志愿者、支持者、受益人；
- 合作机构；
- 供应商；
- 其他非竞争性机构；
- 所有以上各方的客户；
- 政府（当地的、国家的、欧洲的、国际的）；
- 其他非政府机构。

通过审核所有这些资源，你和你的潜在合伙人可以看到善因营销项目将怎样汇聚这些资源，并扩大每一份优势的影响力。该审核也可以作为后期协商和项目实施阶段进行参考的一个有利依据。

## 定义活动性质

像任何一个成功的市场营销活动一样，善因营销项目的成功，靠的也是一个经过深思熟虑的好创意。善因营销合伙关系尤其要求合伙人展现诚意，实现公益事业、企业和消费者之间利益的均衡。消费者希望善因营销活动能够富有创意。同时，成功的合作伙伴关系也要求善因营销活动所追求的目标切实可以实现，投入与产出合乎逻辑。最成功的善因营销活动依靠的是一个简单的机制，一个可以有效传达给所有相关人员和所有各方都能够从中获得适当的利益的信息。在定义善因营销活动的性质时，你必须考虑以下几点内容：

- 创意；
- 慈善团体或公益事业、企业和消费者之间利益的均衡；
- 相关产品（服务）的范围；
- 实现目标的具体方法；
- 目标是否可以实现；
- 确定适合的捐赠额度；

- 对活动进行宣传所应采用的策略；
- 退出策略。

## 评估善因营销活动的价值

评估一个潜在的善意营销合作伙伴关系能够为企业创造多少价值，是一个十分复杂的问题。目前关于这一问题，还没有一个确定的答案。

“价值”可以表现为多种形式，包括简单明了的现金价值、其他有形资源的价值和无形资产的价值，比如企业与慈善团体联手的好处等。在对善因营销活动进行评估时，应该牢记正直、透明、真诚、互相尊重、互惠互利的基本原则。在规划准备阶段和资产审核上投入充足的时间精力，对于就善因营销活动所带来的机遇作出正确的评估有着至关重要的作用。协商结束时，双方都应该对协商结果和潜在的互利关系感到满意。

估价应该建立在所有各方所创造的全部价值的基础上。在计算评估价值时，重要的是合作双方都应该知道他们自己相对于另一方的价值，也就是它们的财富，具体表现为企业或慈善团体的声誉、品牌、社会知名度、销售渠道、市场和宣传渠道等，自然也包括它们所拥有的其他网络资源。所有各方需要在他们的收入和价值指标上保持透明度，并使双方未来的合作与之保持相应的比率。理解自身的独特价值和对于善因营销活动的贡献，对企业和慈善团体参与竞争是十分重要的。

判断捐款的额度和评估合作的价值是一个重要而复杂的过程，很难就此给出一个简单的答案或者套用一个固定的等式去进行计算。评价“品牌”的价值对所有各方（包括慈善机构或企业）都是一个核心问题。但是，随着这些因素在资产负债表上得到越来越多地被反映，解决这一问题将会变得更加简单。

同时应该考虑的问题还包括，企业希望与之建立联系的品牌具有什么样的力量；这种关联对企业而言的价值；企业在市场营销和促销活动中对其他第三方的投入水平，以及本行业的其他企业对慈善和公益事业的投资水平等因素。

潜在的合作伙伴关系所创造的价值将是独一无二的。这里没有唯一的答案，“价值”意味着超越纯粹财务概念外的许多东西。社会知名度和企业、慈善团体的声誉得到提升，产品和服务显得与众不同，善因营销活动所创造的附加价值和企业公共关系由此而上升到新的高度，都是善因营销活动作出的贡献。在就合作伙伴关系的细节展开协商时，应该根据资产审核的结果，提出所有可以为活动带来附加价值的事物。所有的这些要素都将反映出善因营销活动能够为双方的合作伙伴关系创造的价值，从而帮助双方尽早达成共同的目标。

我们有一个十分有趣的发现，因善因营销活动建立的合作伙伴关系还可以强化企业和慈善团体其他部门的合作。其作用不仅在于它能够引起其他部门的关注，也在于它能够从其他部门吸引到更多的资源和支持。激发更多部门对于善因营销活动的兴趣，吸引它们的参与，有助于合作伙伴关系的长远发展，也有利于增加合作双方的利益。

评估善因营销活动的价值对于慈善团体或公益事业同样重要。正如《企业公民杂志（Corporate Citizen)》上的一篇文章所报道的那样，慈善团体非常清楚它们自身品牌的价值。

> 不要低估慈善团体的品牌价值。与一个家喻户晓的商业企业进行合作可以提升慈善团体的收入，增加客户的忠诚度和提高慈善团体的声誉；但是将自己的名字与一个商业企业联系在一起，也会对该慈善团体的诚信力带来潜在的风险。
>
> **老年扶助组织企业合作部主管 肯·马丁**

一个十分有效测试你所提出的自身价值是否合理的方法，是试着向一个局外人解释你开展善因营销活动的意图。如果你不得不不断地向他解释开展这段合作关系的必要性、这段合作关系的性质以及相关投资和得到的回报是合理的，又或者听众不断地就你的解释提出问题；那么，很有可能说明，你之前寻找的论据发生了问题。从方法上和合作关系的建立基础上寻找答案，往往能够帮助你解决这一问题。重要的是，要认真思考你所要提出的关于自身的价值哪些是合理的，哪些是对方和市场所期望看到的，哪些是自己可以提供的，哪些又是人们希望得到的。

保持警惕，不要哄骗你自己。在协商合作伙伴关系的过程中始终遵循合作的基本原则。在这个消费者和所有相关权益人都日益成熟和对善因营销行为抱有较高期望的市场上，正确地把握这一点是至关重要的。

## 风险评估

风险评估指的是去考虑那些有可能出现的意想不到的问题，设想最坏的情况以确保合作关系和善因营销项目经得起详细审查。它能使企业和与之合作的慈善团体在潜在问题爆发之前就能被发现和消灭。

所有善因营销活动的合作方都面临着潜在的风险。因此，我们强烈建议，企业、慈善团体在开展善因营销项目前，进行独立的风险评估。风险评估主要包括三个方面的内容：

- 声誉风险评估；
- 后勤保障风险评估；
- 财务风险评估。

## 声誉风险评估

在某种特别的情况下，合作伙伴关系是否有可能在某一方面破坏、损害企业、公益事业、慈善团体品牌的声誉呢？你应该检视一下你自己和你的合作伙伴是否还有什么没有被引起注意的“家丑”。“媒体测验”（见后），将是风险评估的一个重要内容。

正如我们在前文中所提到的，合作的任何一方都应该考虑它们愿意为对方付出的底线在哪里。

## 后勤保障风险评估

重要的是要详细地了解相关各方在合作过程中所应承担的责任和所扮演的角色，同时了解任何计划执行上的失败可能对善因营销项目，甚至对企业或慈善团体造成的冲击，据此讨论和确定善因营销活动的风险在哪里，并决定如何去管理和控制风险。例如，产品的保存期限和活动的时间是否冲突等。

最根本的是要从维护企业、慈善团体声誉的角度和实施善因营销计划的角度，了解合作过程和参与各方的方方面面，了解它们所扮演的角色将如何对企业、慈善团体产生影响。

例如，供应商和分销渠道的问题都将影响善因营销活动的正常进行；而来自于供应商和分销渠道的支持，是善因营销活动能否顺利完成的关键问题之一。例如，如果合作的一方是一家制造商，而善因营销项目需要依赖于零售店销售制造商的产品来进行，需要零售商为相关的产品提供展示服务。在这种情况下，零售商也将成为善因营销合作关系的一个组成部分，其经营管理能力也必须接受审查。细节问题，诸如善因营销项目的持续时间相对于产品的保存期限和促销时间，也因此变得十分重要。至关重要的是，必须将后勤保障的所有细节都纳入考虑的范围。后勤保障通常受到预算的严格制约，因此，在制定善因营销活动计划和活动项目时，必须考虑由此而产生的潜在风险。

对开展善因营销活动可能产生的财务风险和合作双方的投入程度（超出预期水平或低于预期水平）所产生的后果也必须作出认真的评估。作为评估的一部分，要确定能达到相关的最低保证的需要，以及如果超过了这个最低的限额应该如何应对。合作双方应该以开放和透明的态度，对如何处理这种情形取得共识。这样做不仅仅是要使企业、慈善团体的相关行为符合法律，也体现了正直、公开、诚实、透明、真诚和互惠互利的合作基础。

关于企业、慈善团体应该为善因营销活动最低限度和最高限度作出哪些贡献，有许多要素需要予以考虑。最重要的一点就是要知道对超出或者低于目标的预算支出如何进行资助和管理。所有各方需要清楚地知道如果项目超出预期会怎样，同时也要时刻关注相关权益人在善因营销活动进行期间的反应。

在实践过程中，观察企业、慈善团体怎样对它们所作出的最低承诺进行计算是很有意思的。例如，它可能以满足慈善团体的最低收入要求为依据，也可能以满足媒体曝光的最低预算为依据。总之，关于这个问题，需要合作各方以开诚布公的态度进行思考、讨论和处理。

作为财务评估的一部分，合作双方必须了解企业或慈善团体对于合伙关系的依赖程度，讨论退出策略的执行方式和可能产生的后果。因此，潜在的合作双方还应该考虑应该在什么时候，以适当的方式找到合适的替代者，来代替自己与对方的合作伙伴关系。就这些细节进行讨论并取得共识是非常重要的。

如果在潜在的合作伙伴对所有可能发生的问题都进行了认真的分析总结之后，仍然认为彼此之间存在很大的合作机会；接下来要做的，就是对这些风险进行更加细致地讨论，并最终达成管理风险、控制风险的共识。

## 第五节
## 正式协议

在草拟任何法律文件前，寻求专家的法律意见十分重要。在本书中，我只是简单地提出一些应该考虑到的此类问题。它不属于权威性的法律建议，仅供读者参考。在达成每一份协议前，我们都应该听取法律意见。正式协议的作用在于既能反映法律的效力，又能体现协议双方经过协商达成的共识。

一般而言，缔结正式协议基本上需要经历以下七个步骤：

- 了解你的责任和义务；
- 了解合同样式；
- 突出关键问题；
- 发现存在的缺陷；
- 商议和认可合同；
- 重新阅读合同；
- 签署。

## 了解你的责任和义务

了解适用于善因营销的法律法规是十分重要的。在建立善因营销合作伙伴关系和开展善因营销项目，有必要对某些相关的基本法律法规进行了解。在英国，相关的基本法律条款包括：《1992与1993年慈善团体法》、《1994年慈善机构（筹资）法规》、《英国广告和促销条例》、《1968年商品说明法》、《1988年误导性广告管理条例》、《1976年彩票和娱乐法》。重要的是要了解你在善因营销活动中所扮演的角色，所应承担的职责和义务。

这些法律法规解释了对如下问题进行了解释：

- 慈善机构和商业企业之间必须按照规定的形式，就联手开展善因营销活动的行为达成书面协议。
- 商业企业必须明确地使潜在的客户了解到，哪些机构将会从善因营销活动获利，企业、慈善团体对于善因营销活动所做贡献的计算方法。
- 转移财产给有资格的受益机构必须依照《慈善机构（筹资）规则1994》第6条款中的有关规定进行。
- 所有与善因营销活动相关的资料和档案必须可供受益机构查阅。
- 如果企业宣称善因营销活动筹措的资金将用于慈善公益事业，但整个过程并不涉及某个慈善机构；那么，他们必须就此对消费者进行相应的解释和说明。
- 如果商业企业未能根据《慈善团体法》和《慈善机构（筹资）规则1994》中的相应规定与慈善团体结为合作伙伴关系，将很有可能因此触犯法律。
- 如果企业在善因营销活动中的合作对象是某家慈善团体所拥有的贸易公司，而不是慈善团体本身，它们的行为将可以不受与慈善团体有关的法律法规的限制；但企业必须公开而清楚地表明，所有在活动中获得的捐款都将会交给与之合作的贸易公司。
- 如果企业和慈善组织没有像上面的第一点中所提到的那样签有书面的合作协议，作为活动指定受益人的慈善机构，有权在任何情况下要求法院终止该项合作活动。

- “商业企业”在这里的定义为：“除了慈善团体及其分支机构以外的，宣称将把善因营销活动中所募集的慈善捐献交给某个慈善团体，或为慈善团体的利益而使用的个人、企业实体。它们开展善因营销活动的目的是为了谋利，而不是单纯地为慈善团体筹措资金。”
- 善因营销的促销手法包括“任何形式的广告宣传和产品促销宣传，以及任何其他的以促进产品销量为目的的促销手法。”

《英国广告和促销条例》也会给那些参与善因营销活动的人提供重要的指导。这个条例要求促销活动必须遵守以下条款：

- 明确说出参与善因营销活动并从中受益的慈善团体的名称，以此表明善因营销活动已经征得它们的同意。
- 明确说明指定的慈善团体或公益事业将会得到什么，陈述计算的依据。
- 声明发起善因营销的企业在自掏腰包开展善因营销活动时，是否对合作伙伴附加了任何限制。

此外还包括：

- 消费者对善因营销活动的贡献多少不受限制，收集到的资金都必须交给慈善团体或公益事业。
- 一定不要夸大善因营销活动对慈善机构的利益。
- 如有需要，善因营销活动的组织者必须披露他们用于支持该项活动的全部资金来源。
- 与孩子们进行交流时必须格外小心谨慎。

对善因营销活动进行宣传也应该是合法、有分寸、诚实和真实的。参与善因营销合作伙伴关系的各方必须在法律范围内进行运作，所有各方都应该按照这些规章制度办事。

## 合同种类

无疑，你的法律顾问会根据你所要结成的合作伙伴关系，对合同的类型提出建议。需要注意的是，每一段特定的合作伙伴关系都将是独一无二的。经常用到的合同种类有赞助合同、包装促销合同、产品推介合同和善因营销特许权授予合同等。

显然，随着市场营销和慈善筹款工具和技巧的不断发展，合作伙伴关系的范围也在不断地扩展。而随着善因营销合作伙伴关系的日新月异，合同的种类同样也在不断地发展变化。因此，寻求专业的法律意见是十分重要的。

## 协议的开篇部分

在草拟任何法律文书前，都应该首先寻求专家的法律意见。下面我们简单地向读者介绍一些在合同的开篇部分应该列明的内容。正式的协议应该包括你希望给予对方什么，自己希望得到什么，应该在什么时期内履行合同的规定和义务等（见本章结尾）。具体的内容有：

- 协议双方的名称和地址；
- 协议日期；
- 协议双方结成合作伙伴关系的主要目的；
- 知识产权；
- 谁将会受到协议条款的影响，如：供应商、代理商和任何可能的其他第三方；
- 协议双方的职责和义务；
- 协议的持续时间；
- 活动计划和时间安排计划；
- 资金和其他资源安排的细节；
- 受益慈善团体（如果多于一个）的收入比例；
- 促销收益分配比例；
- 促销活动所应捐赠的金额；
- 商业企业的报酬（如果有的话）；
- 付款时间表；
- 细节的校正流程；
- 副本、公司标识和新闻发布的审核过程；
- 重审计划；

- 终止协议（包括制定退出策略）的相关条款。

有时可以考虑加入一条善意条款，表示尊重彼此的价值观和处理问题的态度，愿意努力保护对方的声誉、名称以及它们的资产等。

在英国，除非合作双方同意，否则商业企业必须：

- 在合理时间内，向慈善团体提供所有相关文件和档案，以便查询；
- 在收到慈善捐款的28天内，将所有款项交送给慈善团体；
- 将款项支付给总体掌控慈善团体的人或组织；
- 在慈善捐款或其他慈善捐赠物资的使用、管理和保管方面，听从慈善团体的指示。

除非进行合作的商业企业和慈善团体对上述内容作出了适当的修改，否则双方的合作伙伴关系在执行过程中将以此为依据。而一旦发生任何问题，相关的责任将由商业企业承担。

如果合作双方之间没有依法签订合作协议，将会导致许多严重的后果。例如，在英国，商业企业如果未能依照《1994年慈善机构（筹资）规定》向相关各方提供与善因营销活动有关的账簿和档案或移交慈善募捐的款项，就等于进行了刑事犯罪。如果协议背离了规定的法律要求，那么除非法庭判决，否则协议对慈善团体不具备可执行性。正如我们在上文中已经提到过的，没有合法的协议作为保障，慈善团体可以申请终止商业企业继续开展相关的善因筹款活动。

## 最低限度担保

作为协议的一部分，合作双方应该就慈善募捐的金额和资助方式的最低限度达成一致。这实际上与对善因营销活动的价值和风险进行评估有着密切的联系。每一段因善因营销活动而结成的合作伙伴关系都有其自身的特点，但所有合作关系都共同拥有的一个最基本共通点是：不论在什么样的情况下，都应该保证相关项目或活动的进行能够得到最低限度的资金与支持。

因此，如何对开展善因营销活动——有时，活动会取得超过预期的收入；而有时，则可能低于预期的收入，这时所需要和获得的资金进行规划和管理，就显得格外重要。所有各方都必须清楚地了解，如果项目失败或者超出预期，将会出现什么样的后果。在达成协议前，应该考虑到所有相关权益人的反应；而正式协议一经生效，就应该得到认真地贯彻履行。

### 协议的排他性

想象一下某家慈善团体在与你合作的同时，还在使用相同的手法、与你的竞争对手联手针对同样的目标客户群，进行类似的善因营销活动的情形。除非这种同时与双方合作的行为是故意策划协调的产物，例如在提供国际性的灾难援助上，否则合作双方很有可能都没有遵守善因营销的基本原则。这类的冲突将会削弱合作关系的影响力，也可能导致外界对合作伙伴关系的质疑。因此，认真考虑未来的合作伙伴关系是否应该具有排他性，就显得十分重要。如果有必要进行排他性的合作，合作双方就应该对相关的细节问题展开讨论和达成共识，并在正式的协议里对于排他性的具体内容作出准确的定义。判断合作伙伴关系是否存在排他性的矛盾时，应该重点考虑下列因素：

- 开展善因营销活动的时间是否冲突；
- 开展善因营销活动的地域是否冲突；
- 环境，即潜在的竞争对手是否属于同一个特定的零售供应链，经营网络或宣传媒体的覆盖之下；
- 参与善因营销的商业企业、慈善团体以及产品或服务之间是否存在竞争的关系；
- 开展善因营销活动的手法是否相似。

合作双方应该在谈判协商过程中，寻找和发现彼此之间就排他性问题的共识，并就意见分歧的问题展开开诚布公地讨论。在讨论过程中，双方都应该遵循开展善因营销活动的基本原则，讨论的目的应该是寻找一个能够平衡双方利益，令双方都可以接受的解决方案。

### 税务和增值税（VAT）

在草拟善因营销协议时，税务和增值税问题也是必须考虑的一个因素。合作双方应该清楚地了解哪些资金是用来开展慈善公益活动的，哪些是用来获取商业利益的。用于不同目的的经费所适用的税务和增值税法规也各不相同。合作双方应该明白各自的责任和义务。为此，他们应该向法律界专业人士、税务和会计专业人士，以及海关和税务局等政府主管机构进行充分的意见咨询。

**First Direct 公司的“赦免皮猴”计划**

英国电话银行业的先锋 First Direct 公司，在公司网站上对新结成的善因营销伙伴关系进行了宣传。First Direct 基于客户总是希望公司能够提供意外惊喜的认识，与慈善机构 Shelter 结成了一种新型的合作伙伴关系。传统上，互联网总是与计算机迷们——通常被戏称为“皮猴（Anorak）”——联系在一起。但是，随着互联网成为越来越多的人日常生活中的一部分，First Direct 希望通过推出相应的网上活动，让那些不是“皮猴”的人士也能够上网冲浪，或是浏览公司的网站。

First Direct 在公司互联网上推出了覆盖范围遍及全国的“赦免皮猴（The Anorak Amnesty）”计划，并且得到了新闻媒体的大力支持。公司的网站实现了与 Shelter 网站的链接，对这项“特赦”计划的具体内容进行了详细说明。活动鼓励网站的浏览者把他们穿过的旧皮猴（防寒夹克）和其他的外套捐献给 Shelter，然后将这些衣物在 Shelter 遍布全英的 84 个分点以 4 英磅到 30 英磅的价格重新出售。活动中募集到了成千上万件皮猴和各式衣物，其中也包括通过网上拍卖得来的 Hugh Grant、Elton John、Julian Clary、Helen Mirren、Tim Henman、Patsy Palmer 和 Mystic Meg 等名人曾经使用过的衣物。

## 签约之前

在最终签署正式的协议之前，合作双方人应该再一次认真地思考一下结成善因营销合作伙伴关系和开展善因营销活动的目的，并重点对那些容易引起争议的细节问题进行检视。应该对善因营销项目的优点、缺点、机遇和挑战作再一次地审视，以确保所有的问题都已经被纳入协议的条款之中。

在草拟正式的法律文件之前，寻求专家的法律意见是十分重要的。这里仅向读者提供一些在起草和签署正式协议时需要考虑到的问题和注意事项。而每次签署法律协议时，还应听取专家的法律意见。

- 双方是否已经就合作的目标清楚地达成了协议？
- 合作伙伴关系是否能够保证慈善团体的名称和商业企业的资产将会得到妥善地使用？
- 慈善团体的品牌和商业企业的利益是否能够得到合理的保障？
- 你是否已经听取了专家的法律意见？
- 你是否已经清楚地了解你所要扮演的角色和所要承担的责任能够符合相关的法律规定？
- 你是否已经对相关领域的法律法规进行了审查、理解和熟悉？
- 善因营销活动是否符合有关法律、条例和规章制度？
- 协议是否明白无误、没有歧义？
- 合作双方之间是否签署有正式的协议，协议是否能够涵盖合作伙伴关系的所有内容？

协议的内容还应包括以下这些需要重点考虑的问题：

- 协议中是否就退出策略进行了详细说明？
- 协议是否涵盖了包括退出策略在内的终止条款？
- 协议是否列明合作伙伴关系的主要目的？
- 知识产权问题归谁？
- 谁将受到协议的影响——如供应商、代理商和任何其他的第三方？
- 协议中是否列明合作双方所要扮演的角色和所需承担的责任？
- 协议的持续时间；
- 活动安排和时间规划；
- 对资金和其他资源进行安排的细节问题；
- 受益慈善团体（如果多于一个）的收入比例；
- 促销收益分配比例；
- 促销所应捐赠的金额；

- 给商业企业的报酬（如果有的话）；
- 付款时间表；
- 细节的修正过程；
- 对重复开展某项善因营销活动、活动的标识和发起新闻宣传活动进行审批的过程；
- 合作各方的名称和地址；
- 如果合作双方是慈善团体特许授权的关系，需要检查一下协议中是否设立了严厉的、如何使用慈善团体品牌的条款？
- 日期；
- 协议审阅计划；
- 你是否确定慈善团体会从善因营销活动中获取捐赠、版税或因提供某项服务而获得的服务费款项？
- 协议中是否包括保密条款？
- 协议是否考虑了排他性问题？
- 合作双方是否清楚地了解所有税务和增值税的问题？
- 合作双方是否考虑了最低限度担保的问题？
- 协议是否反映了开展善因营销活动所应遵循的基本原则？
- 协议是否对项目的管理流程进行了定义？
- 协议双方是否都是协议的赢家？
- 协议双方是否已经本着使双方利益最大化的目标，在协调工作和传播善因营销信息方面取得了共识？
- 协议是否包括善意条款？
- 协议内容是否涵盖了合作双方将会得到什么利益，以及什么时候、以什么样的方式、从哪里获得这些利益？

## 第六节
## 项目管理

企业与慈善团体可能已经结成了完美的合作伙伴关系，并且已经制定出一套富有创意的善因营销计划；但是，如果没有对计划进行有效的实施和管理，同样可能导致无法达到既定的目标并得到令人失望的结果。关于项目管理的重要性和实施步骤，已有许多专著进行了论述。在本节中，我仅就与善因营销活动相关的一些主要问题，进行概括性地强调说明。

## 善因营销活动的性质

与任何出色的市场营销活动一样，富有想象力和创造力的主意产生之后，成功的秘诀就在于如何保证想法在落实到实践的过程中所使用的手法既简单、又直接，并自始至终地对项目的整个流程进行有效的管理。调查显示，让人们在善因营销活动中找到自身的利益所在，是善因营销成败的重要因素。慈善团体或公益事业能够和商业企业走到一起是为了互利互惠。研究表明，如果能够让消费者和其他相关权益人也感受到善因营销活动所带来的好处的话，将会使其产生更大的影响。因此，当完善慈善活动的细节时，应该把这一点铭记在心。

> 我想这是个非常好的主意。我认为，所有的商业企业、所有的主要品牌，都应该为慈善事业做点贡献；因为就像每个人都要吃饭一样，每个人都可以对慈善事业有所贡献。
>
> **“游戏计划”在调查研究活动中**
> **消费者对善因营销的反馈意见**

> 这对双方都有利，他们（商业企业和慈善团体）达成的协议对每个人都有意义。
>
> **“游戏计划”在调查研究活动中**
> **消费者对善因营销的反馈意见**

因善因营销而结成的合作伙伴关系越容易理解和越容易参与，参与其中的人数就会越多。从这一点上来说，善因营销与任何其他形式的市场营销没有什么区别。开展善因营销的方法显然有很多种，但“保持简单”的原则是不应改变的，也是正确的。

**资源协调互补（Leverage）**

我们在本章第三节的资产审核部分已经详细地论述了资源协调互补（Leverage）的问题，这里所说的资源协调互补的问题，指的是发现及合理地使用合作双方手中所掌握的工具和资源。协调与整合企业及慈善团体内部的资源，实现跨部门、跨职能，以及包括双方供应商、没有竞争关系的其他企事业机构和消费者在内的所有各方之间的协调合作，将会使各方都能从善因营销活动中获取属于自己的利益。不仅在善因营销的计划和协商准备阶段应该协调合理地调配资源，在善因营销项目的管理、实施和交流与沟通等各方面，也应该协调合理地实现跨部门、跨企业和跨越慈善团体的资源调配。通过吸引和调动企业与慈善团体内部与外部的所有相关各方对善因营销的兴趣，善因营销活动所能产生的潜在利益将会得到成倍地扩大。

从宣传的角度看，在宣传前、宣传中和宣传后的整个善因营销活动宣传周期中，应该考虑调动使用所有的宣传工具。对外界进行宣传的手段包括广告、赞助、销售策划、举办促销活动、指派善因营销项目发言人和亲善大使、开展公关活动和其他社会活动等等。在企业或慈善团体的内部进行的宣传活动，一般会通过包括销售人员在内的内部员工、内部媒体和内部活动来进行。

除此之外，还应该考虑其他可以加以利用的资源，例如贷款、慈善赠品、财务捐款、物业和企业自身内部协调等方法，来吸引有力的支持者，以期为企业和慈善团体创造额外的附加价值和实现共同追求的目标。向其他部门了解善因营销能够如何帮助它们实现本部门的目标，并设法赢得它们对善因营销活动的支持，可以成为是一件十分有趣的事情。

若想有效地对善因营销项目实施管理，明确所有各方所扮演的角色和承担的责任是十分重要的。这里所说的相关各方包括：

- 企业；
- 慈善团体和公益事业；
- 第三方，比如供应商、分销商、合伙人、代理商和顾问。

制定一套工作计划并在整个过程中经常保持沟通，将有助于合作伙伴关系更加有效地发展。从基本层面上说，有必要让合作双方了解它们在正式协议中所负有的责任。从具体的项目管理的层面上来说，合作各方应该考虑以下的问题：

- 善因营销项目的工作和日程安排是什么？
- 在合作过程中，是谁在占据着主导地位？
- 谁拥有最终决策权？
- 决策过程如何，决策时间需要多长？
- 是谁在不同的时间段内，对善因营销各个阶段的任务负责？
- 谁在从善因营销活动中获取捐款或其他形式的收入，捐款和收入又将被用来完成什么样的任务？
- 是谁在不同的时间段内，负责完成会议记录和决策记录？
- 项目的批准和签署过程如何，会花费多长时间？
- 成功的标准是什么，是否有相应的手段进行衡量？

如果由于出现不可预见的情况而使项目管理出现问题，至关重要的是要用专业的态度进行处理，就像必须用专业的态度对待善因营销项目本身一样。

当善因营销项目出现问题时，相关权益人和媒体将会格外关注。合作双方签订的正式协议和共同遵守的基本原则在这时应该清楚地指明企业和慈善团体所应采取的行动和持有的态度，保持专业精神和自尊是解决问题时所应保持的正确态度。

定期、公开和诚实地对善因营销活动进行宣传，是出色地进行项目管理的核心，也是卓有成效地完成善因营销活动的一个至关紧要的组成部分。

## 第七节
## 项目宣传

宣传一直是贯穿此书的核心主题。前文中已经多次探讨了如何确保企业希望传递的信息能够宣传到位，包括宣传企业的社会责任感、企业投资社区建设的行为、企业投资善因营销的行为等，以及如何调动和利用所有的宣传工具和宣传机会，并以适当的方式向所有相关权益人进行宣传与沟通等。这里我们要再次强调，以正确的方式，包括使用适当的宣传模式，对商业企业和慈善团体参与善因营销活动的行为进行不偏不倚地宣传报道，对于善因营销的成功是至关紧要的。

在善因营销活动的各个阶段保持对活动的有力宣传，是善因营销取得理想成效的关键。可以说，对于活动宣传所投注的精力和资源，与最终所获得的成果是密切相关的。在宣传的过程中，掌握均衡的尺度也是十分重要的，一定不要发布错误的信息或使用不恰当的语言，以免对相关权益人和合伙伙伴造成误导。在宣传上所使用的投资也必须与所筹集的资金和所花费的成本相匹配，互利互惠的原则必须小心遵守。

想要取得理想的效果，项目宣传活动必须引人注目，并确保合作双方在宣传活动各个阶段的所作所为均建立在遵循善因营销基本原则的基础之上。善因营销活动所要经历的各个阶段包括：

- 前期准备阶段。
- 取得相关权益人（包括内部和外部的相关权益人）的支持。
- 前期宣传活动。
- 项目进行中的宣传活动。
- 项目结束或合作伙伴关系结束后的反馈和跟踪。

上述的宣传活动对于建立有效的善因营销伙伴关系来说都是重要的。在某些情况下，开展上述宣传活动还需要参照相关的法律法规。除了遵守相关的法律法规，并秉承合法、正当、真诚的原则开展宣传活动之外，宣传善因营销项目还应该遵循以下的基本原则：

- 宣传活动必须全面地考虑企业和公益事业的利益。
- 合作各方都应该促进和捍卫对方的利益。
- 宣传活动一定不能对合作伙伴或公众产生误导；尤其要强调指出的是，在宣传活动中，对所有各方的利益必须表述清楚。
- 宣传活动需要真诚和引起人们的注意，但引人注目并不应该以屈尊俯就为代价。
- 在宣传活动中必须强调消费者为善因营销所做的贡献。

消费者拥护企业与慈善团体或公益事业为双方利益而结成的合作伙伴关系，并且乐于见到企业和慈善团体对它们之间的关系和善因营销活动进行宣传。因此，你和你的合作伙伴应该认真考虑一下在宣传活动中应该传递什么样的信息，使用什么样的语气和宣传风格，利用什么样的媒体，以及需要多大的宣传规模。

企业和慈善团体都应该清楚地了解到，已进行的调查研究表明，消费者们对于善因营销的创意采取的是支持鼓励的态度；他们同时也支持慈善团体或公益事业为了促进善因营销活动的顺利开展而对它们与商业企业之间的合作关系进行宣传。正如我们在前文中所提到的，消费者可能对商业企业与慈善团体进行合作的动机产生怀疑。因此，如果能够更多地对善因营销活动进行宣传，使人们了解企业与慈善团体之间合作的真实性和互利性，善因营销项目就将取得更加理想的效果。当消费者看到公益事业或慈善团体对善因营销活动作出的承诺，以及双方的合作能够产生的社会效益时，他们显然会备受鼓舞。

善因营销活动的直接受益一方（它们所收获的可能是社会知名度、金钱或设备等）对于善因营销项目和发起善因营销活动的商业企业的支持，是活动取得更大成功的关键。宣传活动不仅能够提高社会的知名度，也能为善因营销活动的企业和慈善团体以及善因营销项目本身赢得信任。

善因营销项目应尽可能多地使用各种市场营销组合的手段来进行宣传，若能强调互利互惠的好处，效果就会越好。这一点，对于商业企业和慈善团体都同样生效。如果所有市场营销手段都能够在善因营销项目中得到适当的应用，将会产生最佳的效果。

“游戏计划”的调查研究活动，为我们提供了大量消费者对这一问题的看法，这里仅就消费者的部分看法展开讨论。

## 确认相关权益人和需要发布的宣传信息

制订全面的宣传策略是任何发展有效的合作伙伴关系所必需的基石。善因营销项目的合作双方需要向各类相关权益人传递出各种不同的信息。善因营销项目究竟能够取得成功还是遭遇失败，或是表现平平，宣传做得如何起着关键的作用。这里所指的相关权益人包括企业的董事会主席或高层主管、公司董事、员工、善因营销活动的支持者、志愿者和受益人、社会评论家、媒体、中央和地方政府，与企业或慈善团体结成合作伙伴的其他企业或社会团体、分销商、供应商、采购商和消费者。而其中的消费者又可以分成很多的种类，如忠诚的消费者和尝试性的消费者等等。

问题的关键在于要认清哪些是善因营销活动的相关权益人，并运用恰当的手段、积极主动地与它们保持联系与沟通。向相关权益人传递什么样的信息以及应该在什么时间、什么场合传递这些信息，会根据具体的情况而有所差异；但不论在任何时候，合作开展善因营销活动的各方都需要考虑到宣传活动对所有相关权益人的影响。还应该记住的是，除非另外有协议，否则，对善因营销活动进行宣传是合作双方应该共同承担的职责。

## 打消相关权益人的疑虑

正直、讲道义、公开、诚实、透明、真诚和互惠互利等开展善因营销活动所必须奉行的基本原则，是对善因营销项目进行有效宣传的基本要素。调查研究明确地显示出，消费者正在逐渐成熟起来，并开始对商业企业报有更高的社会期望。企业需要使消费者确信它们与慈善团体之间是真诚平等的、互惠互利的合作伙伴关系。

例如，“游戏计划”的调查研究就清楚地指出，如果没有很好地处理善因营销项目的宣传活动，消费者就会对项目产生疑虑。若想打消消费者，员工、支持者和其他权益人的疑虑，重要的是发起方需要在项目进行过程中证明自己是认真可靠的。如果通过宣传与沟通活动，将善因营销项目表现为企业具有社会责任感和致力社区建设的总体方针政策的一部分，就能够很容易地打消消费者对项目的疑虑。不能理所当然地认为所有的目标客户都非常熟悉企业之前在某个公益事业领域作出的贡献，所以，只要是有可能，企业都应该尽量在宣传活动中突出地强调企业重视履行社会责任感和为社区建设服务的理念和相关制度，同时将善因营销活动作为企业体现自身价值观的重要工具。

另外，宣传企业以往支持善因营销项目的成功案例，将有助于强化企业参与善因营销项目的可信度，从而有利于企业与目标慈善团体顺利地建立合作伙伴关系，同时消除消费者可能对善因营销项目产生的不良反应。在宣传企业与慈善团体之间的合作伙伴关系时，重要的是表现出双方之间目前和未来的亲密关系。正如善因营销活动的目的和内容应该让合作双方直接明了地掌握一样，相关权益人也同样需要对项目或活动的性质了如指掌。善因营销项目尽量简单明了（Keep it Simple，Stupid）的所谓 KISS 原则，是善因营销项目宣传所应遵循的一个基本原则。

宣传活动包含多种不同的层次，不论是在项目开展前、进行过程中、还是结束之后，对项目的宣传工作都是至关紧要、贯彻始终的。此外，还需要针对不同权益人，开展不同形式的宣传工作（见表 4－1）。

**表 4－1　　项目宣传示意图**

| 不同阶段 | 内部目标 | 外部目标 |
|---|---|---|
| 前期宣传（项目推出前） | ● 赢得内部高层的支持。<br>● 吸引内部的其他个人和部门，对于善因营销项目投入更多的资源和预算。 | ● 在更广泛的社区宣传企业参与社会活动的历史和实际贡献。<br>● 宣传企业以往参与善因营销活动的历史，以减少人们对本次活动的疑虑和批评。<br>● 从供应商和销售网络，为善因营销项目赢取更多的支持。 |

续表

<table>
<tr><th>不同阶段</th><th>内部目标</th><th>外部目标</th></tr>
<tr><td>项目推出阶段的宣传</td><td>● 为项目在企业、慈善团体内部赢得积极的支持。<br>● 突出宣传内部权益人在实现活动的既定目标和促成合作伙伴关系顺利发展的过程中所发挥的重要作用。<br>● 为实现既定目标获取更多的支持。</td><td>● 宣传活动的终极目标和持续时间。<br>● 吸引所有的权益人对项目和合作伙伴关系给予大力支持。<br>● 为实现既定目标获取更多的支持。</td></tr>
<tr><td>后续宣传</td><td colspan="2">● 继续为合作伙伴关系增添能量和赢得支持。<br>← 向有关各方提供目标完成状况的最新资料。 →<br>← 感谢相关权益人截止到目前对项目的支持。 →<br>← 提醒相关权益人继续关注善因营销项目的目标所在，并提醒他们，因善因营销项目而结成的合作伙伴关系是有时间限制的。 →</td></tr>
<tr><td>项目结束之后的宣传工作</td><td colspan="2">← 表扬和感谢所有内部和外部的相关权益人对活动的支持。 →<br>← 感谢所有令项目取得成功的“英雄”。 →<br>← 提供有形的、能够证明善因营销项目成果的资料。 →<br>← 宣布合作伙伴关系下一步的发展方向：说明之前的合作是最后一次合作，还是下一阶段合作的开始；又或是将要展开新一段合作伙伴关系。 →</td></tr>
</table>

## 前期宣传

使更广泛的社区和相关权益人更加了解企业的社会责任感和社区活动的具体内容，是善因营销项目前期宣传工作的主要内容；同时，它也将提高相关权益人对该项公益事业的认知程度。

让善因营销活动从一开始就得到领导层的支持是十分重要的。这将进一步提升善因营销项目本身的权威性和企业或慈善团体各部门的投入程度，并实实在在为项目带来更多的支持和资源。显然，高层领导的支持将会激发相关部门开展善因营销的积极性，并对内部的其他各部门（甚至是外部的供销链环节）产生积极的影响。在对外开展宣传活动之前，首先应该在企业、慈善团体内部赢得共识和支持。而企业和慈善团体若想从善因营销活动中获取充分的利益，仅仅获得高层的支持还是不够的，企业、慈善团体内部的各个部门和每一位员工都需要培养一种与善因营销项目融为一体的感觉。善因项目在对外取得成功之前，首先需要在内部获得认可。这是整个善因营销项目成功的必要条件。

进行内部宣传的重要性不应低估。让企业、慈善团体的不同部门都能理解善因营销项目和为此结成的合作伙伴关系是十分重要的。有时，来自于内部的民意调查能够有效地帮助企业、慈善团体发现潜在的合作伙伴。由此可见，内部支持的潜在力量有时会对善因营销项目产生至关重要的积极影响。在善因营销活动进行的过程中，通过内部宣传活动激发员工和其他支持者对活动的热情，自始至终都是一项十分重要的工作（见表4－1）。

## 善因营销项目推出阶段的宣传

在善因营销活动刚刚推出的阶段，宣传工作应该针对所有相关权益人展开，而不仅仅局限于消费者人群。虽然仅从数量上来看消费者可能是最大的宣传对象团体，但其他能够影响善因营销项目成功与否的关键人物还包括企业和慈善团体的员工、媒体、社会评论家，以及各类可能对项目产生影响的组织或个人。

在特易购公司向各地学校捐赠电脑设备的善因营销计划以及 The Sears Roebuck 公司和美国 Target Stores 公司发起的善因营销活动中，如果没有企业员工们所作出的重大贡献，项目就不可能取得如此巨大的成功。如果不是长时间的有重点、有目标的内部宣传使员工们对善因营销项目产生了强烈的归属感，就不可能指望得到他们的全力支持。强化和宣扬每一个相关权益人在善因营销项目中所发挥的作用，将是比宣传公益事业的具体活动内容、好处和目的更为重要的宣传内容（见表4－1）。

## 后续宣传

留意一下在善因营销项目进行的整个过程中宣传经费的分配使用，是一件十分有趣的事情。当然，将最大部分的注意力和预算消耗在活动刚刚推出的阶段是无可厚非的，但是不应该因此而忽略了后续宣传工作对制造轰动效应和项目成功的重要贡献。

在宣传活动进行的过程中，除了要对公益事业、合作伙伴关系、善因营销项目和目标客户群进行宣传之外，对善因营销项目宣传的持续时间也不应被遗忘。在善因营销活动刚刚开始的时候，就有必要让人们清楚地了解企业、慈善团体的退出策略，从而有效地把握宣传活动的节奏，对公众对善因营销项目的期望进行管理。

消费者清楚地知道，任何善因营销活动都不可能永远无休止地进行下去，商业企业对善因营销项目作出的承诺是有时间限制的。如果能够对消费者的期望值和宣传手法进行有效管理的话，这些都不会成为未来可能困扰企业的问题。秉承诚实、透明的原则向相关权益人清楚地解释善因营销活动的性质和将要持续的时间，对于项目的成功进行是至关重要的（见表 4－1）。

## 项目完成之后的宣传工作

这一点经常被人们所遗忘，但对于退出策略进行有效地管理和宣传，与精心策划如何开展善因营销活动有着同等重要的作用。

没有参与善因营销项目的全体各方人士的投入和支持，任何一个项目就难以取得成功，因此，对于所有参与其中的团体都应该提出表扬和感谢。需要感谢的对象包括企业、慈善团体的员工、消费者、供应商和分销商，也包括参与该活动的每一个人。公开鸣谢相关的权益人对活动成功所做的贡献，不仅为发起善因营销活动的合作各方提供了又一个广告宣传和开展公关活动的良机，同时也为使它们获得了一个与相关各方加强联系纽带的好机会（见表 4－1）。

## 宣传工具

向有关各方宣传善因营销活动的方法可以说不胜枚举，遗憾的是，尽管某些企业、慈善团体在宣传手法的运用上各有特色，但真正懂得利用每一个机会的商业企业或慈善团体可谓少之又少。

当然，宣传的次数越多，人们对它的理解就会越深，而宣传对象作出反应的机会也就越多，项目取得成功的影响力、影响范围和影响程度也就越大、越广和越深。

线上广告和线下广告、系列新媒体的利用、产品包装广告、货架广告都可以成为市场营销的手段。如何针对各类相关权益人进行宣传，事实上并不十分复杂，只要大略看一下企业或慈善团体手边掌握的与各类权益人沟通的工具，我们就会发现可供选择的余地是多么广阔。

社区商业组织的调查显示，企业事实上已经在使用各种营销手法对善因营销活动进行宣传。然而，只有很少的企业能够将包括线上营销的市场营销手段充分完全地加以利用。

重要的是要设法确保企业或慈善团体采用的宣传手段是适当的和可以接受的。市场营销部门主管和社区事务部门主管已经开始越来越多地使用更多的营销组合来推动他们的善因营销策略。公关、内部通讯、赞助和印刷广告，是实施和宣传善因营销活动时最常使用的营销手段。除此之外，其他受欢迎的宣传手段还包括包装广告、公司品牌广告、销售网点广告、促销广告和直邮广告等等。消费者认为，所有这些宣传手法都很重要。

从宣传善因营销活动的角度看来，我们发现了这样一个有趣的问题。消费者会明显支持那些管理良好的善因营销项目，但与此同时，他们仍然希望能够看到企业用实际行动表现出他们对合作伙伴作出真诚的承诺。名为“游戏计划”调查研究显示，消费者态度鲜明地认为，如果一个企业能够在电视上为某个特定的产品或服务进行促销宣传的话，它们对善因营销项目也应该拿出同样的精力进行宣传。不这样做就会引起消费者的怀疑和猜忌。

更多的调查研究表明，消费者对商业企业以慈善公益事业的名义开展宣传活动，采取的是一种十分积极开放的态度。将近四分之三（74%）的消费者表示可以接受企业通过做广告的形式，或以某个慈善团体或公益事业的名义，对它们参与善因营销项目的行为进行宣传。

我意思是说，它们反正要投资制作数量惊人的电视广告，不是这样的吗？我认为，用广告来宣传善因营销项目，也会起到与宣传其他产品一样的效果。

正如我们在前面的章节中提到的那样，针对消费者所做的调查清楚地显示，消费者可以接受企业运用全部的营销手段和方法来吸引他们对善因营销关系的注意力的做法。事实上，如果企业没有为善因营销项目投入和商品宣传活动同样的资金和精力，反而会引起消费者的疑虑，甚至导致他们对项目产生抵触情绪。在调查研究过程中，消费者曾经多次问到企业是如何运用多种营销手段对善因营销项目进行宣传的，又为什么会使用这些手段。消费者普遍认为，商业企业在宣传它们与慈善团体或公益事业之间的联系上，似乎表现得比较含蓄。

消费者认为，企业宣传它们参与公益事业或善因营销项目的最为有效的方法是：

- 电视节目；
- 产品或包装广告；
- 店内使用的宣传材料，如海报和标牌等。

在消费者看来，最容易被他们所接受的宣传方式是，名人抽出时间来推广某项公益事业。高调的社会筹款活动，还有益帮助公益事业筹集资金为目的的促销活动等。最不为消费者接受的宣传手法是，宣扬某些受害者的实际案例，以及有偿地聘请名人推广公益事业或善因营销项目的做法。

因此，综合运用各种宣传手段对善因营销项目进行宣传，是最适当的解决方案。

最无效的宣传手段是：

- 通过销售人员对善因营销项目进行宣传；
- 通过慈善团体的宣传手册对善因营销进行宣传。

向消费者宣传善因营销活动和企业参与公益事业的动机是非常重要的。对善因营销项目进行宣传不仅可以用来赢得相关权益人的支持、使项目的开展产生轰动效应，也可以帮助企业弥补其在这个领域社会知名度不足的缺陷，同时也有助于消除消费者对企业参与社会公益事业之动机的质疑。重要的是要设法确保在宣传活动中使用的宣传手段是适当和能够为各方所接受的。

无论企业打算参与什么样的市场营销活动，都必须对它们进行宣传。正如人们所说，如果你不告诉别人你做了什么，那么还不如不做。调查证据清楚地显示，善因营销宣传活动（尤其是广告宣传）的力度越大，项目的社会知名度和人们的参与程度就越高。这表明，像任何其他类型的市场营销活动一样，如果善因营销得到适当、有效和“醒目”的宣传推广，那么它的影响力就可以达到最大化。

必须要说的是，消费者们还会认识到，尽管电视广告非常有效，但仍是一个昂贵的媒体，它可能会减少企业贡献给公益事业或慈善团体的资金数额。但是，他们会接受和欢迎一些企业在他们日常广告中发布善因营销信息的做法——它可以加强消费者对合作双方所作承诺的信心，同时使他们对企业产生更多的好感。

### 促销式宣传活动的影响

如今的消费者总是匆匆忙忙地进行购物，他们决定是否要购买某件商品通常是一个非常迅速的过程，特别是当他们是某个特别品牌产品、服务的习惯性购买者时，购买决策的时间将会更短。在这种“买了就走的购物方式”下，产品、服务本身是否能够在竞争中脱颖而出，是吸引消费者购买的根本。善因营销可以成为让产品、服务与众不同的因素，但是，宣传活动中所传达的信息必须是清晰醒目和简单的，并且能够在几分钟内为公众所理解。

所以在这种环境下，对善因营销项目进行宣传的行为变得与任何其他形式的市场营销活动并无不同。在一次调查研究活动中，一位受访者的话说明了对善因营销项目进行宣传促销的重要性：

> 超级市场购物时，人们很可能会因为商品种类繁多而令人们感到找不到东南西北。这时候，需要有一个声音去告诉人们："跟我来，让我带你去看看究竟应该购买什么样的商品。"

很显然，这是针对市场营销技巧而提出的一个具有普遍意义的建议，并不只是适用于善因营销项目。毫无疑问，如果能够成功地发挥市场营销行为的潜力，所有市场营销手法都同样可以适用于善因营销项目的宣传活动。

**店内促销材料**

在店内促销和宣传善因营销合作伙伴关系之间找到适当的平衡点，是宣传活动显而易见的一项重要内容。在市场调查公司受社区商业组织委托展开的调查活动中，消费者普遍反映，糟糕的产品包装广告和销售网点缺乏足够的宣传材料的支持，是许多企业在宣传善因营销活动时，很容易犯下的错误。

产品包装广告容易出现的问题通常可以分为几大类。其中一类比较严重的问题是，宣传善因营销项目的字体被印刷得非常小而不起眼，甚至连经常购买该产品的客户都没有注意到。消费者还反映到，产品包装给其他类型的促销活动，比如打折和免费赠品，提供了相当大的空间；而同时，厂家似乎对它们与善因营销项目之间的关系则表现的比较含蓄，很少愿意在产品包装的正面用文字或图片进行展示。这也就是为什么与善因营销相比，其他类型的产品宣传促销更加引人注目。

消费者对善因营销项目进行店内宣传的建议：

- 把宣传材料放在正面，并更好地宣传它。
- 进行更加引人注目的展示。
- 在过道的显眼位置张贴介绍善因营销项目的海报，或公益事业或慈善团体的标识。

- 货架上摆放印有公益事业或慈善团体标识，或是介绍厂家与慈善公益事业关系的简短说明文字的广告标牌。

我认为，向人们宣传企业参与善因营销的实际案例，或是将部分利润捐献给慈善团体，都是很好的宣传手段。就提升公众对企业的关注来说，这无疑是一个好主意。

### 促销式宣传的内容

日益熟悉市场营销概念的消费者已经能够分析和比较企业推销和宣传的政策和策略，因而，他们会将某件商品上的广告内容与店内的其他商品进行直接的比较。社区商业组织组织的调查研究活动得出结论是，与传统的、以打折和提供免费产品的促销手段相比，消费者更喜欢善因营销活动的创意。

> 在购物赠品方面，我更喜欢商家把钱捐献给慈善团体，而不是送给我一本赠书。我宁愿这笔钱流到慈善团体那里去。

一位接受调查访谈的消费者在谈到商家使用善因营销项目作为促销手段和使用其他类型的促销手段时，对他们的购物决策产生的影响说道：

> （善因营销比其他的促销手段要）好100倍……（商家应该）努力去帮助慈善团体，作出更多的承诺。

若想赢得目标市场的理解、促使他们对企业传递的营销信息有所反应，任何市场营销行为都需要得到恰当的、妥善的宣传活动的支持。但对于善因营销项目，情况却往往并非如此：围绕善因营销项目进行的宣传规模往往总是做得很小，得到的支持也少得可怜，以至于企业、慈善团体发出的行动号召有时甚至从来没有被目标对象所收到过，而企业声誉和品牌的潜在影响力也将因此而得不到释放。也正是因为如此，善因营销在英国还属于一个很少使用的市场营销手段。对善因营销项目进行有效的宣传是所有问题的关键。一项能够得到各方支持的善因营销宣传策略将会使慈善团体或公益事业和企业双方获得最大的利益。他们有可能正在做，但是却没有尽其所能地去宣传它(善因营销项目)。

项目宣传活动中存在的挑战是显而易见的。消费者对于善因营销活动本身是表示认可的。很多人在接受访问调查时都表示，在产品价格和质量都相近的情况下，善因营销将影响到他们的购买决定。因此，问题的关键在于，企业和慈善团体或公益事业能否在遵循善因营销基本原则的基础上，对善因营销项目进行有效的管理、实施和宣传。

## 宣传企业与慈善团体之间的关系

在善因营销项目宣传活动中，我们最常听到的批评意见就是，对企业与慈善团体或公益事业之间的合作伙伴关系进行宣传得力度不够。消费者会因看到慈善团体或公益事业的标识而受到激励。如果做不到这一点，则可能会导致善因营销项目效率低下，同时使消费者产生被利用的疑虑。保持宣传活动的均衡性、使用适当的宣传论调、进行准确的定位，是至关重要的要素。正如一位消费者所说的那样，公益事业或慈善团体对善因营销活动进行宣传应该是“隆重、大胆、通俗易懂的。”

消除消费者的疑虑可以通过多种渠道，开展公关活动、刊登报刊广告、通过新闻故事或实际的经典案例来提升项目的知名度，都是消除消费者疑虑的有效途径。

只要能够保持宣传活动的均衡性、使用适当的宣传论调、进行准确的定位，所有各方都会从善因营销活动中收益更多。它将把所有的相关权益人带到同一阵线上，从而有效地消除任何潜在的批评意见。

> 企业的这些行为让我感觉它们不是在哄骗我，不是在利用善因营销活动来诱使我购买它们的产品；它们的行为使我相信，它们自己也在为慈善事业尽责尽力。将产品成本的10%捐赠给慈善事业是会减少企业利润的。那足以让我感到，不只是我在通过购买商家的产品来为慈善事业做贡献，商家自身也在确实地为慈善事业真实地作出贡献。
>
> **在英国利兹针对重点调查对象进行的调查**

善因营销项目的合作双方都的的确确地得到了实惠。它们也必须从中获取相应的利益。企业会因此卖掉更多的产品，而慈善团体也就会得到相应的好处。

总之，通过调查研究活动找到合适的合作伙伴，并协商确定合伙关系的相应条款之后，在综合考虑所有相关权益人的利益、确定项目所希望传递的信息且认识到宣传重要性的基础上，制定善因营销的宣传策略就显得至关重要。保持宣传活动的均衡性、使用适当的宣传论调、进行准确的定位是十分重要的，它既能成就也能毁掉善因营销项目。合作双方在制定退出策略时，应该付出与建立合作伙伴关系一样的精力。在合伙关系结束时，相关的合作方应该注意表扬所有相关权益人对善因营销项目所做的努力和贡献。正如一位消费者在接受访谈时所说，如果你能设法把某个产品和某个慈善团体的宣传工作结合起来进行，达到提升国家精神或某个特定团体精神的目的，你就能做成任何事情，使人们心甘情愿地为公益事业付出自己的所有。

### “媒体测试”

我相信，我所说的“媒体测试”是善因营销活动中的一个绝对至关重要的组成部分。没有理由不进行这项工作。“媒体测试”有助于检验合作伙伴关系的实际效果，也有助于检验正直、公开、诚实、透明、真诚、互相尊重和互惠互利的基本原则在实践中的应用情况。为了使测试结果尽可能地准确有效，重要的是对最坏的可能性进行设想，从你的角度思考和拿出解决方案，并从积极的和消极两个方面考虑不同权益人的不同反应。这就好像是把你自己放在一个最为挑剔和最喜欢探问究竟的记者的思维模式里，找出最为困难和具有有争议的问题，并着手解决它们。例如，如果企业只是捐款活动的推动者而非实际的捐款者，那么在善因营销项目的宣传上切忌不可给予过多画蛇添足式的暗示，要点到为止。

“游戏计划”的调查活动清楚地表明，消费者可能会对企业在善因营销活动中的行为有所怀疑，例如，他们可能会怀疑企业会通过提高产品或服务价格的方式来消化它们的捐款成本。因此，围绕善因营销项目展开的宣传活动应该严格地遵守广告及促销活动的相关法律，并清楚明确地向消费者传递正确的信息。

在进行“媒体测试”的过程中，应该关注的最基本的问题包括：

- 宣传活动是否兼顾了企业和慈善团体双方的利益？
- 既定目标能否实现？
- 合作双方的密切关系是否得到了清楚的解释？
- 所有各方是否满意最终的宣传方案；该方案是否建立互利互惠的基础上？

除了这些表面问题之外，还有许多其他需要考虑的问题。例如：

- 合作双方提出的宣传口号是否与企业的现行政策和行为有所抵触？
- 慈善团体或公益事业是否购买你的产品或服务；如果不，为什么？
- 慈善团体在你的制造工厂、主要经营所在地或整个英国是否设有办事处或代表处？如果没有，那会有影响吗？如果它确实有影响，企业应该采取什么样的措施给予对方以必要的支持？
- 企业是否有哪些分支机构的经营业务会对善因营销的宣传活动产生负面影响？
- 除了与慈善团体结成合作伙伴关系这层考虑之外，企业是否仍然会提倡和支持那些对企业来说十分敏感的问题？
- 企业的行为是否能够体现慈善团体的价值观？

- 企业以往投资公益事业的记录如何？
- 企业是否管理得当，没有贪污腐败的现象？

这张问题清单可以，也应该继续不断地罗列下去。上面举出的只是部分的例子，但它们揭示了进行“媒体测试”的价值和重要性。

“媒体测试”是正式启动合作伙伴关系前的一项重要的准备工作，它也可以被看作是风险评估工作的一个组成部分。它将有助于在合作伙伴关系公开前发现潜在的缺陷，从而在必要时做到有时间对项目的内容进行修改。同时，媒体测试不仅可以检验宣传活动是否能够均衡合作各方的利益，还可以为今后善因营销活动的宣传大使和代言人提供详细的说明文件。

媒体测试对于开展善因营销活动是至关重要的，而不进行这项测试的行为是愚蠢的。

## 第八节
## 监控、测量和项目评估

有句老话说：“我打广告的钱浪费了一半，但麻烦的是我不知道究竟是哪一半浪费了。”虽然这一说法不失诙谐幽默，但却并不能成为企业拒绝对善因营销活动的效果进行监控和测量的充分理由。对于一家管理严格的商业企业或慈善团体来说，对善因营销项目和相关各方的合作伙伴关系所产生的成效进行有效地监控、测量和评估，其重要性是不言而喻的。在这一点上，善因营销活动与其他企业行为并没有什么不同。在规划和准备阶段为确定活动的主要目标而进行的投资，将会为日后对善因营销项目进行监控、测量和评估提供重要的参考指标。

对善因营销项目进行监控、测量和评估，是判断该项活动是否有效，是否需要继续投入时间、精力和金钱的唯一方法。它符合所有相关各方的利益，因而从一开始就应该拨出足够的资源对监控和评估行为提供足够的支持。

监控、测量和评估的过程可以分成三个阶段：

- 测试善因营销的主意是否可行，是否会给企业带来好处，具体的善因营销活动是否与企业和企业的经营目标相吻合。
- 在善因营销实施时，检测其执行的效果。
- 检测善因营销活动是否能够改变企业的形象，是否能够改善客户服务的质量，以及是否能够提升企业的整体利益。

若想及早地发现和解决潜在的问题，并完善企业与慈善团体的合作伙伴关系，对善因营销项目进步必要的监控是十分重要的。显然，如何对善因营辖项目进行监控取决于项目本身的性质。监控可以简单到相关的项目经理人进行定期的交流和讨论。此时，遵循公开、诚实和透明的原则，对于监控工作顺利实施的价值是无法测量的。

此外，对善因营销项目进行监控的内容还包括确立既定的目标作为监控的参考指标，以便随时追踪项目的进展情况；同时，管理层定期召开会议对项目进展情况进行总结和讨论，并采取相应的行动，也是监控活动的一个组成部分。

根据事先确定的评估指标，企业和慈善团体在对善因营销活动进行监控时需要考虑的因素有很多，例如：

- 筹集到的资金额是多少。
- 对销售、销量和（或）客流量的影响。
- 媒体报道的情况。
- 对企业、慈善团体声誉、形象、社会知名度的影响。
- 对产品使用量和喜爱程度的影响。
- 对消费者满意度的影响。
- 对员工满意度的影响。
- 对其他相关权益人满意度的影响。
- 对社会的影响。

如果不对善因营销活动的合作伙伴关系进行监测、测量和评估，善因营销活动的某些固有的好处就有可能会被忽略。对善因营销项目进行监控有助于发现其中存在的细节问题，而测量和评估工作则有助于企业决定是否有必要对项目继续进行投资。有效的数据能够帮助企业和与它们合作的慈善团体判断善因营销项目是否取得了成功，而这也是判断项目在未来是否能够继续得到支持的重要基础。

有些企业认为测量并不是善因营销活动的一个重要组成部分。这要么是出于短视，要么可能是因为它们想当然地认为这样做的花费巨大，操作难度较高。

事实并非一定如此。首先应该了解企业内部现有的监控调查机制的运作流程，看看是否有可能将其用于对善因营销活动的监控和管理。现成的监督调查工具包括新闻和媒体监督，以及相关权益人为了更好地了解企业、产品、项目、品牌或服务而建立的跟踪调查系统。如果这些工具业已存在，就应该充分地加以利用。如果没有的话，则应该考虑将它们列为测量善因营销合伙关系有效性和影响力的一个有价值的方法。测量善因营销实际执行效果的方法还包括审察现有的销售数据，在现有的客户满意度调查、企业形象调查、企业社会知名度调查和产品使用情况追踪调查的基础上追加问题。此外，还可以针对重点目标，以实地访谈和电话访谈的方式展开调查。客户服务部门作为大多数企业的核心职能部门，已经促成了客户服务热线和其他客户服务系统的建立与发展。这为利用这些系统和手段展开善因营销活动的调查提供了机会。要点在于认识现有的调查与测量的方法，不断开发和完善新的调查测量方法，以既定的目标为参考指标，对善因营销活动的实际进展情况进行不间断地跟踪和调查了解。

测量善因营销活动所取得的实际效果，是该项活动未来发展的核心工作。与其他任何一项活动一样，如果没有清楚地设定发展目标并对活动的进展情况进行跟踪测量，就很难作出某个项目是否应该继续下去的决定。社区商业组织发起的企业调查活动，针对善因营销项目目标设定的水平，以及企业常用的实施效果测量方法进行了调查（见图 4 – 2）。

- 在全部受访企业中，有 53% 的企业表示，他们为开展的每一个善

抽样基数：97 位市场营销部主管，57 位社区事务部主管（实际使用的方法），159 位市场营销部主管（理想中的善因营销效果测量方法）。

资料来源：社区商业组织。

图 4－2 测量善因营销效果的方法

因营销活动制订了清楚的目标。

- 针对部分规模较大的商业企业进行的调查显示，在 1998 年，有 73%的受访企业表明他们为善因营销活动制订了清楚明确的目标；而在 1996 年，它们中只有 51%的企业做到了这一点。由此我们可以看到，确定明确的目标已经成为善因营销活动的发展趋势。

从社区商业组织的调查结果来看，善因营销活动如今正在变得越来越细致，也正在经受着越来越严格的审视。对善因营销项目的效果进行长期的测量和评估，显然也是整个善因营销活动中不可分割的一部分。精确地分析了解品牌营销的效果可以说是一个古老的话题，对广告商和企业的市场营销部门来说，这些工作可谓再熟悉不过了。事实上，善因营销似乎也正在日益变成注重取得商业成功和经营效益的企业市场营销学的一个组成部分。

无疑，对善因营销的效果进行检测会和对其他市场营销活动的效果进行检测一样，经常出现理想的测量方法与实际运用的测量方法有所不同的现象。分析对比一下实际使用的测量的方法与理想的测量方法之间的差异，我们或许会发现，善因营销的成功之处很有可能会被低估。(见图 4－2)。

增强企业留住消费者的能力往往是企业开展善因营销活动的主要目的之一，但是，企业实际使用的效果检测方法可能对这个指标的增减变化并不敏感。企业实际使用的监测方法往往过分强调短期内企业经营业绩的高低变化，对企业在品牌建设方面进行的投资却很少有有效的评估手段，而恰恰是通过善因营销等活动来实现的企业品牌建设，将会对企业的销售额和盈利水平产生深远的影响。

对善因营销活动所取得的效果进行测量和评估的重要性是不言而喻的。如果缺乏有效的数据来判断善因营销活动是否取得了成功，项目在未来的融资和获取各方面支持的过程中将不可避免地遇到各种困难。

善因营销正越来越成为企业市场营销兵器库中的一件自成体系的重要武器。在这个意义上，仅仅把参与善因营销看作是做“善事”是不够的，掌握着财务预算的有关方面开始越来越看重善因营销项目的实际效果。如今的趋势是，监测评估善因营销活动的效果将很有可能会像广告效果测试和促销活动监测评估一样，成为企业经营管理活动中的一件日常事务。

善因营销的内容十分复杂。由于参与善因营销活动的公益事业和商业企业各不相同，因此，围绕善因营销活动结成的合作伙伴关系也各有不同；而在营销工具的使用、营销活动的宣传对象和营销项目希望实现的目标等方面也都存在着各式各样的不同之处。

善因营销活动在帮助企业和公益事业在实现既定目标上有着巨大的潜在影响力，因此，它能够给合作双方带来共同的利益。企业和慈善团体应该共同遵守正直、道义、公开、诚实、透明和互惠互利的基本原则。当然，善因营销也有其不足之处。它不是救治百病的神丹妙药，也无法成为企业自身形象、产品或服务缺失的遮羞布。善因营销需要企业和慈善团体高级的管理层的长期关注和投入；同时，它也不是一个代价很低、可以随意发起或放弃的普通经营行为。

善因营销也有风险。如果计划、实施或宣传工作做得不好，善因营销甚至可能会产生反作用，损害所有相关各方的声誉。事实上，如果善因营销活动的实施十分不力，不仅将会影响直接相关的合作伙伴的利益，也会对所有的慈善团体和公益事业的利益造成极大的损害。

在遵循善因营销基本原则的基础上做好善因营销的策划、实施和宣传工作，将会使慈善团体和公益事业、商业企业以及更广泛的社区同时获利。

常见的对善因营销活动进行监控、测量和评估的方法见表4-2。

**表4-2　常见的对善因营销活动进行监控、测量和评估的方法**

| 阶段 | 目的 | 常见问题 | 调查类型 |
| --- | --- | --- | --- |
| **项目实施前** | 检查和确认未来合作伙伴关系的性质 | ● 特定的相关权益人在总体上是怎样认识善因营销活动的？<br>● 善因营销的概念和合作双方之间的契合点是什么？<br>● 未来的善因营销项目将如何提高（贬低）企业的声誉？<br>● 相关权益人对善因营销活动的具体执行手法有何看法？<br>● 对实施项目的最佳途径的建议？<br>● 相关权益人对善因营销活动中所使用广告和其他宣传手法有何看法？ | 定性调查 |
| **项目实施中** | 对项目的实施情况与既定目标是否一致实施监控 | ● 是否实现了原定的公关目标？例如，社会知名度得到提升或受破坏的程度，希望传递的信息是否得到了有效地传播等等。 | 对公关活动进行评估 |
| | | ● 善因营销项目的社会知名度是否提高？ | |
| | | ● 善因营销活动为我们带来多少额外的媒体报道？<br>● 这些报道大体上是有利的还是不利的？<br>● 接触到哪些（新的）客户？<br>● 这些媒体报道是否是使用其他方式所无法得到的？<br>● 传播了哪些与公司有关的信息？<br>● 相关权益人对媒体报道的态度是什么？ | 访谈、服务评估、权益人调查和民意测验 |
| | | ● 对提高销售额/销量是否有效？<br>● 目标：回报是否达到、超过或没有达到预期的期望值？ | 销售/销售量数据 |

**续表**

| 阶段 | 目的 | 常见问题 | 调查类型 |
| --- | --- | --- | --- |
| **跟踪期** | 跟踪善因营销项目实施一段时间以后的效果 | ● 相对于竞争对手，我的品牌影响力有多强？<br>● 相关权益人对公司的看法是什么？<br>● 相关权益人对企业的主要印象是什么，是好还是坏？<br>● 应该怎样通过提升自身形象来提高公司在公众心目中的形象？<br>● 最近开展的活动（善因营销、促销、广告宣传活动）对公司的形象产生了哪些积极的和消极的影响？<br>● 自从上一次进行跟踪调查后，企业在哪些方面的形象得到了提升？<br>● 在过去几个月里，消费者是如何知道公司和善因营销项目的存在的？<br>● 说起善因营销活动，你的脑海中想到的是哪些具体的活动和行为？<br>● 你听说或看到我们最近所开展的善因营销活动吗？<br>● 你和它之间的关系是什么？<br>● 它是否令到你对我们公司的看法发生了积极的、或消极的改变？<br>● 如果你的看法发生了转变，转变的过程又是如何？<br>● 对相关权益人的服务、忠诚度进行测量<br>● 了解消费者的整体满意度<br>● 了解消费者的整体忠实度<br>● 了解令相关权益人满意、不满意的原因<br>● 对不同因素在提升消费者满意度时所发挥的不同作用的重要性进行评估<br>● 了解企业与竞争对手相比的表现<br>● 了解主要的改进机会 | 调查研究活动 |

**续表**

| 阶段 | 目的 | 常见问题 | 调查类型 |
|---|---|---|---|
| 项目结束后 | 继续追踪了解活动是否有效 | ● 员工对我们开展善因营销活动的认识程度如何？<br>● 员工对善因营销活动的看法如何？<br>● 相关权益人对相关企业的看法如何？<br>● 相关权益人是以何种方式参与善因营销活动的？<br>● 相关权益人的参与又对善因营销活动产生了什么样的影响？<br>● 相关权益人对善因营销活动的反应如何？<br>● 相关权益人（员工）对将来的善因营销活动有什么建议？<br>● 相关权益人认为善因营销活动应该如何发展，例如：应该在一个当地进行，还是应该在全国范围内进行？<br>● 应该与哪一类慈善团体建立联系（如：救助儿童类、关注健康类、艺术类等）？<br>● 员工应该怎样对善因营销活动提供更多的帮助和贡献？<br>● 相关权益人对你公司的熟悉水平<br>● 相关权益人（在善因营销活动推出前和推出后）对公司态度的转变？<br>● 善因营销活动是否提高了企业/慈善团体的社会知名程度？<br>● 人们是从哪里（新闻、电视、零售商店、产品包装、口口相传等）看到/听到善因营销活动的？<br>● 是否参与了活动（购买产品，寄出优待券，或其他）？<br>● 是否会因为善因营销活动而购买某种商品或服务？<br>● 在公众眼中，善因营销活动的宣传手法是否取得了成功？<br>● 在公众眼中，善因营销活动是否取得了成功？<br>● 公司的公众形象（在活动推出前和推出后）是否发生了改变？<br>● 公众对企业的总体看法和认识是否发生了转变？ | 善因营销定量调查 |

# 第九节
# 善因营销的未来

> 我认为，在未来的十年中，善因营销将会成为所有的市场营销活动中最具有活力、最能令人振奋的亮点。
>
> **国际调查公司英国分公司副总经理　鲁斯·麦克尼尔**

## 企业和社区

随着相关权益人、最佳邻居和许可经营等概念在企业的词典中出现的频率越来越高，我相信，如何提升企业的声誉、如何增强企业对社会的影响力和强化企业与相关各方的关系，将成为企业的营销行为中压倒一切的重点。

企业与社会、慈善团体和公益事业之间的关系一直在不断地发展演化。这种关系已经从一个单纯地赞助慈善事业的单一行为，发展为以不同方式资助多项慈善公益事业的综合性经营行为。企业的战略性慈善行为指的是将慈善赠与的行为与企业的经营目标紧密结合的经营活动，包括对社区建设进行投资、组织一次性促销活动、赞助公益事业以及善因营销定义下的所有市场营销行为。在商业社会里，实现企业经营目标的工具、技巧或策略通常不止一个；同理，企业与社会的关系亦是如此。

企业在回馈社会方面拥有越来越多的选项和工具。虽然纯粹的赞助慈善事业和 Quaker 公司的“用良好的社会行为带动公司业务良性发展”的策略仍然没有过时，但它们的实际操作方式已经有了相当大的变化。纯粹的慈善事业构成了我们社会健康发展的一个重要而基本的组成部分，并且将继续作为一种社会现象存在和发展下去；然而，在善因营销活动的促进和影响下，企业参与社会活动和投资社区建设的行为将会取得更大的效果。

善因营销活动拓展了企业直接实现日常商务、营销和慈善目标的空间。企业和更广泛的社区之间的不再是单维的关系，而是多维关系。

企业与相关各方之间可以建立多种不同层次的关系。我认为，善因营销将在未来企业与各方建立和发展良好关系的过程中，发挥主导的作用。它清楚地反映出社会对企业的公民身份和社会责任感的期望。企业不愿意宣传它们投资社区建设的行为是没有出路的。为了从它们现在正进行但还不为人知的投资中获益，而且也为了反驳部分人士对企业缺乏社会责任感的指责，企业在将来需要对权益人展示和宣传它们所参与的社区投资项目。同时我相信，企业将越来越习惯用一种恰当的方式来宣传它们与各项公益事业之间的合作关系；因为企业的管理者们将会认识到，善因营销活动的最终受益者不仅是企业，公益事业同样也会从中受益。

显然，如果公益事业或慈善团体能够将赞助它们的企业公之于众，也将有助于它们吸引更多的支持者。我相信，企业将越来越意识到谈论这种关系给相关的公益事业或慈善团体所带来的积极影响。消费者想知道，而且也日益要求知道他们所期望了解的企业信息。实际上，如果他们了解到某个慈善团体或公益事业和企业之间存在某种合伙关系，但对于这项“交易”的内容却含糊不清，那么他们就会产生疑虑的情绪。消费者和其他权益人要求更多的透明度，这一要求可能会使某些企业感到为难，但却会给那些没有家丑的企业以及慈善团体和公益事业带来更多利益。

善因营销在满足企业众多需求的同时，也可以对社区建设产生显著的积极影响。

> 善因营销是一种提升企业形象、突出商品品牌、增加销售额和提升消费者忠诚度的有效方法……善因营销将成为成功企业的一个有机的组成部分。在善因营销活动中，企业与某项公益事业协力推销企业的产品和服务，为公益事业筹集资金；而与此同时，也使消费者的忠诚度得到有效地提升，并更愿意购买企业的产品或服务。善因营销是企业承担社会责任的一个组成部分。
>
> **多米尼克·吉百利爵士**

善因营销超越众多传统营销模式的优势在于，它能够从感性和理性两个方面同时着手吸引消费者的注意。它的目的是从精神上打动消费者，从而在远远超越价格与质量的基础上，与消费者建立起一种更为牢固持久的联系。

以恰当的方式谈论企业与其经营所在社区的联系已经越来越为人们所接受，这是因为企业日益认识到，展示、说明和宣传公司的价值观是商业活动的一个实质的组成部分。与企业之间存在利害关系的各方人士也越来越想知道是什么在背后支撑着企业的品牌，企业的价值观和信仰是什么，企业的意图取向是否值得让人尊重。由于信息和通信技术的进步，世界正变得越来越小，与企业行为利害相关的权益人不仅感到他们有权利了解一个企业，而且也希望能够通过某种方法来调查了解企业的相关行为。增强透明度日渐成为一种企业不可回避的现实。比较成熟的企业能够体会和认识到待人处事需要公开、诚实和透明，也能够认识到投资和提高企业声誉所带来的好处。

### 展现企业声誉

善因营销是一个内在信仰和价值观系统的对外展示。我以为，寻找到展现和宣传品牌或企业本质特征的方法，将是企业在未来的经营活动中需要解决的一个关键性问题。善因营销正是理想的积极展示这些价值的一种方法。当权益人需要增加对这些价值的理解时，善因营销充分发挥其效能的机会也将大幅增加。

### 内部协作

善因营销将给企业的经营方式带来新的机遇，它将鼓励更多的内部合作与协作。各部门将日益认识到善因营销能够帮助实现它们的目标，而且通过合作与协作，使各部门间实现互利互惠。当提高企业声誉的议题被正式提到企业管理层的桌面时，我确信，企业中的各团队会因此加强彼此间的合作，并且一起寻找最合适企业发展的策略；而此时，善因营销将越来越被认为是实现企业不同部门的共同目标和提升企业整体声誉的一种有效的手段，是企业取得成功的一个关键因素。

我相信，企业的整体价值观、主张和经营宗旨已经开始决定企业对公益事业或慈善团体合伙人的选择。营销、人力资源、慈善事业和企业的其他部门开始越来越多地携手合作去传达一个统一的企业信息。随着预算和投资回报率给予企业的压力不断增强，企业中的每一个人都在被迫寻找富有创意的提高预算使用效益的方法。很显然，如果一个部门能够通过合伙的方式，或是“倚靠”一项由另一个部门所发起和资助的活动来实现自身的经营目标，那么所有的人都会从中受益。

部门间的协作是摆在企业和慈善团体或公益事业双方面前的挑战和机遇。与许多其他形式的合作关系一样，企业资助一个公益事业的幅度越大，这种关系的持续性就越大。在接下来的几年里，我预测我们将会看到企业开始综合运用各种手段和策略来支持某项特定的公益事业，协调运用所有这些不同的工具来对公益事业或事项产生更大的影响。

每一个相关的机构、部门和个人都有责任积极地寻找这些适宜开展善因营销的机会，发现适合的策略并协调各方在其间的利益。这些机会可以是人力资源部提出的一个借助善因营销项目提高员工士气的措施，也可以是一项由企业公共关系部发起的、旨在与言论对企业的经营具有决定性影响的机构或个人建立良好关系的活动。在各部门追求共同的目标的过程中，部门间的合作和协作可以有多种变化，发现并鼓励这些变化可以对企业的经营产生潜在的积极影响。毫无疑问，内部协作不仅有助于企业实现自身的经营目标，也能够为企业的外部合作伙伴带来诸多好处。一位伦敦 FTSE100 强公司的营销主管曾经对我说，善因营销让他有机会对公司主席的预算施加影响。

聪明的玩家会在善因营销的过程中十分小心地发现和处理各方之间的关系。从公益事业的角度来看，帮助企业寻找到适合的善因营销的机会不仅能帮助企业实现多种经营目标，也有利于进一步强化慈善团体和企业间的合伙关系。通过尽可能多地促进企业不同部门间在慈善与公益事业上的配合与协作，慈善团体或公益机构将有机会与企业建立起一个多层面、多元化的关系，从为自身提供更多的保障，使自身对企业更具影响力，也使企业对该团体或机构的支持更加持久。

## 对供应链的影响

无疑，任何特定的关系中都有许多的不同的因素在发挥作用，这种因素（或可称之为影响力或动力）可以来自企业的内部、主要关系方之间，也可能通过来自于供应渠道企业之外。善因营销也不例外，尤其在商品零售领域，零售商对供应商的影响力在投资慈善与公益事业的行为上能够得到最好的体现。

在英国和美国以及世界上许多其他的地方，有越来越多证据表明，凭借其手中所拥有相对的“权威”，零售商在相互关系中所占的主导地位会引导供应商出面支持零售商和公益事业的目标。显然，通过参与零售商所参与的慈善事业，供应商与零售商的关系也将得到大大的增强，而这也是供应商所希望达到的目的。

下面是特易购公司与本年度最佳慈善团体得奖者 Mencap 之间关系的例子。

有关这一方面的早期例子可以追溯到 1997 年特易购公司与慈善机构 Mencap 之间的关系。1997 年，Mencap 被英国著名零售商特易购公司选为本年度最佳慈善团体，这意味着特易购公司通过员工集资，店内举办促销活动和赞助活动等取得的收益，都将交给 Mencap 进行支配。当然，双方的这种关系只限于一年。

Mencap 和特易购双方对善因营销都很有经验，而且知道其中的好处。计划推出时，Mencap 和特易购之间由原来单纯的筹资关系，演变为一个超越筹资的合作伙伴关系。

这个奖项使得 Mencap 和特易购之间的关系在当年得到进一步加强，而且吸引了特易购公司众多供应商的参与，其中包括 Calypso 桔子饮料、丹尼斯、the Menace 蛋糕、Sellotape 和 Princes 食品公司等。

特易购和 Mencap 之间合伙关系得到了员工们的支持，同时也得到了特易购遍布全国的供应渠道的支持。英国和美国其他零售商与他们的合作伙伴也通过类似的方式，为公益事业取得了同样的效果。我相信，我们将看到更多的此类情况，不只是限于零售商，也包括提供服务的机构。产生供应链效应并不只是零售商的专利。

皮尔斯贝里（Pillsbury）公司的消费者社区合作计划是另一个具有代表性的例子。

在美国，当时还隶属于帝亚吉欧公司旗下的皮尔斯贝里公司开展了一个名为“皮尔斯贝里消费者社区合作计划”的项目。皮尔斯贝里在这里所使用的是和特易购公司同样的手法，但不同的是，这回是制造商在相关的关系中处于引导地位。皮尔斯贝里公司为此特别成立的社区关系团队开展这个项目是为了树立自己作为一个良好的企业市民的声誉，并且吸引其他部门和零售客户也积极地参与到社区活动之中。

项目的操作方式是：社区关系团队、企业的销售和营销人员共同挑选一个对社区工作有兴趣，渴望结成合伙关系的零售商；请这家零售商在协议期内推销皮尔斯贝里的产品。作为回报，皮尔斯贝里同意以零售商的名义给当地关注青年人的非营利性机构捐款。

## 运作机制

零售商为皮尔斯贝里公司的产品提供销售支持，在报纸广告和店面展示上宣传这一合伙关系和非营利性机构。作为回报，零售商将得到提高销售额的良机和公众对其投资慈善事业的认知。

皮尔斯贝里公司借助这项计划进一步发展了与其他企业的合作伙伴关系。公司以零售商的名义向非营利机构捐献现金；作为回报，它得到了零售商在销售上给予产品的支持、增加了产品销量，并提升了企业服务社区的形象。

非营利机构促进了各方之间的合作伙伴关系，从皮尔斯贝里公司得到现金捐款，并且通过相关的广告宣传活动、店内促销活动和公共关系活动而提高公众对其工作性质的了解。

消费者也同样能够从相关的活动中受益。他们不仅帮助了当地服务年轻人的项目，同时在购买皮尔斯贝里公司的产品上也省了钱。

皮尔斯贝里公司选择了美国兄妹俱乐部、美国青少年俱乐部和科学育儿咖啡室等机构，通过它们开通了当地的宣传渠道。

零售商同意在店内展示皮尔斯贝里的产品和宣传慈善公益事业的印刷资料。作为回报，零售商得到了提高销售额的良机和公众对其投资慈善事业的认知。

皮尔斯贝里进一步强化了它与零售商的关系，得到了零售商对产品推销的大力支持、提高了产品的知名度、增加了产品销量、提升了公司在当地社区的形象，并以零售商的名义为非营利机构提供了现金捐款。

非营利机构促成各方的合作伙伴关系，自然也得到了现金捐款以及对其所从事的公益事业的形象宣传。消费者也从中得到了好处，他们在帮助当地年轻人的同时，也得以于更实惠的价钱购买到皮尔斯贝里的产品。

消费者社区服务计划不只创造了“双赢”的局面，准确地说，它使相关各方实现了“四赢”，因为零售商、皮尔斯贝里公司、非营利机构和消费者都从该计划中有所获益。

大都会——企业市民身份报告（1997）

在另外一个市场，Visa公司在美国通过“给我读一个故事”的活动取得巨大的成功。就像美国运通卡在“挑战饥饿”的活动中所做的一样，Visa公司的行为带动和鼓励了许多商业上的合作伙伴也参与到相关的慈善公益活动之中。

合作伙伴关系的不断扩展在今后几年里将得到进一步延续。企业与相关机构间结成这类策略性联盟的好处是显而易见的。就拿供应商和它们的主要零售商来说，供应商越支持零售商所选择参与的公益事业，总体来说，供应商与零售商建立好感和牢固关系的可能性就越大。

然而，在类似的慈善和公益活动中，并不总是由零售商来扮演主导的角色。科芬园汤料公司与Crisis的关系能够很好地说明这一点。在这个例子里，零售商十分欣赏Crisis提出的想法，因此决定通过善因营销活动来筹集和科芬园汤料公司同样多的资金。于是不仅公益事业得到双倍的资金，而且科芬园汤料公司与零售商的关系也得到良好的发展，作为供应商的科芬园汤料公司为自身的产品赢得了更多的上架空间。企业和公益事业在善因营销活动中所获得的利益显然来自于相关各方间的这种协调与配合。

## 战略性合作伙伴关系

在未来的日子里，企业之间、企业与慈善团体和公益事业之间的合作伙伴关系将继续发展。我越来越相信，这些合作伙伴关系将获得更深入发展。战略联盟是个很常用的词汇，它通常指的是企业和企业间为了追求某个商业目标而结成某种紧密的关系。当前，我们所看到企业与慈善团体或公益事业之间形成的战略联盟，是因为他们逐渐认识到，与慈善团体结成这类关系能够提高企业和品牌的声誉。同样地，我们也开始看到公益事业和慈善团体之间的战略联盟，因为慈善团体也开始意识到，团结起来可以实现更大的影响力和取得更多的利益。

英国最大的水石书店与危机中心的合作就是战略性合作伙伴关系。

《明星手记》是一本汇集众多名人手记的小册子。Random House 出版公司和水石书店决定联手将这本著作作为投资慈善事业的一项工具。水石书店将会把店内销售此书的利润，全部捐献给危机中心。为了支持这个项目，危机中心还邀请了另外彼此不存在竞争性的公司参与到活动中来。服装零售商 Jigsaw Menswear 购买了大量存书并将本书作为宣传品展示在店面橱窗里；而 Majestic Wine 酿酒公司则为水石书店供应供读者免费品尝的葡萄酒，水石书店则可以把购买葡萄酒的成本省下来，换成现金捐赠给危机中心。

因此，战略联盟并不仅仅局限于企业与企业之间，这种协调配合所产生的巨大动力可以为所有相关各方带来更大的影响。

美国的著名慈善机构“儿童奇迹网络”是相关各方之间协作的整体价值大于各自价值之和的一个很好的例子。英国“Jeans for Genes”活动日也是如此。1998 年 6 月由零售商 Marks & Spencer 公司和 New Millennium Experience Company 公司合伙推出的“孩子们的诺言（Children's Promise)”活动，是另一个慈善部门之间进行战略性合作的典型案例。在“孩子们的诺言”的旗帜下，7 个慈善团体走到一起，共同宣称它们将在过去的千年即将结束，新的千年即将到来之际，承诺完成一个特定的目标。

这个目标就是，劝说每一个英国人将他们旧千年最后一个小时的报酬或等值的财物捐献出来，让新千年里成长起来的孩子们拥有一个快乐、健康、安定和更有前途的未来。在活动中筹集的资金会在7家慈善机构间进行分配，以帮助它们实现各自的目标（见表4-3）。

**表4-3　　慈善团体参与“孩子们的诺言”活动的情况**

| 慈善团体名称 | 慈善团体的承诺 |
|---|---|
| Barnardo's | 为孩子提供生命中最良好的开端和最好的机会 |
| BBC Children in Need | 通过关注小型儿童慈善团体和志愿组织来帮助更有需要的孩子们 |
| ChildLine | 为处于困难和危险中的孩子们提供一个电话生命热线 |
| The Children's Society working with Aberlour Child Care Trust in Scotland and EXTERN in Northern Ireland | 为离家出走和流浪街头的孩子提供一个安全的庇护所 |
| Comic Relief | 为一些世界上最贫穷的孩子提供一个更公平、更光明、更安全的未来 |
| NCH Action for Children | 为每个社区的孩子提供可以得到帮助和支持的地方 |
| NSPCC working with Children 1st in Scotland | 帮助受虐待的孩子重建生活 |

在充满变数、高度竞争和潜在危机的这个新旧千年交际的一年里，慈善团体以关心“孩子”为主题走到一起，以结成战略联盟的方式，用同一个声音以期达到扩大宣传和筹集资金的目的。整体协作大于各部分之和的道理，为每个慈善团体实现自身的集资目标提供了更多的机会。在不久的将来，我想我们会看到多个企业联合在一起，与某个特别的公益事业或慈善团体、或者多个慈善团体组成的团队建立合作伙伴关系，团结一心地实现各自的目标。

调查表明，当开展善因营销项目所需的资金越来越多地来自于企业营销预算的同时，也吸引了企业计划用于社区投资和企业事务的预算资金。

但是，在企业或慈善团体进行内部协作或结成战略伙伴关系的过程中，我们发现，通过追求共同的目标，企业和慈善组织能够发现、释放和利用多种预算和资源，也就是寻找到更新的资金来源和解决方案。企业或慈善机构寻求额外的资金与支持不应仅仅局限于企业或慈善团体的范围。政府和非政府团体，比如联合国（UN）、世界卫生组织（WHO）等，不论是本国的还是国际的，都应该作为潜在的支持来源而加以考虑。这些机构所提供的支持可以从被动的口头或书面背书，到积极的对口资助。在英国和欧洲，善因营销活动有机会得到政府和欧盟的资助。通常情况是这样，如果企业和当地社区能够提供相应的活动方案，那么政府或其他团体会根据预算草案或活动的性质，按照特定比例提供相配套的资金。

假如政府希望提高人们的读写能力，并愿意提供资金来支持它；那么，企业可以通过善因营销项目为学校提供课本。这些目标和资源的创造性结合能够产生更大的影响。企业、慈善团体和公益事业已经认识到这种合作伙伴关系所蕴涵的巨大潜力，并开始尝试进行发掘。

## 全球亲和力

说到战略伙伴关系的逻辑性，那么我们当然就会说到全球亲和力的概念。这一概念在许多项目中都得到了很好的证实。例如，在1993年推出的J&B保护稀有动物计划（J&B Care for the Rare）——这是一项有超过20多个项目组成，由Avon对抗乳癌计划和全世界多家知名的动物保护组织共同参与的联合发展计划。Avon对抗乳癌计划也是一项在全球范围内开展的善因营销活动，由世界各地众多相关的组织和机构结成类似的合伙关系，以期共同追求和实现活动的最终目标（见第三章，案例分析五）。

善因营销一直以来都被某些人视为是商业企业的专有领地，而慈善团体只能被动地等待挑选。不错，商业企业确实有资金和更多的资源，但企业考虑联合某个慈善事业的原因，是因为公益事业或慈善团体对企业的价值可以有所贡献。慈善团体品牌的力量也日益为慈善团体自身和企业所认识。随着时间的推移，我们将越来越多地发现，一些慈善团体在围绕着这一话题进行的讨论中占据主导地位。

> 当一些公益事业的品牌变得比它们所联合的商业品牌还要强大时，公益事业将占有上风。毕竟，商业企业和商业品牌之所以寻求与公益事业建立情感纽带，是因为他们确实有需要这样做；而这背后的真实原因是：商业企业和商业品牌需要寻找一个能够补充它们情感（或是道德）空白的切入点。
>
> **《营销杂志》自由撰稿人　Alan Mitchell**

英国和美国的一些非营利组织只有在企业能保证作出最低25000英镑的捐款时，才会考虑与它们结成合作伙伴关系。在将来，我们会越来越多地看到慈善团体要求企业为他们之间的合作伙伴关系有所投入。事实上，有研究报告显示，在某些市场上，这样的情况已经在不断出现。

一段时间以来，某些慈善团体已经开发出或正在开发属于自己的品牌，而且这个趋势正在增长。很快我们可以看到，慈善团体和商业品牌之间逐渐形成有趣的平衡发展的关系。Alan Mitchell概括性对这一发展趋势进行了总结：

> 公益事业将建立属于自己的、羽翼完全丰满和“富有激情”的独立品牌。公益事业和商业企业会在同样广阔的市场上更加合作，而且有时甚至会相互竞争。这种竞争有时是为了争取客户的信任和情感依属，有时则是为了争夺金钱的资源……双方介入善因营销的方式将会发生改变。公益事业品牌和传统的品牌之间的冲突机会将变地更加普遍，例如，公益事业将投放更多“自己品牌”的产品和服务用来提高收入。另一方面，成功的善因营销关系将变得与传统商业战略和品牌联合更加类似，由最初的双方力求实现“双赢”的局面，扩展到双方为了满足各自的财务发展计划、品牌拓展计划和营销计划而实现联手合作。

## 税收优惠

在今后几年中，我确信我们将看到英国政府为了鼓励企业进行更广泛的社会投资而出台相应的税收优惠政策。这将使英国市场与北美市场的步伐更加协调一致。从企业角度看来，资金投资在社区所享有的税务减免最终会使这些活动更加具有吸引力，也会使企业更多地考虑开展善因营销活动。

1999年1月，英国首相布莱尔发起了名为“给予时代（Giving Age)”的公益活动。活动倡导人们为教育和养老问题作出更大的贡献，从而令整个社会变得更加温暖。他在1999年志愿组织全国理事会的年度会议上发言时说道：

> 我们经常不断地听到有人警告说，我们的社会正朝着一个分裂的、个体化的、自私的、饱受计算机困扰的、孤独而没有灵魂的地狱的方向前进。规范和价值变得无足轻重，对他人尊重不断衰退，金钱在人们眼中的价值胜于人性。这不是我们希望看到的……在这种环境下，人们向往拥有一个能够进行自我康复的社会，一个减少分裂、褊狭和不公平的政治体系。

从政府在千禧年号召人们“踊跃奉献，造福社区”的迹象来看，我们很有希望看到政府对现有的税务政策进行重新评估，并出台有利于企业从事慈善公益事业的新政策。

在这样的背景下，用更为简单、更加具有鼓励性的税务政策来支持和奖励慈善团体、社区和社会投资的建议，将有机会得到政府相关部门更加认真的考虑。

> 政府应该鼓励商业企业披露它们正在开展什么样的公益事业，在哪里进行，对所牵涉的社区有着什么样的全面影响。此外，政府还应该考虑对优秀的企业公民给予一定的税收鼓励。
>
> **David Grayson 爵士（1998 年）**

允许企业用现金或实物捐款抵消公司的所得税，减少企业中参与慈善公益活动的员工的国家保险供款份额等方案，都值得引起政府的重视。一旦这些举措被政府所采纳，我们将看到各种形式的企业投资社区建设（其中也包括开展善因营销活动）的更多事例。企业的市场营销预算大约是社区事务预算的八倍。如果政府能够鼓励企业将市场营销投资投入慈善公益活动，并且许之以更优惠的税务政策，善因营销在为社区提供急需的资源上和作为一个有效的营销工具上的潜力，将是十分惊人的。

布莱尔在 1999 年志愿组织全国理事会的年度会议上继续说道：

> 我们知道，在本世纪的上半叶，如果没有政府提供基本的服务和安全保障，社区不能实现它的既定目标。我们也知道，在本世纪的下半叶，如果没有得到其他各方——包括志愿组织、商业企业、尤其是广大社会公众的支持，政府同样不可能实现预定的目标。

政府资助的减少和政府为社会需要提供支持的能力的减弱不单单是英国特有的现象。全世界许多国家的政府也正在减少他们对社会基本需求的投入与支持，转而更多地依靠更广泛的社区、商业企业、个人和志愿组织来填补这个空白。在这种状况下，政府和消费者日益期望企业能够更多地站出来添补这个真空（见第二章第三节）。

联合利华公司的资深战略专家 Jerry Wright 认为：

> 大公司在全球经济中发挥着日益重要的作用，并进而对全球的社会环境产生着更大的影响。有着消费者和公民双重身份的广大公众，希望商业企业能够聪明和理智地运用它们所拥有的能量和影响力，并且更加有效地满足他们的需求。
>
> 善因营销是企业回应消费者这一愿望的一系列方法中的一个组成部分。这项活动能够令企业对他们经营所在社区的发展作出贡献，同时也使企业的品牌获得长期的利益。

## 消费者的期望

消费者对企业的期望一直都在增加，而且没有丝毫减少的迹象。低估消费者的智商和洞察力是危险的。现在，大多数人都非常熟知企业品牌，关心社会，阅读社会新闻；他们知道正在发生着什么。消费者关心的不再只是产品或服务有形的一面，他们同时也关心生产产品所使用的人工，产品制造过程中所使用的再生能源，企业通过提供产品或服务中获得了多少利润，以及是怎样获得那些利润的等等。消费者调查的结果显然也印证了这一发展趋势，指明了某些情形下，敏感的消费者所具有的巨大潜能。其中一个比较典型和极端的例子是，贝弗利山地区的居民关于是否有必要让在该地区销售的所有毛皮大衣上都加贴说明标签的问题展开的争论。我们很有可能在不久的将来，在这些毛皮大衣上发现这样的标签，上面写着：

> 消费者请注意：用于制作该产品的动物皮毛在生前可能遭受电击、毒气残杀、折颈、中毒、棒打、踩死或溺毙，也有可能遭受捕兽器的残害。
>
> **《泰晤士报》1999 年 2 月 4 日**

据报道，贝弗利山地区的市议员中，有一半以上赞成这种加贴标签的做法，而最终的会议决定将在 1999 年夏天作出。

正如我们在前面关于公司声誉和价值观的讨论中所提及的，企业的无形资产也是企业取得成功的核心要素。服务业正在不断成长，消费者越来越多地选择购买超越产品或服务本身功能以外的产品。换言之，他们开始更加注重企业、品牌、产品或服务以外的价值。我相信，这个趋势将在今后几年里进一步发展。过去可能被视为极端高科技的产品的某项功能，在今天也有可能被人们视为产品必须具备的最基本配置。反对童工、反对动物实验、反对污染环境以及其他类似的问题，在十年前会还被视为企业在道德层面上或实际经营中应该尽力追求实现的目标。而在当今这个注重社会问题和环境问题的大环境中，上面的这些问题已经越来越被视为是社会对一个优秀企业的基本要求。

随着信息技术的飞速发展，消费者只需动一动手指就能很容易地得到大量的信息，这意味着世界不仅正变得越来越小，而且也正在变得越来越透明。一个错误，它可能是在地球这一端的一个环境灾难或者某个违反劳工法的行为，片刻之间将会传递到地球的另一端的人们耳中。在我们现在所居住的“地球村”里，不能再拿恪尽本分来作为企业某项作为或不作为的辩护词。如果其他社会团体或人群认为某种价值标准是不正确的，商业企业也将不可能无视外界舆论的存在，依然我行我素地在自身所在的经营环境中恪守本分地行事。今天的环境要求商业企业提供更多本分以外的贡献。信息化的今天，消费者的思想都有可能在数秒之间受到影响。

正如利华兄弟公司的企业和消费者事务主管 John Ballington 所说：

> 把消费者们关心的问题、喜好、梦想和愿望带进品牌的建设过程，一直以来都是商家所面临的一项重要挑战。新的发展趋势是，社会责任日益成为消费者所关心的问题之一。历史悠久的商业品牌应该如何满足消费者们的这一需要，是众商家所面对的新的挑战……善因营销将会越来越多地成为企业与消费者进行沟通的有力工具，使企业能够在一个便于管理的透明框架内，与消费者开创双赢的局面。可以肯定的是，善因营销的未来是光明的。

对企业的声誉、企业所传递出的信息和企业的社会影响力实施有效管理，是市场营销部门的一项重要职能。在企业强化和巩固企业自身价值观的过程中，通过实际的行动来展示企业或品牌的价值，将发挥越来越重要的作用。善因营销是可以做到这点的最引人注目的方式之一。凭借在市场营销和企业宣传方面所拥有的能量和掌握的技巧，企业对慈善团体、公益事业或更广泛社区的影响力能够通过善因营销的方式来进一步发挥。在这个基础上，经过妥善规划、实施和宣传包装的善因营销活动将会进一步地发展壮大，因为它可以有效解决诸多问题，并为所有相关各方创造一个共赢的局面。

市场的合并意味着世界变得更加严酷，竞争变得更加激烈。而实际上，在这个环境中获得和保持竞争优势越来越有具有挑战性。它需要企业在各项经营管理活动中，保持一个协调统一的形象。

如果企业无法在各个方面协调自身的表现，将有可能激怒某些敏感的消费者。在这些人中，不仅会有那些喜欢拿着抗议牌把自己绑到树上的18~35岁的青年人，也会包括55岁以上的老年人。如果这些人感到企业的某些做法是错误的，他们当中53%的人会支持进行非法抗议。另外，在比其他年龄组的人具有更多的平均消费能力的45到54岁的中年人中，有65%的人表示，他们更可能会把停止购买问题企业的产品或停止与这些企业做生意，作为抗议的一种方式。在人口老化的背景下，考虑这个年龄组对企业和更广泛社区的重要性将更加富有意味。探讨人口老龄化问题的“雇主论坛（The Employers Forum on Age)”预测，到2026年，55岁至64岁年龄组将成为工龄人口中最大的团体，比例将达到24%，比1996年的15%增加了300万人。

巴克莱银行的品牌管理主管 Sally Shire 认为：

> 目前的善因营销活动正在走向一个十字路口。一条道路将指引善因营销成为企业营销组合的一个有机部分。它将帮助企业传递商业品牌的“个性”，使企业与消费者和客户建立更为紧密的关系。但是，要想实现这一目标，企业也需要与相关的慈善公益事业建立长期的关系。
>
> 如果运用得当，慈善团体和其他非营利组织也将从善因营销活动中获得极大的机遇。它们可以利用善因营销来建立自身的品牌和创立自己的关系网络。
>
> 另一条道路对我们所有人——企业、非营利组织、公益事业和受益人以及消费者——都没有什么好处。那就是，善因营销仍然是一个边缘性的活动，仅为少数商业企业和公益事业所理解和实践。善因营销的最终发展方向如何，就要看我们的选择了。

英国最大的保险集团诺里奇联盟（Norwich Union）的品牌经理 Thomas Cowper Johnson 对此也持有相同的观点。他认为：

> 我看到善因营销可能拥有的两个未来。一是商家仍然将善因营销边缘化，将其视为让消费者“感觉良好”的一种促销手段。这是一个没有未来的未来。
>
> 另一个未来是，商家将善因营销视为一种消费者消费习惯进化的进一步依据，并进而将善因营销列为市场营销策略的核心内容。此时，善因营销将成为企业建立与发展客户关系的根基。

随着越来越独立地接受各方面的信息，消费者也越来越多地开始希望企业能够满足他们的所有需求。因此，了解消费者对产品、服务、品牌和商业企业的看法和背后的原因是至关重要的。产品的价格和质量仍然是消费者们在选择产品或服务时的关键性参考指标，但是这些因素已经越来越被人们视为挑选产品或服务的基本条件。在同等价格和质量的前提下，品牌定位则有必要建立在一系列的价值观之上，而这些价值观需要体现在企业经营管理的方方面面。这些情感因素正越来越成为区别企业品牌与其他产品的重要标志。强大的品牌与消费者之间有着理性和感性上的双重联系，而且正如我们在相关的市场调查活动中所看到的，善因营销一个基本的属性是它兼具从理性和感性两个方面吸引消费者的能力。也正因为这个原因，善因营销活动在未来将会继续地发展壮大。

营销协会主席 John Stubbs 认为：

> 善因营销使企业和它们的客户有机会对他们所共同依赖的社区作出更大的贡献。有一类新生的消费者，他们喜欢超越轻浮平庸的营销方式，善因营销活动能够为这类消费者提供一个购买企业产品或服务的额外理由。

正如我们在为“游戏计划”的消费者调查活动结束后所明确强调的，消费者自愿参加社会服务的时间越来越少，而在“买了就走”的购物环境下作出购买决定的人却越来越多。

> 在这个人人都要逛超级市场的时代，人人都有机会通过购物给慈善组织或公益事业捐款。在三四十年前，几乎每个人都会去教堂，通过教堂向慈善机构捐款；今天上教堂的人少了，去超市的人却多了起来。仔细想一下，在超市中募集人们的捐款很可能是个好主意。

在今天的大环境中，与众不同是吸引消费者作出购买的决定，而善因营销就是一个能够令企业的产品或服务与众不同的有力工具。通过善因营销活动，消费者能够在日常的生活中，为慈善公益事业贡献出自己的一份心力。

Sears Roebuck 公司高级营销副总裁 Bob Thacker 曾说道：

> 善因营销能够让人们在日常购物的活动中，对所在社区有所回报。善因营销的确适合今天的社会发展需要。

短期看来，商业企业、慈善团体或公益事业能够利用善因营销抓住眼前的利益。一些企业将善因营销看作是一个战术手段，并在此基础上进行资源投入。而事实上有证据表明，如果善因营销能够获得妥善地管理，将会使企业和相关各方实现互利互惠，并由最初的一次性战术手段转变为一个长期的、可持续发展的合作伙伴关系。特易购公司推出的捐资为学校添置计算机的公益活动，就是一个典型的实际案例。最初设计这项活动时，特易购公司只是计划推出一项一次性的善因营销促销活动；而如今，公司每年为英格兰、苏格兰和威尔士的每个学校贡献一台计算机或与计算机等值金额的产品的活动，这已经进行到第八个年头了。

## 支持公益事业

在英国的 IT 教育领域，特易购公司一直以来都被认为“拥有”绝对的主导地位。教育是为人父母者最为关注的问题。特易购公司的主要消费者和特易购公司都被看作是这项公益事业的忠实拥护者。支持教育事业的目标已经通过长期的投资和承诺，随着长时间的项目发展和适应老师、学生和消费者需要的各项善因营销机制的建立而得以实现。

我相信，我们将越来越多地看到企业对某项公益事业的特别支持。这样，在消费者的脑海中，X 公司将会成为公益事业或慈善团体 Y 的同义词，而善因营销活动将成为进一步建立和巩固品牌属性的重要工具。

我也相信，在将来，企业会从支持某项公益事业转到支持另外一项公益事业时，不会再显得那么“毫无章法”。如果计划和准备工作完成得足够充分，企业应该非常清楚自身最适合与什么样的公益事业进行合作。在企业投入大量的时间、精力和金钱的基础上，我们将越来越多地看到企业与慈善公益团体之间的合作关系越来越持久，而双方也越来越重视投资的长期回报。随着相关各方之间的合作伙伴关系将变得更加深入，这对于提升企业和商业品牌的核心价值及影响力将大有裨益。同时，这也意味着慈善团体和公益事业将获得更加可靠的收入和资源来源，使它们能够更加游刃有余地策划开发长期的公益活动。

## 发展和创新

在过去的几年中，英国出现了一些新颖有趣的善因营销活动。通过购买企业产品或服务为慈善公益事业捐款是一种简单而有有效的善因营销手法，并且将继续随着市场的发展而发展。但同时，市场上也出现了许多新的善因营销手法，这些新鲜的营销手法反映了信息和通讯技术的进步，消费者对产品的多样性和服务的个性化以及企业经营的透明度和商业道德的追求。

## 包装宣传

在英国，我们可以看到一些创造地性使用现有资源的例子。在与冰岛冷冻食品公司（Iceland Frozen Food）合作的过程中，全国失踪人士帮助热线利用牛奶包装纸盒的侧面空间，刊登了“要求”消费者帮助失踪的人士的信息。这条信息每周随着成千上万个牛奶包装盒散发到公司开设的770家分店里中。通过这样一个简单但富有新意的产品包装，企业与失踪人士热线成功地吸了消费者的关注，并解决了一个实实在在的宣传问题。这样的善因营销活动已经不只是一个简单地号召人们为慈善组织捐款的活动——尽管获得人们的现金资助也十分重要。在这项活动中，引起人们对公益事业本身的关注，并号召人们积极地采取行动，与募集资金具有同等重要的作用。

## 新媒体

新媒体的出现，也意味着企业和慈善团体宣传自身的品牌、主张和价值观的机会不断增加。新媒体同时也丰富了企业和慈善团体宣传彼此之间的合作伙伴关系，号召人们用实际行动给予慈善公益事业大力支持的机会。当然，随着各种类型的新媒体包括互联网的发展和普及，利用和宣传善因营销活动相关各方合作伙伴关系的方式将得到发展。网上募捐已经像公司赞助网站一样，成为一个不断成长发展的领域。随着技术与媒体的成长，企业和慈善团体所面临的机遇也在不断增多。

> 我们将看到更多与互联网相关的善因营销活动。除了人们预期网络的潜力将不断成长以外，还有一个很明显的内在原因：遍布全球的互联网络和善因营销活动都是致力于在人们之间建立起紧密连接的纽带。
>
> **《营销杂志》自由撰稿人　Robert Gray**

### First Direct公司的“赦免皮猴”计划

英国电话银行业的先锋First Direct公司，在公司网站上对新结成的善因营销伙伴关系进行了宣传。First Direct基于客户总是希望公司能够提供意外惊喜的认识，与慈善机构Shelter结成了一种新型的合作伙伴关系。传统上，互联网总是与计算机迷们——通常被戏称为“皮猴”（Anorak）——联系在一起。但是随着互联网成为越来越多的人日常生活中的一部分，First Direct 希望通过推出相应的网上活动，让那些不是“皮猴”的人士也能够上网冲浪，或是浏览公司的网站。

First Direct 在公司互联网上推出了覆盖范围遍及全国的“赦免皮猴（The Anorak Amnesty）”计划，并且得到了新闻媒体的大力支持。公司的网站实现了与 Shelter 网站的链接，对这项“特赦”计划的具体内容进行了详细说明。活动鼓励网站的浏览者把他们穿过的旧皮猴（防寒夹克）和其他的外套捐献给 Shelter，然后将这些衣物在 Shelter 遍布全英的 84 个分点以 4 英镑到 30 英镑的价格重新出售。活动中募集到了成千上万件皮猴和各式衣物，其中也包括通过网上拍卖得来的名人曾经使用过的衣物。

**技术赠予**

我相信，随着人工智能卡技术的不断发展和购物的过程更加自动化，我们将看到零售商和其他商业机构更加充分地利用和扩展它们的电子销售系统。直接从刷卡和条形码上进行慈善捐款将成为计算和分配捐款的有效管理方式。相应的报表系统也将成为一项统计和表现慈善捐款金额的有力工具。

随着消费者越来越习惯网上购物的行为，善因营销又获得了一个新的、互动式的收入来源，人们也称之为“技术赠予”。许多公司建有各自的互联网购物商场，当消费者上网购物时，购物产生的部分收入将被捐赠给各项慈善公益事业。在注册成为这些网站的会员后，客户可以根据自己的喜好，选出他们想要支持的公益事业。

以 iGive 公司为例，受其支持和资助的既有大型的注册非营利机构，也包括小型的社区性公益活动。截止到 1999 年初，已经有 38885 名会员在 iGive 的网站登记注册，得到支持的慈善公益活动超过 4300 项，累计捐献的金额达到 26.6 万美元。

但是，关于类似这类网站作为慈善团体筹资工具的资格，也有人提出了置疑。有人认为，管理这类网站的企业如何核实消费者提名的慈善团体是否符合有关的标准值得怀疑。也有人对资金的分配问题颇有微辞。此外，有批评指出，这些网站在使用慈善团体的名义时，并没有经过提前授权。在美国，各州的司法部门和慈善团体监察人员显然怀疑许多这样的网站是不可信的，只有少数公司，如 Greatergood，Shop2Give 和 4Charity 等公司声称它们已经按照各州关于善因营销的有关法律进行了登记注册。

## 广告分享

在新媒体方面，“广告帮助（HelpAd)”的概念展现了筹集资金和善因营销活动中的创造性。1996 年 10 月开始实施的“广告帮助”计划，最初由 Interfriendship 的 Bob Doyle 首创，并得到了国际红十字会的大力推广。这项计划的特点是，与红十字会确立了合作伙伴关系的商业企业同意由作为红十字会附属贸易机构进行“广告帮助”。通过这项活动，“广告帮助”已经为英国红十字会和国际红十字会组织筹集到超过 50 万英镑的资金。

已经有许多商业品牌参与了“广告帮助”的广告销售活动。例如，Hovis 面包在它的产品包装上印上了多家不同品牌产品的广告，其中包括一个黄油品牌和一个巧克力酱品牌。愿意提供广告空间参与这项活动的商家将提升自己支持慈善公益事业的公众形象，获得消费者对品牌的肯定。愿意通过这种方式进行广告宣传的品牌也能够获得一个与富有亲和力的产品合作的独特机会，从而提高消费者购买公司产品的比率，消费者则可以通过购买该产品来支持一项有意义的公益事业；而红十字会则能够通过这项活动获取丰厚的资金和广泛的社会知名度。

这是一个日益被接受认可的新的广告宣传媒体。我相信，随着人们越来越认识到善因营销给相关各方带来的好处，其他的创新式善因营销活动将会层出不穷。

## 消费者自主选择资助的慈善公益事业

提供更多的选择和按照客户的需求提供量身定制的产品或服务，一直是 20 世纪 90 年代商业经营活动的主要特征。某些善因营销活动所依据的，也是这条理论。一场在信用卡市场推出的善因营销活动为我们提供了很好的例证（见本书第三章第一节）。

例如，英国的合作银行（Co – Operative Bank）在 1994 年推出了“关爱客户”的计划。由于取得了巨大的成功，本来计划推行一年的活动此后一直延续了下来。截止到 1998 年底，该项活动已经为慈善团体筹集了 133 万英镑。

这项计划的内容简单易懂，能够让银行的信用卡客户在使用信用卡的同时，为许多有意义的公益事业提供援助。客户使用合作银行（Co – Operative Bank）发行的维萨信用卡，每花费 100 英镑，就会有 1.25 英镑通过银行捐献给慈善事业。每个季度，客户都可以从银行的四个提名中投票选出一个慈善团体，然后将筹集到的资金根据每个慈善团体得到的票数分配。

> 也许这项计划最吸引人的地方就在于，每个人都是赢家。人们不费吹灰之力就得以募集到高额款项。我们的客户或公益事业也不需要为此而多花费一分钱；当然，我们也从客户增加信用卡的使用频率上得到了实惠。
>
> **合作银行集团营销经理　Jim Sinclair**

利用信用卡或银行卡为慈善公益事业募捐的方式还有很多。美国的零售商们完善了客户在使用银行卡付款的同时为慈善事业捐款的流程，而英国的零售商们现在也开始效仿美国同行的这一做法。同样，在这类活动中，人们可以选择将钱款捐献给一个适宜的公益事业，例如由个体消费者提名的当地学校等。

我相信，在接下来的几年里，由消费者自主选择希望资助的公益事业的趋势将越来越明显。

## 未来的发展方向

在我看来，善因营销在未来大致可能朝着三个方向发展：

第一，善因营销将被看作并成长为一个企业进行战略性营销和资金筹措的工具。通过善因营销活动，企业的核心目标、主张和价值将会得到完美的结合。而结果是，企业和慈善公益组织将在诚信和互利互惠的基础上进行长期的合作。这是一条前景广阔的康庄大道。

第二，善因营销将为短期急功近利者所利用，并被他们视为一个短期的、一次性的、一蹴而就式的普通促销活动。这类活动对提升品牌形象和强化企业价值观毫无帮助。这种做法在带来短期的积极影响之后，将会使商业品牌遭受诸如赶时髦、炒作，甚至是其他更恶劣的指责。

第三，越来越多的企业将认识到，善因营销活动在对慈善公益事业产生积极影响的同时，也具有帮助企业实现经营目标的战略潜力。在这种认识的影响下，企业会推出各种尝试性善因营销项目，而他们这样做的最终目的，是希望与相关的慈善团体或公益事业建立长期稳定的关系，从而令善因营销活动发挥出更大的威力。因此，在这种理念的作用下，善因营销将会被企业看作是进行更广泛的社会投资，进行长远战略规划的前站。它在未来的作用在于：通过与相关各方结成合作伙伴关系，发挥品牌的能量，从而改变人们的行为和解决关键的社会问题，以对社会产生更加积极的影响。善因营销的未来就是对企业的需要和社会的需要进行全面整合，让所有人都能够从中获益。

未来的善因营销活动需要企业与所有利害相关的权益人保持适当的关系，相关各方可以是企业的员工、消费者、供应商、社会评论家，或者企业运营所在的社区，以及更广泛社会机构。与更广泛社会机构包括慈善团体和公益事业的关系必须是持久的，建立在诚信、透明、互相尊重以及互惠互利的原则基础上的合作伙伴关系。

在未来的善因营销活动中，企业与慈善公益组织的关系是合作伙伴之间的关系，而不是赞助人与被赞助人的关系；而合作伙伴之间需要不断地加强联系的纽带。

# 书 评

在社区商业组织和参与善因营销运动的企业支持下，苏·阿德金斯一直兢兢业业地致力于此项问题的研究。她给善因营销所下的定义在英国得到了广泛的认可，也为善因营销能够给企业和社区带来共赢的局面创造了许多实实在在的例证。事实上，正是在她和众多学者及企业的努力下，善因营销才得以正式成为一系列市场营销活动中的一个组成部分。在此，我要向读者们推荐此书，并力劝大家能够认真考虑善因营销活动给企业和社区带来的巨大利益。

吉百利史威士公司主席　多米尼克·吉百利爵士

苏·阿德金斯在善因营销研究领域是一位颇负盛名的专家。我要借此机会毫不犹豫地向你推荐她的这本著作。她对这一课题的研究热情是富有感染力的。在社区商业组织的大力协作下，她在定义善因营销和发现、揭示善因营销的巨大潜力方面所做的工作，明显超过其他任何我所知道的专家和学者。

特易购公司董事　蒂姆·梅森

本书对于帮助企业通过善因营销提升良好的经营表现具有重要的意义。在善因营销活动中，企业在建立品牌形象的同时，也能够为所在社区作出积极贡献，从而使营销策略发挥出最大的潜能。

社区商业组织首席执行官　茱莉娅·克利夫顿

对所有正在考虑开展善因营销活动的企业行政主管和那些想要跟上营销行业发展的各界人士而言，本书可谓是一本必备的指导性读物

——不论他们所任职的是一家商业企业，还是一家非营利性机构。

巴克莱银行品牌管理部主管　莎莉·夏尔

任何了解社区商业组织和苏·阿德金斯的人都十分清楚地知道，他们在促进企业参与公益事业上所投入的热情和活力。本书很明显囊括了他们从大量调查研究中取得的成果。任何对如何提升公司形象和品牌价值、增强企业和产品亲和力感兴趣的人士，任何希望说服商业企业投资公益事业的慈善机构，都应该好好读读这本书。我当然也会把本书列在我个人明年的读书清单上。

国际调查公司英国分公司副总经理　鲁斯·麦克内尔

如果你关心人类和公益事业，想要了解你及你所在的企业如何通过回报社区获得成功，那么你一定不可以错过阅读本书的机会。

吉百利公司市场营销部主管　马克·史密斯

消费者们的价值观已经发生了改变。他们一如既往地难缠、挑剔和计较，但现在他们变得更为关心周围的社会和他们所处的生活环境。如果你想要与善因营销伙伴建立和发展良好的关系，那么就该读读这本书。

公共关系咨询顾问协会总理事　克里斯·麦克多沃

在一个企业需要不断引起客户关注和增强其忠诚度的商业环境中，善因营销为企业提供了一个有力的辅助工具。善因营销活动不仅有助于商业企业建立品牌和提高声誉，同时也可以对社会产生重要影响。在善因营销活动中，相关各方间的关系是互惠互利的。这本书就如何发展健全的和可持续性的合伙关系提供了重要的信息。

市场营销协会外部事务主席　斯蒂芬·伍德沃德

广告代理公司的工作是以客户的名义提升客户公司形象和产品的品牌价值。与此同时，人们越来越开始认识到，善因营销活动也可以有效地提升公司品牌的价值。这本书为那些正在积极考虑正确使用善因营销手段的人们，提供了宝贵的知识和实际案例。

IPA总经理　尼克·菲利普斯